대한민국 TEPS 대표강사 Joseph Kim의
THE TOP in TEPS
850 기본편
독 READING 해
By Joseph Kim

THE TOP in TEPS 850 독해 기본편

초판 발행	2010년 8월 25일
초판 5쇄	2018년 3월 23일
저자	죠셉 킴
펴낸이	엄태상
책임 편집	장은혜, 이효리, 김효은, 양승주
디자인	이건화
마케팅	이승욱, 오원택, 전한나, 왕성석
온라인 마케팅	김마선, 유근혜, 심유미
경영지원	마정인, 최윤진, 김예원, 양희운, 박효정
펴낸곳	랭기지플러스
주소	서울시 종로구 자하문로 300 시사빌딩
주문 및 교재 문의	1588-1582
팩스	(02)3671-0500
홈페이지	http://www.sisabooks.com
이메일	sisabooks@naver.com
등록일자	2000년 8월 17일
등록번호	제 1-2718호
ISBN	978-89-5518-192-0

＊이 책의 내용을 사전 허가 없이 전재하거나 복제할 경우 법적인 제재를 받게 됨을 알려 드립니다.
＊잘못된 책은 구입하신 서점에서 교환해 드립니다.
＊정가는 표지에 표시되어 있습니다.

THE
대한민국 TEPS 대표강사 Joseph Kim의
TOP in
TEPS
850
기본편
독 READING 해

대한민국 대표 공인 영어시험 TEPS를 준비하는 수험자들을 위해 국내 어학교육의 핵심 역할을 하고있는 랭귀지 플러스와 대한민국 대표 TEPS 강사 죠셉킴이 오랜시간의 노력과 연구를 통해 단기간 안에 최대 점수를 올려놓을수 있는 텝스 학습교재 시리즈 – The TOP in TEPS 시리즈 12권을 출간하게 되었습니다.

The TOP in TEPS 시리즈 12권은 단순한 참고서들이 아니라 처음으로 텝스를 시작하는 학생들을 위한 입문 시리즈 4권, 800점 이상을 목표로 하는 중급레벨 학생들을 위한 기본 시리즈 4권, 그리고 실제 시험장과 같은 환경에서 본인의 실력을 최종 점검할 수 있는 실전 시리즈 4권으로 구성된 시리즈입니다.

본 교재의 출간 목표는 역대 기출문제를 99% 활용하여 실전 테스트를 통해 실질적인 전략을 키워서 가장 빠른 시간 안에 점수를 획득할 수 있게 하는 것이고, 서울대 언어교육원의 출제 경향의 토대 위에서 실전 레벨의 수준으로 가장 양질의 문제들만을 엄선했다고 자부하는 바입니다. 본 시리즈를 통해 '이것이 바로 TEPS다!'라는 것을 느끼실 수 있으실 것이며, 본 시리즈의 구성에 따라 지속적인 학습을 하면서 990점 만점의 꿈을 키워가시기 바랍니다.

최근 TEPS가 많이 어려워졌고, 이런 상황에서 고득점을 위해서는 모의고사를 스스로 많이 풀어서 문제 푸는 능력과 시간 활용 능력을 키우는 것이 상당히 중요합니다. 특히 TEPS는 다른 시험들과 다른 점들이 많기 때문에 모의고사를 보지 않고 곧바로 시험장으로 향할 경우 예상치 못한 상황들 때문에 많이 당황할 수 있으므로 각별히 유의해야 합니다.

본 시리즈는 실제로 TEPS를 수험생들과 함께 보며 문제 유형을 100% 정확히 파악하고 있는 현직 TEPS 전문강사가 집필했다는 점에서 양질의 TEPS 문제집에 갈급한 수험자들에게 좋은 학습 길잡이가 될 수 있으리라고 믿습니다. 아무쪼록 이 문제집들을 통해서 좋은 결과 얻으시길 바랍니다.

이 책이 나오기까지 정말 많은 기도와 격려로 가장 큰 힘이 되어준 아내, 그리고 나의 모든 것 되신 좋으신 하나님께 이 책을 바칩니다.

2010년 8월
서초동에서
Joseph Kim

01 Joseph's Skills for TEPS

가장 까다롭게 느끼는 TEPS 독해,
Joseph Kim이 제시하는 전략과 함께!
각 문제 유형별, 지문의 종류에 따라 접근하는
방식이 다릅니다. 본격적인 독해 연습을 시작
하기 전에 Unit마다 접근하는 방식을 알려드립
니다.

02 The TOP in TEPS Example

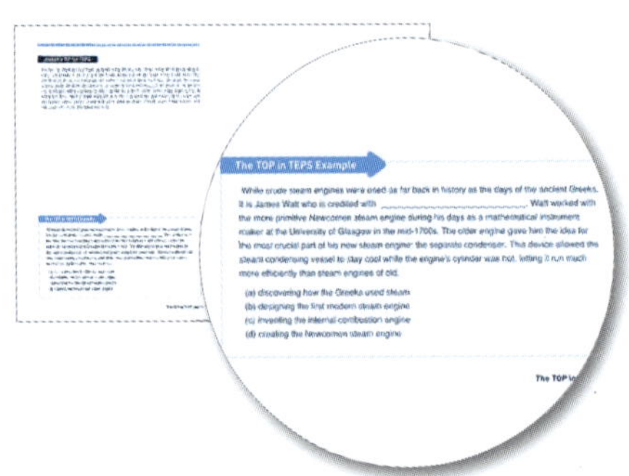

실제 시험과 가장 유사한 문제를 예시로 실었
습니다. 각 유형별로 제시된 문제를 풀어본 후
에 Joseph Kim이 제시하는 친절한 해결방법
을 만나보세요. TEPS 독해에 점차 자신감을
갖게 될 것입니다.

03 Practice TEST

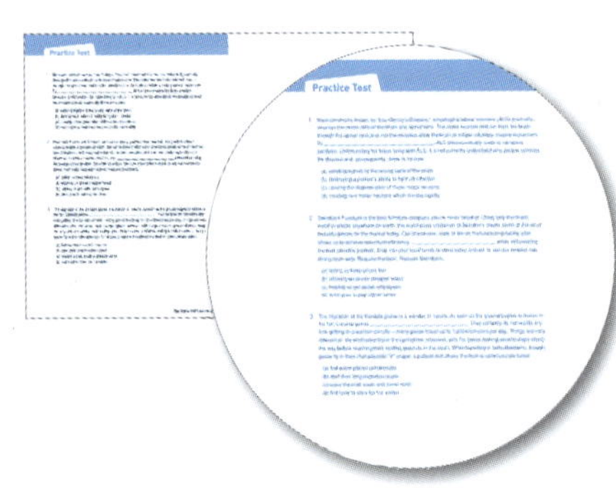

각 문제 유형별, 지문의 유형별로 TEPS 독해
를 만나볼 수 있습니다. 독해 영역은 공식을
숙지한 후에, 반드시 많은 문제를 접하여 실전
감각을 키워야 합니다. **The TOP in TEPS 독
해** 시리즈와 함께, 이제 다양한 문제풀이를 경
험해 보세요.

04 Make-up Vocabulary

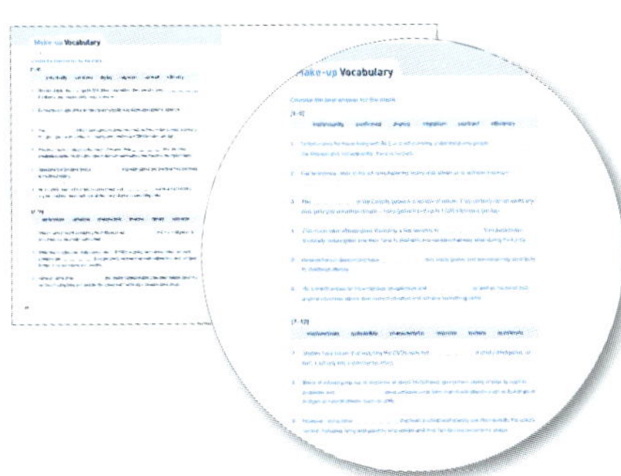

Practice TEST에서 문제풀이를 통해 만난 어휘를 다시 복습하는 공간입니다. 독해 지문에서 사용된 문장들을 다시 복습할 수 있으며, 문장을 통해 어휘가 사용된 의미를 다시 상기하면서 실제 시험에 대비하도록 도와줍니다.

05 Vocabulary list

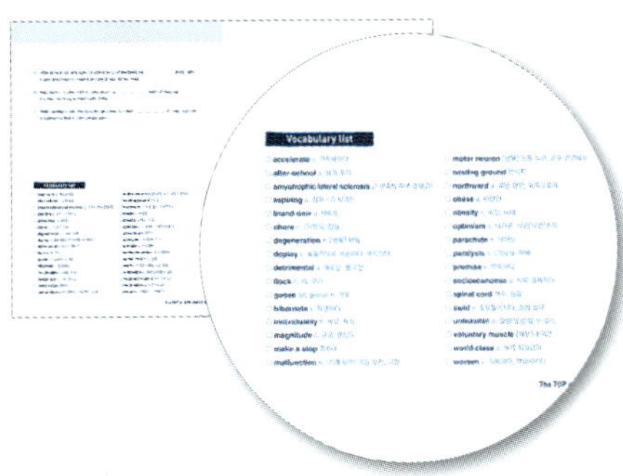

Practice TEST에서 사용된 중요한 어휘들을 다시 정리하여 제시합니다. 어휘 실력이 바탕이 되지 않으면 고득점으로 연결될 수 없습니다. 실제 시험과 동일한 Practice TEST 이후에, 다시 한번 어휘를 반드시 복습함으로써 점차 독해 학습에 자신감을 갖게 될 것입니다.

06 논리적 글읽기의 가이드라인

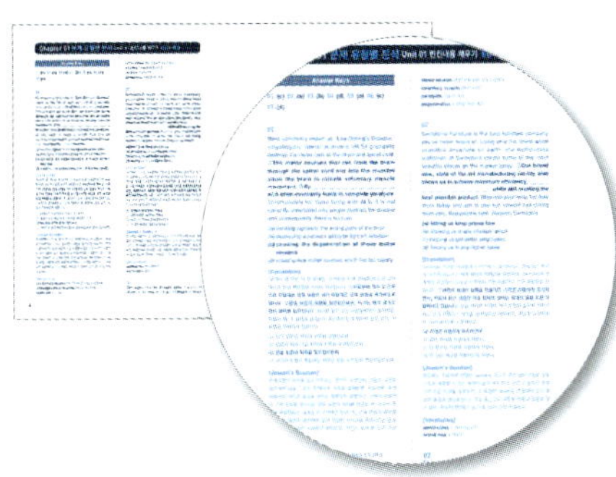

논리적인 글읽기를 하지 못하면, 절대 TEPS 독해 고득점에 이를 수 없습니다. Practice test의 지문을 다시 한번 읽으면서, 지문 속에서 정답이 되는 근거를 따라가며 복습할 수 있습니다. 차근차근 **The TOP in TEPS** 독해 해설에서 제공하는 가이드 라인을 따라, 주어진 지문들을 다시 읽어가며 여러분의 독해실력을 키워보세요.

Joseph's TEPS Reading 알아보기

TEPS 독해영역에서는 영문의 해석능력은 물론, 글을 읽고 전체적인 의미를 파악할 수 있는 능력이 우선적으로 요구된다. 특히 TEPS 독해영역은 1지문 1문항으로 출제되기 때문에 주어지는 지문의 내용을 빨리 읽고 대의 파악을 할 수 있는 능력이 무엇보다도 절실히 요구된다.

Part I	빈칸에 들어갈 내용을 고르는 문제이며, 빈칸의 위치에 따라 어떤 내용이 나올지 감을 잡을 수 있다. 앞쪽에 들어가면 문단의 주제와 관련된 내용이 주로 나오고, 뒤쪽에는 문단을 요약하고 결론을 짓는 문장이 들어가게 된다. 하지만, 항상 그렇지는 않으며, 빈칸이 뒤쪽에 위치하였을지라도 요약이나 결말이 아니라 이어지는 내용이 들어가야 하는 경우도 있기 때문에 유의해야 한다. 문장들을 연결하는 접속사 문제는 매번 출제되고 있으며 지문의 내용과 문맥의 흐름을 얼마나 잘 이해하는지 묻는 문제들이 대부분이다.
Part II	Part 2에서 가장 많은 문항 수를 차지하는 문제유형은 대의(주제)파악이다. 그 외에도 지문의 내용과 일치하는 선택지를 고르는 문제, 지문의 내용과 일치 하지 않는 문장을 고르는 문제 등이 출제 된다. 이런 문제들은 지문과 4개의 선택문을 모두 읽은 후에 정답을 골라야 하기 때문에 시간이 비교적 많이 걸릴 뿐만 아니라 정확하고도 빠른 독해능력을 요구한다.
Part III	문맥의 흐름상 어색한 부분을 고르는 문제인데, 시험 제일 마지막 부분이다 보니 시간에 쫓기면 쉬운 문제임에도 풀지 못하는 안타까운 일이 생길 수도 있다. 평소에 독해량이 많고 하나의 문단(paragraph)이 어떻게 구성되어 있는지를 안다면 독해 영역에서는 가장 쉬운 부분이 될 것이다.

Joseph's TEPS Reading 학습방법

▶ 모든 영어 독해시험에서 대의 파악에 관한 문제는 항상 출제되는 문제유형이며, 특히 TEPS에서는 그 비중이 높다. 글을 읽고 나서 그 글의 핵심내용이 무엇인지 파악할 수 없다면, 그 글을 읽지 않은 것이라고 해도 틀린 말이 아니다. 그래서 TEPS 독해영역에서는 topic이나 main idea를 묻는 문제가 많고, 또 topic과 main idea를 아는 것은 글의 논리 파악과도 직결되는 것이기 때문에, 이것은 실제 글을 읽을 때도 대단히 중요한 부분이다. 그렇다면 topic이란 무엇이고, main idea란 무엇일까? 우선 topic은 글의 주제를 의미하는데, "What is the reading about? (무엇에 관한 글인가?)"에 대한 대답이라고 생각하면 될 것이다. 그리고 main idea는 "What does the author say or believe about the topic? (글쓴이가 주제에 관해 말하는 바가 무엇인가?)"에 대한 대답이다. 다시 말하면, [Topic+Writer's assertion] 즉, 주제에 관한 글쓴이의 주장이다. 따라서 독해 영역에서는 topic과 main idea에 주의를 기울이며 문제에 접근하자!

▶ 최근 시험에서는 지나치게 전문적인 학술문 보다는 잡지에서 볼 수 있는 학술적인 내용과 실생활에서 자주 보게 되는 지문들이 많이 출제된다. 주로 광고문안, 신문이나 잡지의 기사, 시사적인 내용, 편지, 컴퓨터 지시문, 인문 사회에 관련된 내용들이 많다.

내용면에서 본다면 실무적인 글이나, 신문기사와 같은 시사적인 내용의 글들이 자주 출제되기는 하지만, 논리적인 흐름에 입각한 비전문적 학술문도 많이 출제되는 편이다.

전체적인 TEPS 독해영역에서 고득점을 얻기 위해서는 많은 글을 읽고 각 문단의 주제를 파악하면서 문맥의 흐름을 정확하게 이해하려는 노력이 필요하다. 실용적인 어학 능력을 평가한다고 하면서도 수능시험의 형식을 취하고 있는 독해영역과, TIME지에서나 볼 수 있는 수준 있는 어휘가 자주 나온다는 것은 다독만큼 좋은 독해 학습은 없다는 것을 의미한다.

▶독해 Reading

독해영역은 세 개 Part로 나누어지며, 청해영역과 마찬가지로 400점 만점이다.
Part I에서 16문항, Part II에서 21문항, Part III에서 3문항이 출제되며, 전체 40문항에 45분의 시간이 주어진다. 총점 400점을 차지하기 때문에 전체 TEPS시험에서 40%를 차지하고 있고 문법지식과 어휘 그리고 논리력을 요구하는 독해시험은 실제로 수험자들이 가장 어렵게 느끼는 영역 가운데 하나이다.

지문의 내용은 신문기사, 광고문, 도표와 같은 실용문을 비롯하여 다소 까다로운 학술문에 이르기까지 다양한 영역에서 출제된다. 일반적으로 자주 접할 수 있는 실용문에 가까울수록 저난이도의 문제이고, 전문적인 학술과 관련된 내용일수록 고난이도의 문제이다. 내용에 관계없이 구성되는 어휘나 문장구조에 따라 난이도가 구별되는 경우도 있다. 문장의 길이는 단문으로 분류될 수 있는 것은 많지 않고, 중문에 가까운 비교적 긴 내용도 많이 출제된다.

여타 영어시험이 비즈니스 상황이나 학교생활을 중심으로 출제되고 있는 것과 비교해 다양한 생활영어를 묻는 TEPS는 그만큼 시험에 출제되는 이슈가 다양하다고 할 수 있다. 신문, 잡지, 대학 교양과목 개론 등 시사적인 내용과 서신, 광고, 홍보, 지시문, 설명문, 도표, 양식 등 실용적인 글을 이해하는 데 요구되는 총체적인 독해력을 측정하기 위해서 실용문 및 비전문적 학술문과 같은 독해 지문의 소재를 균형있게 다루고 있다. 따라서 평소에 영문으로 쓰여진 다양한 읽을 거리를 접하는 것은 상당히 중요하다.

학교에서 배운 영어지식과 한국식 영어에서 많이 쓰이는 표현과 단어만으로는 해결되기 힘든 TEPS의 지문을 빨리 읽어 나가기 위해서는 영어 뉴스뿐 아니라 광고문, 설명문, 제품의 매뉴얼 등에 이르는 다양한 종류의 글에 관심을 갖고 눈여겨 볼 필요가 있다.

독해영역에서 최대의 관건은 지문 전체를 얼마나 빨리 읽고 이해할 수 있는 가이다. 1지문 1문항 원칙을 고수하고 있고, 중문 이상의 긴 지문이 주어지기 때문에 속독속해가 절실히 요구되는 부분이다. 문제 하나하나를 훑어 본다면 결코 단어가 난해하거나 문장구조가 어려운 것은 아니지만, 짧은 시간에 많은 문장을 이해해야 한다는 것이 부담이 된다.

독해 초보들에게는 기초 부터 차근차근 읽어 내려가는 정독정해를 당연히 권하지만 실상 TEPS시험에서 고득점을 얻기 위해서는 독해문제를 정독한다는 것은 시간낭비가 될 수 있다. 700점대 이상의 고득점을 원하는 수험자는 전체의 내용과 문제의 유형에 따라 지문을 한 눈에 훑어 내려갈 수 있는 내공이 요구된다. 최소한 독해 시험 시간에 주어진 문제 40개를 다 풀기 위해서는 그것이 필수적이다.

이를 위해

1. 질문이 원하는 바를 파악하고
2. 질문에 대한 해답이 될 수 있는 지문의 부분을 찾아서 읽고
3. 질문과 상관 없는 지문의 군더더기는 과감히 skip 하고

4. 답변이 될 수 있는 선택지 한 두개 가운데서 정답을 찾아야 한다.

그러나 TEPS 초보가 시험 시간내에 40개의 문제를 완전히 커버한다는 것은 불가능하므로 500점대 이하의 입문자들은 못 푸는 문제를 포기하더라도 의미를 제대로 이해하며 읽어 나가야 한다는 것을 잊지 말자.

독해영역은 비전문적인 학술문, 도표, 신문기사, 광고문 등 다양한 실용문을 읽고 내용을 올바로 파악했는지를 묻는 문제로 구성되어 있다.

TEPS의 독해영역이 기존시험과 차별되는 가장 중요한 점은 한 지문에 대하여 한 문제만을 묻는다는 것이다. 이것은 한 지문을 잘못 이해해도 한 문제만 틀리면 된다는 뜻이기도 하지만, 또 그만큼 많은 시간이 필요하다는 의미가 된다. 따라서 오래 읽고 생각하며 풀기보다는 읽어 내려가며 이해하고 바로 답을 고를 수 있어야한다. 각각의 지문은 비전문적인 학술문에서부터 도표, 신문기사, 광고문 등의 실용문까지 다양한 영역을 포함한다. 그리고 실제 생활에서 많이 쓰이는 내용일수록 저난이도에 속하고 학술적이거나 전문적인 내용일 경우에는 고난이도로 볼 수 있다.

또한 지문을 구성하는 어휘나 문장구조에 따라 난이도를 구별할 수 있다.

● ● 파트별 고득점 전략 Part I

Part I은 [지문을 읽고 지문의 빈칸에 들어갈 내용 고르기] 형식으로 1번에서 16번까지가 이 유형에 속한다. 이 유형은 일반적인 독해시험에서 가장 흔히 볼 수 있는 형태로 수능, 고시, 대학원, 편-입학시험등에서도 자주 등장하는 형식이다. 빈칸에 들어갈 내용은 단어뿐만 아니라 구, 절, 연결어구(접속사나 부사)등 다양한 내용이 포함된다.

출제경향

16문항이 출제되며, 지문을 읽고 빈칸에 들어갈 적절한 어구를 선택하는 유형이다. Part I은 글의 흐름에 맞추어 단락을 완성할 수 있는 표현을 찾는 유형으로, 글의 전체적인 맥락에 대한 이해도를 측정한다. 이런 관점에서, 밑줄의 위치는 후반부에 있는 경우가 많다. 출제 유형별로 분류하면, 전체 문맥을 파악하는 유형이 주류를 이루고(1-14번 문항), 바로 앞뒤 문장과의 흐름이나 핵심적 어구와의 일관성 여부를 묻는 경우도 있다. (15, 16번 문항)

해결포인트

이 Part의 요점은 전체 내용의 대의파악 능력, 응집력, 이해능력의 측정에 있다. 단어들의 정확한 의미와 그 용례를 이해하는 것도 중요하지만 무엇보다 문장 전체를 이해하는 능력이 최우선의 관건이 된다. 문장에서 빈칸을 완성하는 문제를 해결하는데 있어서 가장 중요한 것은 먼저 글의 대의를 파악하면서 빈칸이 있는 부분까지 빨리 읽고, 빈칸이 들어 있는 문장과 앞뒤 문장을 정확히 읽어 전체의 의미 안에서 부분적인 내용을 이해하는 방법으로 접근해야 한다는 것이다.

고득점 비법

1. 보기를 먼저 읽고 지문을 읽어라!

2. 지문을 읽을 때는 먼저 글의 대의를 파악하면서 빈칸이 있는 부분까지 빨리 읽고, 빈칸이 들어있는 문

장과 앞뒤 문장을 정확히 읽어, 전체 대의 속에서 부분적 논리를 완성하는 방법으로 접근한다.

3. 선택지가 짧을 경우 선택지 먼저 읽고 지문 읽는다. 만약에 선택지가 길다면 지문 먼저 읽는다.

4. 첫 문장 읽고, 빈칸 읽고 답을 선택한다. 그래도 아리송하면 마지막 문장 한번 더 읽고 답을 선택한다. 그리고 지문 중간에 But, Whereas, Although, However, Yet S+V가 있는지 확인한다.

5. 괄호 대원칙 – 괄호가 있으면 괄호를 포함한 문장이 중요하다 .(괄호 안에서 더 설명해주기 때문에) 그 문장에 답의 힌트가 있을 가능성이 높다.

6. 소거법을 이용하여, 답이 아닌 것부터 제외시켜 가면서 정답으로 좁혀가는 방법으로 문제를 푸는 것도 한 방법이다.

7. dash(–)가 한번 나오면 답일 확률이 높고 dash(–)가 두 번 나오면 별로 중요하지 않다.

8. surely, quite a ___ , promptly, new, likewise, like(~와 마찬가지로)를 잘 살펴본다.

9. 관계사는 엄청 중요하다. 다시 설명해주기 때문에 답의 힌트가 될 가능성이 높다.

10. 지문에 의문문 있으면 그 의문문에 답이 될 수 있는 내용이 선택지에서 답이 될 수 있다.

●● 파트별 고득점 전략 Part II

Part II는 [지문을 읽고 질문에 가장 적절한 내용 고르기] 형식으로, 17번에서 37번까지 21문항이 출제된다. 독해 전체 40문항 중에서 절반이 넘는 비중을 차지하고 있으므로 독해영역에서는 이 Part의 문제 유형에 특히 많은 관심을 가져야 한다. 주어진 지문의 내용을 완전히 이해해야만 문제의 내용에 답할 수 있기 때문에 문제를 먼저 읽어보고 지문을 보는 것도 문제 풀이의 한 방법이 된다.

출제경향

지문을 읽고 질문에 대한 가장 적절한 답변의 선택지를 고르는 유형으로, 21문항이 출제된다. 질문의 종류에 따른 출제 유형을 살펴보면, 세부 내용 파악 문제가 가장 많고, 그 다음 대의 파악 문제가 5~8문제, 그리고 추론 문제가 3~5문제 정도 출제되고 있다. 최근에는 지문의 길이가 점점 짧아지고 난이도가 상대적으로 쉬워지는 경향이 있다.

해결포인트

이 Part에서 다루고 있는 글의 내용은 세부내용 파악(진위 파악), 내용과 관련한 추론 문제, 글의 대의 파악, 적당한 제목 고르기 등이 주를 이루며 도표, 상업서한, 광고문 등의 형식도 종종 출제되고 있다. 이 Part를 접근할 때는 글의 첫 부분에 오는 주제문에서 핵심어구와 대의를 추론해 보고 연차적으로 문장을 읽어 나가면서 글을 요약하고 추가되는 정보를 입수하는 방식이 좋다. 동시에 획득한 각각의 정보를 서로 연관시켜 글 속에 내포된 의미를 파악해 낸다면 좋은 점수를 기대할 수 있을 것이다.

고득점 비법

1. 먼저 문제를 읽고 문제가 요구하는 관점에서 지문을 읽어 답을 구하는 방법으로 시간을 단축하는 능력을 키우자.

2. 지문을 읽을 때 첫 문장에 주목하라.

3. 평소 다독과 속독 훈련을 꾸준히 한다.

4. which, what를 제외한 who, where, why, how를 포함한 Question은 지문에서 주제로 언급되기 때문

에 절대로 틀리면 안 된다.

5. 광고는 미괄식이므로 뒤쪽을 자세히 보고 특히 광고 끝에 괄호가 있으면 그 괄호 안이 답이 될 확률이 높다.

6. 지문에 all, every, only, never가 나오면 답일 확률이 높고, 단 선택지에 나오면 오답일 확률이 높다.

7. 세부내용 문제에 연도가 언급되었으면 자세하게 읽어야 한다.

8. 추론 문제에서 지문에 결론이 없으면 선택지에서 결론을 찾아주면 되고, 지문에 결론이 나와 있으면 선택지에서 결론보다 좀 upgrade된 문장을 찾는다.

9. 추론 문제에서는 제 2 또는 제 3의 인물을 잘 파악해야 한다.

10. 'A then B, A soon B, A into B'와 같은 표현은 변화를 암시한다.

●●● 파트별 고득점 전략 Part III

독해영역의 마지막 부분인 Part III는 [지문을 읽고 문맥상 어색한 내용 고르기] 형식으로 38번에서 40번까지 총 3문제가 출제된다. 문제의 형태는 문법영역의 Part IV와 비슷하다고 보면 된다. 이어지는 문장 중에서 전체적인 대의에서 내용상 벗어나는 것을 고르는 문제이다.

출제경향

지문을 읽고 문맥상 어색한 내용을 고르는 유형으로, 3문항이 출제된다. 글의 일관성을 파악하는 논리적 추론 능력이 주된 측정 포인트이다. Part I이나 II에서 적절한 시간 안배를 해두지 않아서, Part III에서 그냥 찍고 말아야 하는 안타까운 경우가 종종 있다. 이 Part는 오랜 시간동안 긴장 상태로 문제를 풀다가, 집중력이 흐트러지는 마지막 부분에 등장한다는 점에서, 평소에 글의 흐름이나 문맥을 따라잡는 독해 훈련을 게을리 했을 경우, 매우 힘들게 느껴질 수 있는 부분이다.

해결포인트

이 Part는 전체 독해영역에서 차지하는 문항수 자체는 적지만, 독해문제 하나에 대한 배점이 높다는 점을 생각하면 결코 간과해서는 안 될 부분이다. 이 Part에서는 글의 응집, 즉 일관성(coherence)을 파악하는 논리적 추론 능력이 주된 측정 point라고 할 수 있다. 따라서 주어진 글에 대해 집중력을 가지고 문맥 사이의 연결 고리를 생각하면서 접근하는 것이 좋다. 조심할 것은 전체 지문의 내용과 반대되는 문장을 찾는 단순한 문제만 출제되는 것이 아니라는 점이다. 전체적으로 세부사항을 이야기하고 있는 지문일 경우에는 같은 내용이라도 포괄적인 내용을 이야기하다가 세부적인 내용이 나오면 흐름이 어색해지기 때문이다.

고득점 비법

1. 두괄식이므로 첫 문장을 정독한다.

2. 문제가 점점 쉬워지고있다.

3. 글의 전체적인 어조를 파악하라.

4. 주어, 시제, 어감이 갑자기 바뀌는 부분에 유의하라.

5. 끝까지 읽고 답을 고르자.

6. 평소 독해 공부를 할 때 구문 분석이나 문법적 이해보다는, 글의 논리전개와 대의 파악 쪽으로 많은 연습을 해두자.

▶시험당일 유의사항

1. 어려운 문제는 과감하게 포기하자.

독해영역의 문제를 앞에서부터 순서대로 풀다보면 시간이 모자라 Part III는 제대로 읽어보지도 못하고 놓치는 경우가 종종있다. 좋은 점수를 얻기 위해서는 각 Part별로 문제를 골고루 푸는 것이 중요하지만 어차피 시간이 부족하다면 쉬운 문제와, 쉽게 풀 수 있지만 배점이 높은 문제는 놓치지 말고 풀어야 하므로 가능하다면 Part III → Part I → Part II의 순서대로 문제를 풀어나가도록 하고, 스스로 생각해도 너무 어려운 문제는 과감하게 포기하는 것도 전략이다.

2. 당황해서 실수하는 일이 없도록 하자.

전체 40문제를 45분 안에 풀어야 한다. 답안지에 표시하는 시간을 빼고 계산해보면 1문항에 60초라는 시간이 주어진다. 따라서 시험 종료 10분전이라는 안내방송이 나오더라도 10문제를 풀 수 있다는 계산이 나온다. 마지막 10분을 잘 이용해서 당황하지 말고 침착하게 대응하여 실수하는 일이 없도록 하자.

3. 답안지를 바꾸지 말자.

답안지를 바꾸어 다시 표기하는 데 5분에서 10분 정도의 시간이 소요된다. 그 시간이면 5~10문제를 풀 수 있다. 답안지 자체를 바꾸어야 할 만큼 큰 실수나 표시가 난 경우가 아니라면 미리 수정테잎을 준비해 수정하는 것이 좋고, 처음부터 답안지 작성을 잘 하는 것이 더 좋다는 것은 말할 필요도 없을 것이다.

TEPS를 알아보다!

TEPS는 Test of English Proficiency developed by Seoul National University의 약자로 서울대학교 언어교육원이 오랜 시간에 걸쳐 집중적인 연구를 통해 개발한 한국인의 실용 영어능력 평가시험이다. Proficiency는 '숙달도'라는 뜻으로서 그 사람의 영어 실력이 얼마나 몸에 배어 있고 익숙한가를 측정한다. 따라서 단순한 암기와 요령만으로 고득점을 얻을 수 있는 시험이 아니라 꾸준하게 폭넓은 학습을 통하여 영어에 대한 전체적인 이해력이 바탕이 되어야 하는 시험이다. 또한 TEPS는 한국인들의 살아 있는 영어 실력을 가장 효과적이고 정확하게 측정해주며, 변별력에 있어서 수험자의 정확한 실력 파악에 실제적인 도움이 된다. TEPS 성적표는 수험생의 영어 능력을 파트별로 세분화하여 평가, 첨삭하여 주기 때문에 수험자에게 있어 어느 부분이 강하고 약한지를 쉽게 파악할 수 있게 해줄 뿐만 아니라 효과적인 영어공부 방향을 제시해주기도 한다. TEPS는 다양하고 일반적인 영어능력을 평가하는 시험으로 서울대 진학뿐만 아니라 최근에는 신대원, 사관학교, 유학시험, 공무원시험, 인사고과 등 다양한 목적으로 사용되고 있다.

TEPS의 특징을 살펴보다!

편법과 눈속임이 통하지 않는 시험

개인의 어학능력은 결코 단기간에 급속도로 향상되지 않는다. 그럼에도 불구하고 실력배양은 아랑곳하지 않고 영어성적만을 올리기 위해 요령과 편법을 가르치는 교육기관이 현재 난무하고 있는 현실이다. TEPS는 수험자의 영어능력을 있는 그대로 정확하게 판단하기 위해 다양한 테스트 방법을 적용했다. 듣기시험에서 인쇄된 질문지를 주지 않고 방송으로 직접 들려주기 때문에 미리 문제를 보고 감을 잡는 편법과 요령이 통하지 않는다. 독해시험에서도 1지문 1문항 원칙을 지켜 한 문제의 답을 알면 그 뒤에 연결된 문제들의 답을 유추할 수 있는 가능성을 원천적으로 배제하였다.

속도화 시험

TEPS는 기존의 다른 시험에 비해 많은 지문을 주고 이를 짧은 시간 내에 이해하여 풀어낼 수 있는지를 측정하는 형태이다. 이는 실제 생활에서 활용할 수 없는 단순암기 위주의 영어가 아니라 완벽히 습득하여 자유롭게 구사할 수 있는 "살아있는" 영어실력을 평가하기 위한 것이다.

첨단 테스팅 기법 도입

TEPS는 첨단 어학능력 검증기법인 문항반응 이론 『IRT: Item Response Theory』를 도입했다. 문항반응 이론은 문항을 개발할 때 각 문항별로 1차 난이도를 정의하고 다시 시험 시행 후 전체 수험자들이 각각의 문항에 대해 맞고 틀린 것을 종합해 그 문항의 난이도를 2차로 재조정해 이를 근거로 다시 한 번 채점하여 성적을 산출하는 방식이다. 이 과정에서 최고점은 990점, 최하점은 10점으로 조정된다. 특히 문항반응 이론은 맞은 개수의 합을 총점으로 하는 고전적인 평가방식과는 달리, 각 문항의 난이도와 변별력에 대한 수험자의 반응 패턴을 근거로 영어 능력을 추정하는 확률이론이다. 결국 같은 개수의 정답을 맞추더라도 난이도가 높은 문제를 많이 맞춘 수험자가 좋은 점수를 취득하게 되어 있다. 문항반응 이론을 적용할 경우, 낮은 난이도의 문제를 많이 틀린 수험자가 높은 난이도의 문제를 맞출 경우 실력에 관계없이 추측(Guessing)이나 우연히 맞출 가능성이 높다고 판단하여 감점처리를 한다. 이러한 문항반응 이론은 가장 선진적인 검정방식으로서 TEPS는 이 이론에 기초한 국내 최초의 영어능력 평가시험이다.

TEPS 정기시험은 주로 일요일에 시행되지만 매년 1월, 5월, 7월, 10월에는 토요일(오후 3시)에 시행된다. 매년 11월 중에 다음 해 응시 일정이 발표되는데 시험은 일요일의 경우, 오전 9시30분에 치르게 되며, 대개 9시까지 고사실에 입실하여야 한다. 오전 9시30분부터 치르는 일요일 시험이 진행되는 과정을 정리하면 다음과 같다.

AM 09:20	입실 완료
AM 09:30~09:50	답안지 오리엔테이션 『각종 기재사항 기재』
AM 09:50~10:00	10분간 휴식 『시험 중간에 휴식시간 없음』
AM 10:00~10:05	문제지 배포
AM 10:05	시험 시작
AM 12:25	시험 종료

※ 시험 당일 사정에 따라 분 단위로 조금씩 변동이 있을 수 있다.

✛ **시험 시간**

영역	파트	내용	문항 수	시간	배점
청해 Listening Comprehension	Part I	질의 응답	15	55분	400점
	Part II	짧은 대화	15		
	Part III	긴 대화	15		
	Part IV	담화문	15		
문법 Grammar	Part I	구어체	20	55분	100점
	Part II	문어체	20		
	Part III	대화문	5		
	Part IV	담화문	5		
어휘 Vocabulary	Part I	구어체	25	15분	100점
	Part II	문어체	25		
독해 Reading Comprehension	Part I	빈칸 채우기	16	45분	400점
	Part II	내용 이해	21		
	Part III	흐름 찾기	3		
			200문항	140분	990점

✚ TEPS 원서 접수

인터넷 접수	www.teps.or.kr 접속 후 '온라인 접수'메뉴 이용 (사진파일, 응시료를 결제 할 신용카드 및 인터넷 뱅킹 계좌)
방문 접수	가까운 접수처 이용 (3×4cm 사진 한 장, 응시료) *일반 접수 응시료: 일반 33,000원 / 군인 17,000원 (대상: 현역 간부, 군무원, 　　　　　　　　　　　　　　　　　　　　　　　육사 / 해사 / 간호사관 생도) *추가 접수 응시료: 일반 36,000원
정기 시험	연 12회

✚ 환불규정

접수 후 개인적인 사정으로 시험에 응시할 수 없는 경우, 접수를 취소할 수 있다.
(차기 회차로 연기는 불가능함.)

✚ 취소신청 방법

• 인터넷 취소신청: 회원만 가능하며 비회원은 회원가입 후 취소신청이 가능하다.
• 접수처 취소신청: 수험표와 신분증을 소지하고 가까운 접수처를 방문하여 취소신청을 할 수 있다.
　　　　　　　　(접수처 취소는 TEPS 접수 취소만 가능)
• 시험별 취소 환불금

『정기접수자』
- 정기접수기간 내: 33,000원 환불
- 익일 ~ 1주: 23,000원 환불
- 익일 ~ 시험 전일 15시 (토요일 시험: 전일 24시): 11,000원 환불

『추가접수자』
- 추가접수기간 내: 36,000원 환불
- 익일 ~ 시험 전일 15시(토요일 시험: 전일 24시): 11,000원 환불

✚ 성적 확인

정기시험의 성적은 시험일로부터 15일 이후 텝스 홈페이지(www.teps.or.kr)에서 확인이 가능하다. 정기시험 성적표는 시험일로부터 대략 20일 안에 우편으로 발송되고, 특별시험 성적표는 시험일로부터 7일 이내에 해당 기관이나 단체로 통보된다. 정기시험 응시자 중 텝스 성적표가 급히 필요한 사람은 텝스 사업본부(02- 886-3330)를 방문하여 성적표를 직접 수령해 갈 수 있다. 방문하여 성적표를 수령해 가고자 하는 경우 응시일로부터 12~13일이 지난 후 추가 수수료 2,000원과 신분증을 준비하여 방문하면 된다. 경우에 따라 성적 처리가 늦어지는 경우도 있으므로 방문 전에 성적표 수령 가능 여부를 전화로 확인하고 방문해야 한다.

✚ 시험 전날 점검 사항

TEPS는 보안이 철저히 유지되고 기출된 문제가 공개되지 않는다. TEPS시험을 여러 번 보다 보면 대략적으로 그 방향과 성격을 어느 정도 파악할 수 있을 것이다. 실제로 시험을 본 사람만이 정확히 어떤 문제가 나오는지 체감할 수 있다. 그러므로 실제 시험에 응시하여 어느 정도의 유형과 경향, 분위기 등을 체험해 보는 것이 도움이 된다. 하지만 여러 가지 사정으로 상황이 여의치 않을 경우 실제 출제경향에 맞춘 적중률 높은 실전문제를 가능한 한 많이 풀어는 것도 시간을 절약하고, 심리적인 부담감을 줄일 수 있는 한 방법이다. 실전문제를 풀 때는 실제 시험을 볼 때와 똑같은 긴장감과 똑같은 시간으로 집중하여 문제를 풀어야 한다. 오히려 실제 시험의 120% 정도의 긴장감과 120% 정도의 집중력으로 문제를 풀라고 권하고 싶다. 실제 시험에서는 더욱 더 긴장되고 예기치 않은 여러 변수가 작용할 수 있기 때문이다. 또한 청해 시험을 보는 동안은 "내가 어떤 방법으로 청취를 해야겠다"는 생각조차 잡념이 된다는 사실을 명심해야 한다. TEPS 청해는 어떠한 내용도 주어지지 않는다. 자칫하여 한 마디를 놓치게 되면 결국 그 문제뿐만 아니라 전반적인 시험에 영향을 끼치게 된다. 마음을 완전히 비우고 한 문제 한 문제에 대해 순간순간 정확한 판단을 하면서 최선을 다해 풀어야 할 것이다.

✚ 시험 당일

TEPS는 청해, 문법, 어휘, 독해 네 가지 영역으로 구성되어 있다. 시험은 청해 55분, 문법 25분, 어휘 15분, 독해 45분으로 진행된다. TEPS는 다른 영어시험과 달리 각 영역별로 주어진 시간에 그 영역의 문제만 풀도록 규정되어 있다. 정해진 시간 안에 정확하게 문제를 풀어내는 능력을 테스트하는 속도 시험이기 때문이다. 이 때문에 한 영역의 문제를 모두 끝냈다 하더라도 다른 영역의 문제를 풀 수 없다. 각 영역별 시간이 바뀔 때마다 방송이 나오고, 또 감독관이 칠판에 시간을 써놓기 때문에 수험생 본인이 시간 안배를 잘 해야 한다. 감독관 몰래 다른 영역의 시험을 풀어볼 수 있겠지만, 이 행위는 TEPS 규정에 따르면 명백한 부정행위이다. 참고할 것은 TEPS 시험 시 수정 테이프 사용이 가능하므로, 답안지를 바꾸지 않고 감독관에게 요청해 수정 테이프로 수정해도 아무런 문제가 없다.

시험에 들어가기 전 영문 이름, 주민등록번호, 주소 등 개인 신상에 관한 정보를 OCR 답안지에 입력할 때 실수하지 않도록 침착하고 정확하게 표기해야 한다. 만약 실수를 했을 경우에는 감독관에게 답안지를 바꾸어 달라고 요청하여 모든 정보를 새로 입력하면 된다. 실제 시험 전에는 모든 것이 불필요하게 긴장을 유발하는 요인이 될 수 있으므로 시험장에 여유 있게 도착하여 최상의 컨디션을 유지할 수 있도록 철저한 자기관리가 필요하다.

✚ 시간 안배

LC의 경우에는 TOEIC처럼 사진이나 문제가 미리 주어지지 않고 문자 그대로 들려주기만 하기 때문에 듣는 그 순간순간 내용포착을 잘 하는 것이 중요하다. 어휘의 경우 50문제를 15분에 풀어내야 하므로 한 문제당 15초 정도 이상을 할애하면 안 된다. 문법과 독해의 경우 뒤에 있는 문제부터 풀어나가는 것이 중요하다. 문법의 경우 50문제를 15분에 풀어내야 하므로 한 문제당 25초를 넘기면 안 된다. 특히 독해의 경우 38, 39, 40번 문제(파트 3)가 배점이 가장 높기 때문에 먼저 풀고, 그 다음 빈칸 채우기 형식의 파트 1(1-16번)을 푼 다음 파트 2(17-37)를 마지막으로 푸는 순서로 하는 것이 고득점을 얻을 수 있는 한 방법이다.

TEPS는 청해, 문법, 어휘, 독해 4개 영역에 걸쳐 총 200문항으로 구성되어 있으며 시험시간은 140분이다. 문항반응이론(IRT)에 따라 채점하기 때문에 전부 맞추어도 만점은 990점이고 모두 틀려도 10점은 나온다.

✦ 청해 (Listening Comprehension) 60문항

정확한 청해 능력을 측정하기 위하여 문제와 보기문항을 문제지에 인쇄하지 않고 들려줌으로써 자연스러운 의사소통의 인지과정을 최대한 반영하였다. 다양한 의사소통 기능(Communicative Functions)의 대화와 다양한 상황(공고, 방송, 일상 업무 상황, 대학 교양수준의 강의 등)을 이해하는 데 필요한 전반적인 청해력을 측정하기 위해 대화문(Dialogue)과 담화문(Monologue)의 소재를 균형 있게 다루었다.

PART 1 (15문항)

Choose the most appropriate response to the statement. (1-15)

M: Do you think you could turn down the volume on the television?

W: ______________________________

    (a) I certainly didn't mean anything by it.
    (b) I can't believe that you turned down the offer.
    (c) I didn't realize it was disturbing you.
    (d) No, I don't think he'll mind at all.

해석
남: TV의 볼륨을 좀 내려주실 수 있으세요?
여: ______________________________

(a) 전 분명히 아무런 뜻도 없었어요.
(b) 당신이 제 제안을 거절 했다니 믿을 수 없어요.
(c) 당신을 방해하고 있는지 몰랐어요.
(d) 아니요, 그는 개의치 않아 할 것 같아요.

Part 1은 질의응답 문제를 다루며 한 번만 들려준다. 내용 자체는 단순하고 기본적인 수준의 생활 영어 표현으로 구성되어 있지만 교과서적인 지식보다는 재빠른 상황 판단 능력을 요구한다. 따라서 이 파트에서는 속도 적응 능력뿐만 아니라 순발력 있는 상황판단 능력이 요구된다.

PART 2 (15문항)

Choose the most appropriate response to complete the conversation. (16-30)

W: Hello, I have an appointment with Dr. Summers.
M: OK. You must be Kate. I need you to fill out this form on your medical history.
W: All right. Here you go.
M: ______________________________

    (a) Have you ever had these symptoms before?
    (b) I keep sneezing and my nose is runny all day.
    (c) Stay warm and drink plenty of water.
    (d) Please have a seat and the nurse will call your name soon.

해석
여: 안녕하세요, Summers선생님과 진료 예약을 했는데요.
남: 네, Kate 맞으시죠? 병력에 대해 이 양식을 작성해 주시겠어요?
여: 알겠어요. 여기 있어요.
남: ______________________________

(a) 이런 증세가 이전에도 있었나요?
(b) 계속 재채기가 나고 하루 종일 콧물이 흘러요.
(c) 몸을 따뜻하게 하시고 물을 충분히 마시세요.
(d) 자리에 앉아 계시면 간호사가 곧 호명할 거예요.

Part 2는 짧은 대화 문제로서 두 사람이 A-B-A-B 순으로 보통 속도로 대화하는 형식이며, 소요 시간은 약 12초 전후로 짧게 구성되어 있다. Part 1과 마찬가지로 한 번만 들려주는 부분이다.

PART 3 (15문항)

Choose the option that best answers the question. (31-45)

W: Have you decided what you're going to buy for your mother's birthday?
M: Not yet. She's very picky, so it's very hard to shop for her.
W: Well, you'd better decide soon. You only have a week.
M: I'm thinking about getting her this vase she saw in the mall the other day.
W: That's a good idea. Since she already saw it, you know she will like it.
M: The only problem is, they're out of stock in the store and will have to special order it.
W: Oh. Will it get here in time?
M: They said it shouldn't take any longer than three days, but maybe I'll find something else.

Q: Which is correct according to the dialogue?
  (a) The man wants the gift to be a surprise.
  (b) The man isn't sure what he's going to buy.
  (c) The woman wants to buy the man a gift.
  (d) The vase will take a week to arrive.

해석
여: 엄마 생일 선물로 뭘 살지 결정했니?
남: 아직. 우리 엄마는 아주 까다롭거든 그래서 엄마 선물을 사는 건 아주 어려워.
여: 빨리 결정을 해야 할 거야. 일주일 밖에 안 남았잖아.
남: 지난 번에 엄마가 쇼핑 몰에서 본 꽃병을 살까 생각 중이야.
여: 그거 좋은 생각이네. 엄마가 보셨으니까 좋아하실 거라는 걸 알잖아.
남: 문제는 가게에 재고가 없어서 특별 주문을 해야 한다는 거야.
여: 그러면 제 시간에 도착할까?
남: 3일 이상은 안 걸릴 거라고 했는데, 아마도 다른 걸 찾아야겠지.

문제: 대화의 내용과 일치하는 것은?
(a) 남자는 선물이 깜짝 선물이 되길 바란다.
(b) 남자는 무엇을 살 지 잘 모른다.
(c) 여자는 남자에게 선물을 사 주고 싶어한다.
(d) 꽃병은 도착하는데 일주일이 걸릴 것이다.

Part 3는 앞의 두 파트에 비해 다소 긴 대화를 들려준다. 대화 부분과 질문을 들려준 뒤 다시 한 번 대화 부분을 들려주기 때문에 대화의 길이가 길어진 것에 비하여 많이 어렵다고 할 수 없다.

PART 4 (15문항)

Choose the option that best answers the question. (46-60)

Thanks for your interest in Happy Times Foods, a leading manufacturer of custom-made food products. Our main goal is to make sure you're always satisfied with our service and the selection we provide. We understand that the restaurant industry is highly competitive and that's why our premium breads, sauces, desserts, and other specialty items are prepared with you in mind. We even tailor our recipes and ingredients to your company's needs. So

해석
일류 주문 생산 식품 제조업체인 Happy Times Foods에 관심을 가져 주셔서 감사합니다. 저희의 주요 목표는 귀하께서 저희가 제공하는 서비스와 선택에 확실히 만족하도록 하는 것입니다. 저희는 식당 업계가 매우 경쟁이 심하다는 것을 알고 있기 때문에 저희의 고급 빵, 소스, 후식과 다른 별미 제품들은 귀하를 염두하여 준비되고 있습니다. 저희는 귀사의 필요에 맞도록 저희 조리법과 재료들을 맞춤 제공하기도 합니다. 귀사의 식당이 성공을 이루도록 Happy Times Foods에 한 번 기회를 주시면 어떨까요?

why not give Happy Times Foods a chance to make your eatery a success?

Q: What is the announcement about?
(a) an inquiry about an order
(b) a complaint about a product
(c) a follow-up to a potential customer
(d) a proposal for an advertisement

문제: 공지 사항은 무엇에 관한 내용인가?
(a) 주문에 대한 문의
(b) 제품에 대한 항의
(c) 잠재적 고객에 대한 권유
(d) 광고에 대한 제안

Part 4는 담화문을 다룬다. 영어권 나라에서 영어로 뉴스를 듣거나 강의를 들을 때와 비슷한 상황을 설정하여 얼마나 잘 이해하는지를 측정하는 부분이다. 이야기의 주제, 목적, 화제, 세부 사항 및 이를 근거로 한 추론의 문제들이 출제된다. 직청 직해 실력, 즉 들으면서 곧바로 내용을 이해할 수 있는지를 평가하는 부분이다.

✚ 문법 (Grammar) 50문항

밑줄 친 부분 중 오류를 식별하는 유형 등의 단편적이며 기계적인 문법지식 학습을 조장할 우려가 있는 분리식 시험 유형을 배제하고, 의미 있는 문맥을 근거로 오류를 식별하는 유형을 통하여 진정한 의사소통 능력의 바탕이 되는 살아 있는 문법, 어법능력을 문어체와 구어체를 통하여 측정한다.

PART 1 (20문항)

Choose the best answer for the blank. (1-20)

A: How was Felicia when you went to visit her yesterday?
B: I could tell she _________________ although she tried to pretend that everything was OK.

(a) have cried
(b) had been crying
(c) was crying
(d) would be crying

해석
A: 네가 어제 방문했을 때 Felicia는 어땠어?
B: 그녀는 모든 게 괜찮은 척 하려고 노력했지만 울고 있었다는 걸 알 수 있었어.

Part 1은 A, B 두 사람의 짧은 대화를 통해 전치사 표현력, 구문 이해력, 품사 이해도, 시제, 접속사 등 문법에 대한 이해력을 묻는 형태로 되어 있다. 주로 후자(B)의 대화에 빈칸이 있으며, 이에 적절한 표현을 고르는 형식의 문제이다.

PART 2 (20문항)

Choose the best answer for the blank. (21-40)

_________________ performed some of the most popular songs in the history of music, the Beatles are

해석
음악 역사상 가장 인기 있는 노래들을 연주했기 때문에 비틀즈는 여전히 세계에서 가장 유명한 밴드들 중의 하나이다.

still one of the most celebrated bands in the world.

(a) As
(b) Have
(c) Had
(d) Having

Part 2는 문어체 질문을 다룬다. 서술문 속의 빈칸을 채우는 문제로 총 20문항으로 구성된다. 이 파트에서는 문법 자체에 대한 이해도는 물론 구문에 대한 이해력이 중요하다.

PART 3 (5문항)

Identify the option that contains an awkward expression or an error in grammar. (41-45)

(a) A: I'm really bored. How about going out and seeing a movie or something?
(b) B: I don't know about that. Why do we always have to go out lately at night?
(c) A: Oh, come on. It's only 10:30 and the night is still young.
(d) B: Well, I guess it is Saturday and I feel kind of restless myself.

해석
(a) A: 정말 지루해. 나가서 영화를 보든지 하는 게 어때?
(b) B: 좋은 생각이 아닌 것 같아. 왜 꼭 밤 늦게 외출을 해야 하는데?
(c) A: 그러지 말고 가자. 이제 겨우 10시 30분이고 아직 이른 시간 이잖아.
(d) B: 하긴, 토요일이고 나도 잠이 안 오니까 괜찮겠지.

Answer
(b) lately → late

Part 3는 대화문에서 어법상 틀리거나 어색한 부분이 있는 문장을 고르는 문제로 구성된다. 이 영역 역시 문법뿐만 아니라 정확한 구문 파악, 회화 내용의 식별능력이 대단히 중요하다.

PART 4 (5문항)

Identify the option that contains an awkward expression or an error in grammar. (46-50)

(a) There is a widespread misconception that it is necessary to exercise for long periods of time every day in order to stay fit. **(b) Some people would be surprising to find that this is not necessarily the case.** (c) Many studies have shown that exercising for just thirty minutes a day, three times a week has significant health benefits. (d) The most important thing is to be faithful to a routine, rather than only hitting the gym sporadically.

해석
(a) 건강을 유지하기 위해서 매일 오랜 시간 동안 운동을 하는 것이 필요하다는 보편적인 오해가 있다. (b) 어떤 사람들은 이것이 사실이 아니라는 것을 알고 놀랄 것이다. (c) 많은 연구들에 의하면 하루에 30분 동안, 일주일에 세 번 운동을 하는 것이 상당한 건강상의 혜택이 있다는 것을 보여준다. (d) 가장 중요한 것은 어쩌다 한 번씩 체육관에 가는 것 보다는 꾸준한 일상을 유지하는 것이다.

Answer
(b) surprising → surprised

Part 4는 한 문단을 주고 그 가운데 문법적으로 틀리거나 어색한 문장을 고르는 다섯 문항으로 구성된다. 틀린 부분을 신속하게 골라야 하므로 속독 능력이 굉장히 중요하다.

✚ 어휘 (Vocabulary) 50문항

문맥 없이 단순한 동의어 및 반의어를 선택하는 시험 유형을 배제하고 의미 있는 문맥을 근거로 가장 적절한 어휘를 선택하는 유형을 문어체와 구어체로 나누어 측정한다.

PART 1 (25문항)

Choose the best answer for the blank. (1-25)

A: So I hear the tightrope walker is performing here tonight.
B: Yeah, his name is "Amazing Sam" and he's going to walk between two ten-______________ buildings.

(a) story
(b) degree
(c) level
(d) layer

해석
A: 줄타기 꾼이 오늘 여기서 공연을 한다고 들었어.
B: 맞아. 그 사람의 이름은 "놀라운 Sam"인데 두 개의 10**층** 건물 사이를 걸을 거야.

Part 1은 구어체로 되어 있는 A, B의 대화 중 빈칸에 가장 적절한 단어를 고르는 25문항으로 구성된다. 단어의 단편적인 의미보다는 문맥에서 쓰인 상대적인 의미를 더 중요시 한다.

PART 2 (25문항)

Choose the best answer for the blank. (26-50)

After stealing money from the company over the past five years, the accountant was arrested on a charge of ______________ , and if convicted, he could face serious jail time.

(a) deception
(b) embezzlement
(c) entrapment
(d) transmission

해석
지난 5년 동안 회사로부터 돈을 훔치고 나서 회계사는 **횡령** 혐의로 구속되었고 만일 유죄 판결을 받을 경우에 심각한 실형을 받게 될 수도 있다.

Part 2는 하나 또는 두 개의 문장으로 구성된 글 속의 빈칸에 들어갈 가장 적당한 단어를 선택하는 문제로 구성되어 있다. 어휘를 학습할 때 한 개씩 단편적으로 암기하는 것보다는 하나의 표현으로, 즉 의미구로 알아 놓는 것이 15분이라는 제한된 시간 내에 어휘 시험을 정확히 푸는 데 많은 도움이 될 것이다.

✦ 독해 (Reading Comprehension) 50문항

교양 있는 수준의 글(신문, 잡지, 대학 교양과목 개론 등)과 실용적인 글(서신, 광고, 홍보, 지시문, 설명문, 도표, 양식 등)을 이해하는 데 요구되는 총체적인 독해력을 측정하기 위해서 실용문 및 비전문적 학술문과 같은 독해 지문의 소재를 균형 있게 다루었다.

PART 1 (16문항)

Read the passage. Then choose the option that best completes the passage. (1-16)

It's common knowledge that smoking, eating the wrong foods, and failing to get enough exercise are all contributors to poor health. But not many people truly understand that one of the most serious threats to well-being is stress. Medical professionals have known for years that stress can lead to serious physical and mental disorders. Research has shown that individuals who experience high levels of stress have high blood pressure, which affects cardiovascular health. In addition, stress not only worsens preexisting medical conditions, such as diabetes, but it may also suppress the body's ability to fight off illness. _________________ , it is important to understand the risks associated with life's pressures.

(a) Likewise
(b) In contrast
(c) Therefore
(d) However

해석

흡연과 나쁜 음식을 먹는 것, 그리고 충분한 운동을 하지 않는 것은 모두 건강을 해치는데 기여하는 요인들이라는 것은 상식이다. 그러나 건강에 가장 심각한 위협중의 하나는 스트레스라는 것을 진정으로 이해하는 사람들은 많지 않다. 의학 전문가들은 수 년 동안 스트레스가 심각한 신체적 정신적 장애를 일으킬 수 있다는 것을 알고 있었다. 연구에 의하면 높은 스트레스를 경험하는 사람들은 혈압이 높은 것으로 나타났는데 높은 혈압은 심장혈관 질환에 영향을 끼친다. 게다가 스트레스는 당뇨병과 같은 기존의 질병을 악화시킬 뿐만 아니라 질병을 물리치는 신체의 능력을 억제시킬 수도 있다. **그러므로** 삶의 압박감과 연관된 위험들을 이해하는 것이 중요하다.

(a) 이와 같이
(b) 대조적으로
(c) 그러므로
(d) 하지만

Part 1은 빈칸 넣기 유형이다. 한 단락의 글을 주고 그 안에 빈칸을 넣어 알맞은 표현을 고르는 16문항으로 구성된다. 글 전체의 흐름을 파악하여 문맥상 빈칸에 들어갈 내용을 찾는 문제이다.

PART 2 (21문항)

Read the passage. Then choose the option that best answers the question. (17-37)

Even if the rest of your body is lean and mean, researchers now say that extra fat around the middle often referred to as "love handles" increases the risk of early death. Just two inches of excess flesh around the waist increased the chance of dying sooner by thirteen to seventeen percent. While the link between fat around the middle and health problems is not a

해석

당신 몸이 군살 없고 말랐어도, 현재 연구자들은 흔히 "러브 핸들"이라고 불리는 허리 부분의 군살이 조기 사망의 위험을 증가시킨다고 주장한다. 허리 둘레가 평균보다 2인치 초과하는 것만으로도 일찍 사망할 가능성이 13에서 17퍼센트까지 증가한다. 허리 둘레의 지방과 건강 문제간의 관련성이 새로운 것은 아니지만 가장 최근의 연구는 의사들에게 단순히 일반적인 체질량 지수를 사용하는 것이 심장질환과 같은 건강상의 위험을 평가하는데 있어 꼭 최고의 방법은 아니

new one, the newest study gives doctors much more evidence that simply using the standard body mass index (BMI) is not necessarily the best way to assess health risks such as cardiovascular disease. In fact, the study showed that adults with a healthy BMI but larger than average waists were still candidates for early deaths.

Q: Which of the following can be inferred from the passage?

(a) The group involved in the study was composed of male adults.
(b) Cardiovascular disease does not just affect the overweight.
(c) Doctors still need to study how body mass affects longevity.
(d) Losing excess fat around your waist can add years to your life.

라는 많은 증거를 제공한다. 실제로 연구에 의하면 건강한 체질량 지수를 가졌지만 평균 이상의 허리 둘레를 가진 성인들이 여전히 조기 사망을 할 수 있는 후보자들이라는 것을 보여주었다.

문제: 지문의 내용에서 유추할 수 있는 것은?

(a) 연구에 참가한 집단은 남자 성인들로 구성되어 있었다.
(b) 심장 질환은 반드시 과체중인 사람에게만 발생하지 않는다.
(c) 의사들은 어떻게 체질량 지수가 수명에 영향을 끼치는지 연구할 필요가 있다.
(d) 허리 둘레의 과 지방을 없애는 것이 수명을 연장시킬 수 있다.

Part 2는 글의 내용 이해를 측정하는 문제로 21문항으로 구성되어 있다. 주제나 대의 혹은 전반적 논조 파악, 세부내용 파악, 논리적 추론 등이 있다.

PART 3 (3문항)

Read the passage. Then identify the option that does NOT belong. (38-40)

A breakthrough scientific discovery made in Germany may one day offer hope to millions of people affected by HIV. (a) Doctors say that a man who received a bone marrow transplant from a donor who had a genetic resistance to the virus appears to have been cured. **(b) HIV first came to the public's attention in the 1980s after French and American scientists discovered the infection.** (c) Although the patient's response to the transplant was highly unusual, doctors believe it may increase interest in gene therapy for the disease. (d) However, experts still maintain that to suggest that this case will lead to a cure would be a dangerous stretch.

해석
독일에서의 획기적인 과학적 발견은 HIV에 감염된 수백만명의 사람들에게 희망을 제공해 줄지도 모른다. (a) 의사들은 이 바이러스에 유전적인 항체를 지니고 있는 기부자로부터 골수 이식을 받은 한 남자가 완치된 것으로 보인다고 말한다. **(b) HIV는 1980년대 프랑스와 미국 과학자들이 감염을 발견한 후 대중의 이목을 받게 되었다.** (c) 이식에 대한 환자의 반응이 매우 특이하긴 했지만 의사들은 이것이 에이즈에 대한 유전자 치료법에 대한 관심을 증가시킬 것이라고 믿는다. (d) 그러나 전문가들은 여전히 이 경우가 치료법에 이르게 될 것이라고 주장하는 것은 위험하다는 입장을 고수한다.

Part 3는 한 문단의 글에서 내용의 흐름상 어색한 곳을 고르는 문제로 3문항으로 구성되어 있다. 전체 흐름을 파악하여 흐름상 필요 없는 내용을 고르는 문제이다. 이런 유형의 문제는 응집력 있는 영작문 실력을 간접적으로 측정한다.

등급	점수	영역	능력검정기준
1+급	901-990 361-400 91-100	전반 청해 독해 문법 어휘	교양있는 원어민에 버금가는 정도로 의사소통이 가능하고 전문분야 업무에 대처할 수 있음. 교양있는 원어민에 버금가는 수준의 청해력 교양있는 원어민에 버금가는 수준의 독해력 교양있는 원어민에 버금가는 수준으로 내재화된 문법능력 교양있는 원어민에 버금가는 수준으로 내재화된 어휘력
1급	801-900 321-360 81-90	전반 청해 독해 문법 어휘	단기간 집중 교육을 받으면 대부분의 의사소통이 가능하고 전문분야 업무에 별 무리 없이 대처할 수 있음. 다양한 상황의 수준 높은 내용을 별 무리 없이 이해할 수 있는 정도의 청해, 독해력 다양한 구문을 별 무리 없이 신속하게 이해할 수 있을 정도로 내재화된 문법, 어휘 능력
2+급	701-800 281-320 71-80	전반 청해 독해 문법 어휘	단기간 집중 교육을 받으면 일반 분야업무를 큰 어려움 없이 수행할 수 있음. 일반적 소재에 보통수준의 내용을 별 무리 없이 이해하는 정도의 청해력과 독해력 일반적인 구문을 별 무리 없이 이해하는 정도의 문법능력, 어휘력
2급	601-700 241-280 61-70	전반 청해 독해 문법 어휘	중장기간 집중 교육을 받으면 일반분야 업무를 큰 어려움 없이 수행할 수 있음. 일반적 상황에 보통수준의 내용을 대체로 이해하는 정도의 청해력과 독해력 일반적인 구문을 대체로 이해하는 정도의 문법 능력 일반적인 표현을 대체로 이해하는 정도의 어휘력
3+급	501-600 201-240 51-60	전반 청해 독해 문법 어휘	중장기간 집중 교육을 받으면 한정된 분야의 업무를 큰 어려움 없이 수행할 수 있음. 일반적 상황에 보통 수준의 내용을 다소 이해하는 정도의 청해력 일반적 소재에 보통 수준의 내용을 다소 이해하는 정도의 독해력 일반적인 구문에 대한 의미파악이 어느 정도 가능한 문법 능력 일반적인 표현에 대한 의미파악이 어느 정도 가능한 어휘력
3급	401-500 161-200 41-50	전반 청해 독해 문법 어휘	중장기간 집중 교육을 받으면 한정된 분야의 업무를 다소 미흡하지만 큰 지장없이 수행할 수 있음. 일반적인 상황에 보통수준의 내용을 이해하기 다소 어려운 정도의 청해력과 독해력 일반적인 구문에 대한 신속한 의미파악이 다소 어려운 정도의 문법능력 일반적인 표현에 대한 신속한 의미파악이 다소 어려운 정도의 어휘력
4+급	301-400 201-300	전반	장기간의 집중 교육을 받으면 한정된 분야의 업무를 대체로 어렵게 수행 할 수 있음.
5+급	101-200 10-100	전반	단편적인 지식만을 갖추고 있어 의사소통이 거의 불가능함.

●● TEPS 관련시험 소개

1. i-TEPS (Integrated Test of English Proficiency developed by Seoul national University)

i-TEPS는 서울대학교 언어교육원에서 출제하고 서울대학교 TEPS관리위원회에서 주관, 시행하는 통합 영어능력평가 시험이다. i-TEPS는 별도로 시행되며 기존 TEPS와 TEPS-Speaking & Writing 시험은 현행과 같이 유지된다. 듣기, 읽기, 말하기, 쓰기 능력은 서로 밀접한 관계를 가진 요소로 듣기, 읽기 능력 혹은 말하기, 쓰기 능력의 측정만으로는 정확한 영어능력을 평가하기 어려우므로 i-TEPS는 유기적인 연관성을 지닌 이 네 가지 의사소통능력을 통합적으로 측정하여 수험자의 영어능력에 대한 정확한 평가를 하는 것을 목적으로 한다. i-TEPS는 국내 최고 권위의 영어능력평가로 듣기, 읽기 분야에서 탁월한 변별력을 인정받은 TEPS와 국내 최초 CBT방식의 영어 말하기, 쓰기 시험인 TEPS-Speaking & Writing의 성공 노하우를 바탕으로 개발되었다. 실전 영어능력을 보다 정밀하게 측정할 수 있도록 세분화된 채점 요소를 적용하고 있으며, 출제자와 채점자를 어학분야의 최고 전문가들로 선정하여 높은 신뢰도와 탁월한 변별력을 지니고 있다. 한번의 시험으로 듣기, 말하기, 읽기, 쓰기 능력을 종합적으로 평가함으로써 각각의 영역을 별도로 평가해야 하는 여타 시험과 비교하여도 응시료 부담이 적다. i-TEPS는 최소의 시간과 비용으로 수험자의 영어능력을 정확히 측정하는 효율성이 높은 시험이다.

i-TEPS는 Listening, Grammar & Vocabulary, Reading, Speaking, Writing의 5개 영역에 걸쳐 총 143문항으로 구성되어 있으며 시험시간은 약 2시간 45분이다. 총점은 각 영역의 점수를 합산하여 400점 만점으로 채점된다.

* i-TEPS 에 관한 더 자세한 정보는 TEPS 관리위원회 홈페이지 (www.teps.or.kr)에서 얻을 수 있다.

2. TEPS Speaking & Writing

TEPS-Speaking & Writing 은 서울대학교 언어교육원에서 출제하고 서울대학교 TEPS관리위원회가 주관, 시행하는 영어 말하기, 쓰기 시험이다. 대규모로 치러지는 영어능력검정에서 평가하기 어려운 말하기, 쓰기 능력을 보다 정밀하게 측정하기 위해 세분화된 채점 요소를 적용하고 있으며, 출제자와 채점자 모두 어학분야의 최고 전문가로 구성되어 탁월한 변별력을 지니고 있다. 보다 객관적인 채점을 위해 분석적 채점과 종합적 채점이 포함된 5 단계 채점체계와 문항별 채점방식을 채택하였다. TEPS-Speaking & Writing 은 컴퓨터 모니터를 통해 지문과 그림이 제시되면 수험자가 이에 대해 답변을 하는 CBT 방식으로 시행된다. 편리한 인터페이스와 화면구성을 개선하고 테스트의 전 과정을 자동화하여 수험자의 편의를 증대시켰다. 한국수출입은행, 외교통상부 등의 기관에서 신입사원 모집 및 해외파견직원 선발시험에 TEPS-Speaking & Writing을 채택하고 있다.

3. SNULT

SNULT는 Seoul National University Language Test의 약자로, 서울대학교 언어교육원에서 개발하여 TEPS 관리위원회에서 시행하는 시험이다. SNULT 정기시험은 7개 언어(영어, 일본어, 중국어, 프랑스어, 독일어, 스페인어, 러시아어)로 구성되어 있다. 완벽한 보안 속에서 해당 언어의 박사 학위를 소지한 연구원, 원어민, 교수 등 최고의 전문가들이 출제와 검토 후 녹음과 인쇄를 거쳐 시행하고 있으며, 지난 30여 년간의 시험 데이터와 성과를 바탕으로 한 신뢰도와 타당도가 매우 높은 시험이다.

근래에는 신입사원 선발과 각급 기관 단체의 직원 인사 고과를 위한 교육훈련, 성적평가 등의 용도로 어학능력 평가에 대한 요구가 증가하여 연간 200,000명 정도가 외국어 능력을 검정 받고 있다.

* i-TEPS 및 SNULT 에 관한 더 자세한 정보는 TEPS 관리위원회 홈페이지 (www.teps.or.kr)에서 얻을 수 있다.

전문강사가 알려드리는 변화하는 TEPS 시험의 올바른 이해

TEPS는 수험자의 영어능력을 있는 그대로 정확하게 판단하기 위해 다양한 테스트 방법을 적용했습니다. 예를 들어 듣기시험에서 인쇄된 질문지를 주지 않고 방송으로 직접 들려주기 때문에 미리 문제를 보고 감을 잡는 요령이 통하지 않으며 독해 시험도 1 지문 1 문항 원칙을 지켜 한 문제의 답을 알면 그 뒤에 연결된 문제들의 답을 유추할 수 있는 가능성을 원천적으로 배제했습니다.

TEPS의 채점기준은 상대평가이며 해당 시험의 난이도, 응시인원에 따라 채점기준이 달라질 수 있습니다. 작년 10월 부터 새로운 텝스시험인 i-TEPS가 시작되었는데, 기존 텝스시험과는 별도로 시행됩니다. 이 시험은 Intergrated Test of English Proficiency developed by Seoul National University의 약자로 듣기, 읽기, 말하기, 쓰기 능력을 종합적으로 측정하는 통합영어능력평가 시험입니다. i-TEPS는 영어능력평가로 듣기, 읽기 분야에서 탁월한 변별력을 인정받은 TEPS와 국내 최초 CBT방식의 영어 말하기, 쓰기 시험인 TEPS-Speaking & Writing 을 기본으로 구성이 되어있으며 기존의 TEPS와 TEPS - Speaking & Writing을 통합하여 한번에 보는 것이라고 생각하면 됩니다.

최근 들어 중고생들 사이에서 특히 TEPS에 대한 관심이 높아지면서 TEPS 인지도가 예전보다 크게 높아졌음을 느낄 수 있습니다. 하지만, 정작 TEPS가 어떤 의미를 가진 시험인지는 TEPS 학습자들 상당수가 올바로 이해하고 있지 못한 것이 현실입니다. 따라서 TEPS 공부를 TOEFL-TOEIC 공부할 때처럼 그냥 단어장 암기하고, 시중 참고서 한번 훑어보고, 실전모의고사 문제집 한 두권 풀어서 틀린 문제 정리하는 식으로 학습하면서, 거의 대부분의 학습자들이 몇 개월 동안 성적 향상이 되지 않아서 매우 스트레스를 받습니다. "지피지기(知彼知己)면 백전백승(百戰百勝)"이라고 했습니다. TEPS를 올바로 이해하는 것이 TEPS 고득점을 위한 첩경이 아닐 수 없습니다.

TEPS의 P는 proficiency이며, 이것은 "숙달"이라는 뜻입니다. proficiency와 상대적인 개념이 knowledge(지식)입니다. TOEFL-TOEIC처럼 지식을 측정하는 시험의 특징은 문제의 양은 적고 제한시간이 넉넉해서 충분히 사고(思考)할 시간을 주는 것입니다. 이에 비해, TEPS처럼 '숙달'을 측정하는 시험은 문제의 양은 많고 제한시간이 적어서 사고(思考)할 시간을 주지 않습니다. 따라서 TEPS는 제한시간 내에 모두 풀어야 하는 개념이 아니라, 제한시간 내에 얼마만큼 풀 수 있는가를 측정하는 시험인 것입니다. 이런 개념에 익숙지 않은 수험자들은 자신의 능력 범위를 넘어 TEPS의 모든 문제를 풀려고 무작정 서두르다가 문제를 다 풀지도 못하고 푼 문제마저도 틀리는 최악의 경우를 경험하게 됩니다. TEPS처럼 '숙달'을 측정하는 시험에서 과욕은 금물입니다. 풀 수 있는 만큼만 여유 있게 풀겠다는 마음가짐이 더 좋은 결과를 가져옵니다.

정형화된 문제와 반복 출제되는 문제들이 많아서 모의고사 문제풀이를 많이 할수록 유리한 TOEFL, TOEIC 시험들과는 달리 생활영어 및 시사영어 시험인 TEPS는 청해 속도가 TOEFL,TOEIC보다 2배 이상 빠르고, 시사영어를 다루는 시험답게 TEPS RC에서 다루는 주제는 '정치, 경제, 사회, 문화, 건강, 예술, 종교, 환경' 등 상당히 다양하고 포괄적입니다.

이러한 특징의 TEPS를 준비하는 데 있어서 가장 중요한 학습법은 다독입니다. 평소에 다양한 주제의 영어를 접한 사람들은 시험문제의 RC 지문 내용을 모두 읽지 않고도 첫 문장만 가지고 정답을 찾을 수 있는 문제들이 의외로 많기 때문에 시간이 전혀 모자라지 않습니다. 적어도 글을 빨리 읽을 수 있는 능력이 생기게 됩니다. 예를 들어, 지구 온난화와 이상 기온 문제, 국제 분쟁 상황이나 세계의 고대, 근대 역사등에 대해 평소에 영자신문의 시사적인 내용을 관심 있게 읽은 사람들은 그에 관한 독해 혹은 청해 문제를 아주 수월하게 풀 수 있습니다.

파트3,4의 경우 대화나 지문은 그리 어렵지 않은데 선택지에 등장하는 어휘가 난이도가 있어서 힘들게 푸는 문제도 등장했고 또 앞으로도 등장할것이기 때문에 평소에 어휘 공부를 틈틈이 해두는 것이 도움이 될 것입니다. 그리고 기존의 TOEIC이나 TOEFL시험에서 편법에 의존하지 않고 착실히 청해능력을 쌓아 온 응시자라면 크게 걱정할 수준은 아닐 것입니다.

내용면에 있어서 Listening을 공부할 때 지나치게 TEPS라는 시험에 얽매이지 말고, 꾸준히 관심을 갖고 착실하게 준비하면 충분히 고득점이 가능한 영역이 청해입니다. TOEIC이 실무 영어에 편중되어 있고, TOEFL이 학술 영어에 치중하고 있다는 한계를 극복하기 위해 TEPS가 개발되었다는 점을 상기하면서 학습에 임하면 좋은 효과를 거둘 수 있을 것입니다.

청해영역 에 대해서 살펴보면 Part I 에서 Part III 까지는 까다로운 관용표현들을 제외하면 큰 무리가 없다고 하겠으나 Part IV에 자주 등장하는 기사체의 문장에 까다로움을 느끼는 응시자들이 의외로 많은 것으로 보입니다. 이 Part는 특별한 준비 방법보다는 평소에 영자신문을 자주 접하고 빠른 속도로 의미를 생각하면서 읽는 훈련을 꾸준히 하면 좋은 성과를 얻을 수 있을 것입니다.

청해의 비법이란 다름이 아니라 모국어 화자가 말하는 속도에 버금가는 독해 속도를 연마하는 것입니다. 최소한 1분에 160자 정도를 읽고 이해할 수 있으면 여러분의 영어청취 정복은 시간문제라고 해도 과언이 아닙니다. 독해력이 뒷받침이 되지 않은 상태에서 한두 달, 또는 서너 달 만에 청해를 정복할 수 있다는 순진한 생각은 빨리 버리는 것이 좋을 것입니다.

문법영역 의 경우 50문제에 25분이 주어지므로 계산상으로는 문제당 25초를 쓸 수 있지만, 답을 기입하는 시간 등을 감안하면 한 문제를 약 20초 이내에 해결할 수 있어야 합니다.
따라서 문장의 구조를 분석하려 하기 보다는 직감적으로 표현의 옳고 그름을 파악할 수 있는 수준에 이르도록 노력해야 합니다. 또한 TEPS의 문법영역은 기존의 TOEIC이나 TOEFL과는 크게 다른 형식을 취하고 있습니다. 밑줄 친 부분의 오류 파악과 같은 문제는 출제되지 않는다는 점에 유의해야 합니다. 그렇다고 지금까지의 문법지식이 전혀 필요 없다는 것은 아니며, 상당부분 일치하기 때문에 단편적으로 알고 있었던 문법적 내용을 체계화 할 필요가 있습니다. 반드시 활용할 수 있는 문장과 연결해서 학습하도록 해야 합니다.

그리고 TEPS 문법영역에서는 반드시 실용문법에 숙달되어 있어야 좋은 점수를 기대할 수 있습니다. 여기서 실용문법이라고 하는 것은 독해는 물론 의사소통 능력에 직결되는 문법을 말합니다.

분야별로 보면 TEPS 문법영역에서 중요하게 다루어지는 내용 중 한 가지가 화법에 대한 이해문제입니다. 지금까지 치러진 TEPS시험에서 화법 문제가 빠진 적이 거의 없었습니다. 화법문제는 관용표현과 겹쳐서 출제가 되므로 평소에 청해나 어휘표현을 암기할 때 각 상황과 표현에 대한 명확한 이해가 필요합니다.

그리고 수동분사구문과 능동분사구문을 직감적으로 파악할 수 있는 수준에 도달하도록 많은 예문을 접하고, 능동적으로 활용해 보아야 합니다. 수동 구문에 대한 이해는 관계사와 더불어 영어를 공부하는 데 있어 가장 기본적인 사항이므로, 반드시 숙지하고 넘어가야 합니다.
다음으로 부정사, 동명사의 쓰임에도 눈여겨 볼 필요가 있습니다. 이 부분도 TEPS 문법영역에서 자주 출제되는데, 단편적으로 to부정사를 목적어로 취하는 동사 내지는 동명사를 목적어로 취하는 동사를 암기하기 보다는 다양한 표현을 접하면서 to부정사나 동명사가 나올 때마다 관심을 갖고 하나씩 익혀 나가는 것이 효과적입니다.

지금까지 치러진 일반 시험의 내용을 토대로 TEPS 문법영역의 문제의 성격을 분석해본 결과, 수동표현과 능동표현의 이해를 묻는 문제도 여러 형식으로 출제된 것으로 파악됩니다. 이 부분은 능동태와 수동태에 대한 이해를 철저히 한 다음, 준동사 구문에서도 이를 자유롭게 활용할 수 있느냐 하는 것이 관건이 됩니다.

어휘영역에서는 쉬운 단어에 특히 주목할 필요가 있습니다. 우리가 익숙하다고 주의를 기울이지 않지만, 실상은 정확한 쓰임을 몰라서 실수할 수 있는 단어들이 TEPS 어휘영역의 주요 출제 대상이 됩니다. 그리고 철자가 비슷한 단어들이나 모양이 비슷한 단어들을 구별하는 문제들도 매회 거의 빠지지 않고 출제되고 있습니다. 흔히 동의어라고 생각되지만, 쓰임이 각각 다른 단어들이 많이 있으므로, 양적인 면에서 너무 집착하지 말고 개별단어의 정확한 쓰임을 의미 있는 문장을 통해 착실히 익혀두는 습관이 필요합니다.

중고생들의 경우 가급적이면 예문이 풍부한 영영사전을 이용하는 것이 좋고, 이러한 실용영어능력에 추가하여 SAT나 TOEFL 수준의 어휘력으로 보강한다면 TEPS 어휘영역에서 큰 어려움은 없을 것입니다.

개인적인 목적이 있다면 모르겠지만, 몇 년이 가도 한 번 볼까 말까한 난해한 어휘를 공부하는데 더 이상 시간을 낭비하지 않는 것이 좋습니다. TEPS에서는 실제 영어에서 활용 빈도가 낮은 표현이나 구문은 출제를 꺼리는 경향이 있다는 점을 명심해 두기를 바랍니다.

지금까지 TEPS 어휘영역에서 출제된 단어의 수준은 기존의 다른 영어 시험들과 비교할 때 결코 어렵다고 할 수는 없으나, 한 문제당 주어지는 시간이 총 15초 밖에 안되므로 기본적으로 속도 감각이 뒷받침 되어야 좋은 점수를 얻을 수 있습니다. 신속한 문제 해결 능력을 위해서는 정확한 표현이 내재화되어 있어야 하므로, 쉬운 의미라고 하더라도 반복적으로 활용하는 습관이 중요합니다.

그리고 informal한 영어 표현들에도 익숙해져야 합니다. 여기서 informal이라는 말은 경의 없이 일반 구어체에서 빈번하게 사용되는 표현으로, 저속한 표현과는 다른 개념입니다.
문어체 표현과 관련해서는 기존의 다른 시험과 큰 차이를 나타내지 않고 있습니다.
TEPS 어휘영역에서는 문제를 빠른 속도로 해석하지 못하면 정답을 맞출 수 없습니다. 개별적인 단어의 뜻을 아는 것만으로는 부족합니다. 따라서 이 영역은 독해와 청해의 기초를 쌓는다는 마음으로 접근하기를 바랍니다.

독해영역에서는 한 문제의 길이는 평균적으로 6~7줄 정도이고, 단어 수도 100단어를 넘지 않는 것이 보통입니다. 그렇지만 여기에 질문을 읽는 시간과 문제를 푸는 시간을 더한다면 기본적으로 1분에 200단어 이상을 소화해낼 수 있어야 합니다. 내용면에서 볼 때, 전문적인 학술문은 출제되지 않고 있는데, 앞으로도 이러한 경향은 지속되리라고 판단됩니다.

실무적인 내용의 문제로 상품판매, 예약편지, 광고 등을 소재로 한 것들이 있고, 시사적인 내용과 관련해서 유럽의 금융 관련 기사, UN의 위상 약화에 대해 언급한 글 등이 있습니다. 글의 수준은 영자신문을 무리 없이 읽을 수 있는 정도면 된다고 봅니다. 영자신문은 꼭 시사적인 내용에 익숙해진다는 차원보다는 일반적인 교양을 위해서도 가까이할 만합니다.

최근 독해영역에서는 정보를 전달하는 목적의 글이 자주 등장하는 편입니다. 하지만 명심하실 것은 회를 거듭하면서 한 분야에 치중된 내용의 출제는 가급적 피할 것으로 예상되기 때문에, 특정 분야의 글이나 문체에 편중된 독서를 하지 말고 가급적 다양한 내용의 글을 접하는 것이 좋습니다.

여전히 과학 및 의학 분야의 글도 꾸준히 등장하고 있으므로, 지구 이상기후나 인간 복제 등과 같은 시사성이 있는 내용들에도 관심을 가지고 읽어두면 도움이 되며, 상업적인 글의 한 부분도 3-4문제 정도 출제가 되고 있는데, 서식 자체에 대한 이해뿐만 아니라, 편지의 내용에 대한 것도 이해하고 있어야 원활하게 문제를 풀어 나갈 수 있습니다.

독해영역에서 좋은 점수를 얻으려면 글의 대의 파악 능력이 절대적으로 요구됩니다. 이를 위해서는, 영어로 된 책이나 신문 등을 읽을 때, Paragraph별로 요지를 파악해보는 연습을 하는 것이 좋습니다. 글을 읽고 내용을 요약할 수 없다면, 사실상 글을 제대로 읽었다고 할 수 없습니다. 대의 파악 능력 자체가 바로 독해능력이고, 실질적인 자신의 영어 실력인 것입니다.

아무쪼록 대한민국 제1의 출판사 랭귀지 플러스와 TEPS 1등 강사 저 죠셉 킴과 함께 최선을 다해서 최고의 결과를 얻으시길 바랍니다.

Joseph Kim

Chapter 01

문제 유형별 분석

Unit 01

빈칸 완성하기

Unit 01

독해 Part 1은 빈칸의 위치가 중요한데, 글 전체의 흐름을 파악하는 것과 보기에서 제시한 어구의 정확한 의미를 파악하는 것이 중요하다. 빈칸이 지문 중 어디에 위치하냐에 따라 대충 어떤 말이 나올지 유추할 수 있다. 반드시 그런 것은 아니지만, 빈칸이 지문 상단에 들어가면 문단의 주제와 관련된 내용이 주로 나오고, 하단에 들어가면 문단을 요약하고 결말을 내는 문장이 들어가게 된다. 그러나 빈칸이 하단에 위치하여도, 요약이나 결말이 아니라 내용의 연속인 경우가 많기 때문에 속단해서는 안 된다. 빈칸 채우기는 논리적인 사고력이 부족하고 많은 훈련이 없으면, 제 시간에 풀지 못하는 까다로운 유형에 해당된다고 볼 수 있다. 빈칸 채우기 역시 글의 주제와 관련 있는 내용이 선택지로 등장하는 경우가 많으므로, 시간에 쫓겨 급하게 문제를 풀어야 하는 경우라면, 가급적 주제와 관련 있는 선택지를 고르는 것이 정답을 맞출 확률을 높일 수 있다.

The TOP in TEPS Example

While crude steam engines were used as far back in history as the days of the ancient Greeks, it is James Watt who is credited with _________________________________. Watt worked with the more primitive Newcomen steam engine during his days as a mathematical instrument maker at the University of Glasgow in the mid-1700s. The older engine gave him the idea for the most crucial part of his new steam engine: the separate condenser. This device allowed the steam condensing vessel to stay cool while the engine's cylinder was hot, letting it run much more efficiently than steam engines of old.

(a) discovering how the Greeks used steam
(b) designing the first modern steam engine
(c) inventing the internal combustion engine
(d) creating the Newcomen steam engine

[Translation]

초기 증기 기관은 역사상 고대 그리스인들의 시대만큼이나 오래 전에 사용되었지만, <u>**최초 현대식 증기 기관을 디자인한**</u> 공이 있는 것으로 여겨지는 사람은 James Watt입니다. Watt는 1700년대 중반 Glasgow대학에서 수학 관련 제도용 기구의 제조자로써 당시에 보다 원시적인 뉴코멘 증기 기관을 이용하여 작업을 했습니다. ①그 오래된 기관은 그의 새로운 증기 기관의 가장 핵심적인 사항이었던 분리형 응축기에 대한 아이디어를 제공했습니다. ②이 고안물은, 엔진 기통은 뜨거워도, 증기 응축 선박이 가열되지 않도록 차게 유지시켜 초기 증기 기관보다 훨씬 더 능률적으로 가동되게 만들었습니다.

 (a) 그리스인들이 증기를 어떻게 사용했는지 발견한
 (b) 최초 현대식 증기 기관을 디자인한
 (c) 내연기관을 발명한
 (d) 뉴코멘 증기기관을 창조한

[Joseph's Solution]

빈칸에는 지문에서 증기기관과 관련하여 언급한 James Watt의 업적을 요약하는 내용이 들어가야 한다. 대학에서 수학 관련 제도기구 제조자로 일하며 증기기관을 다뤘던 Watt는 ①분리형 응축기를 고안했는데 ②이는 엔진을 차게 유지하도록 만들어 이전 기관들과 비교해 효율을 높일 수 있었다는 내용이다. 따라서 보기 중 (b)가 가장 적절하다.

[Vocabulary]

crude a. 대충의, 미가공의 **steam engine** 증기 기관 **be credited with** ~의 공으로 믿다, 말하다 **primitive** a. 원시의, 초기의 **Newcomen steam engine** 뉴코멘 증기 기관; 1712년 Thomas Newcomen에 의해 발명된 최초의 산업용 증기 **condenser** n. 응결장치, 축전기 **vessel** n. (대형) 선박, 배 **cylinder** n. (엔진의) 기통, 실린더 **internal combustion engine** 내연기관 **mathematical** a. 수학의, 수리적인

1   More commonly known as "Lou Gehrig's Disease," amyotrophic lateral sclerosis (ALS) gradually destroys the nerve cells of the brain and spinal cord. The motor neurons that run from the brain through the spinal cord and into the muscles allow the brain to initiate voluntary muscle movement. By ____, ALS often eventually leads to complete paralysis. Unfortunately for those living with ALS, it is not currently understood why people contract the disease and, consequently, there is no cure.

   (a) sending signals to the wrong parts of the brain
   (b) destroying a patient's ability to fight off infection
   (c) causing the degeneration of these motor neurons
   (d) creating new motor neurons which fire too rapidly

2   Swindon's Furniture is the best furniture company you've never heard of. Using only the finest wood available anywhere on earth, the world-class craftsmen of Swindon's create some of the most beautiful pieces on the market today. Our brand new, state of the art manufacturing facility also allows us to achieve maximum efficiency, _________________________________ while still creating the best possible product. Stop into your local furniture store today and ask to see our newest oak dining room sets. Request the best. Request Swindon's.

   (a) letting us keep prices low
   (b) allowing us to use cheaper wood
   (c) helping us get better employees
   (d) forcing us to pay higher taxes

3   The migration of the Canada goose is a wonder of nature. As soon as the ground begins to freeze in the fall, Canada geese ____. They certainly do not waste any time getting to a warmer climate – many geese travel up to 1,000 kilometers per day. Things are very different on the northward trip in the springtime, however, with the geese making several stops along the way before reaching their nesting grounds in the south. While travelling in both directions, though, geese fly in their characteristic "V" shape, a pattern that allows the flock to communicate better.

   (a) find warm places to hibernate
   (b) start their long migration south
   (c) leave the cold south and travel north
   (d) find food to store for the winter

4   The practice of base jumping may seem similar to that of skydiving, but, in reality, it is much more dangerous. Base jumping and skydiving are indeed alike in that they both utilize a parachute, but ______________________________________. While skydivers jump out of airplanes at about 15,000 feet, giving them plenty of time to react to problems and malfunctions, base jumpers jump from man-made objects such as buildings or bridges or natural objects such as cliffs. This much lower altitude gives them only a few seconds to deploy their parachutes, drastically reducing the time they have to deal with any troubles that may arise during their jump.

   (a) skydivers usually jump in pairs
   (b) their parachutes are made differently
   (c) base jumpers have better training
   (d) they differ in their starting points

5   Researchers in Switzerland have confirmed that video games and television help contribute to childhood obesity. While this is not a novel conclusion, their new research has revealed the magnitude of the problem: children who were more active, played fewer video games, and watched less television were half as likely to be obese than those who spent more of their time ______________________________________. However, some other factors that lead to childhood obesity are often outside the child's control, including living with parents who smoke and their family's socioeconomic status.

   (a) utilizing electronic entertainment
   (b) playing games outdoors with friends
   (c) doing chores around the house
   (d) in after-school activities

6   Ralph Waldo Emerson, one of the most influential literary figures of the nineteenth century, was born in Boston, Massachusetts, in 1803. He is most famous for his emphasis on optimism and individuality as well as his belief that anyone could rise above their current situation and achieve something better. While some critics have found his work to be ______________________________________, many others have noted his influence on many famous literary minds. Indeed, many American authors such as Henry David Thoreau, Herman Melville, and Emily Dickinson were all greatly inspired by Emerson's work, proving to many just how great he was.

   (a) the best to ever come out of Massachusetts
   (b) essential literature for any aspiring writer
   (c) full of interesting but unfeasible goals
   (d) notoriously difficult to find copies of

7 Parents want their babies to grow up to be smart adults, and some will try any idea that promises to increase intelligence. Baby Einstein is a line of DVDs that promises to accelerate an infant's language development simply by watching the DVDs. The DVDs are marketed to children from three months to three years and contain many features, such as puppets narrating their activities and colorful shapes swirling around with classical music playing. Studies have shown that watching the DVDs does not improve a child's intelligence. In fact, it actually _____________________________. Eight to sixteen month olds who watched the videos scored ten percent lower on language skills than those who didn't.

(a) has a detrimental effect
(b) expands babies' vocabularies
(c) does not produce any change
(d) worsens children's hearing

Make-up Vocabulary

Choose the best answer for the blank.

[1~6]

individuality	confirmed	deploy	migration	contract	efficiency

1   Unfortunately for those living with ALS, it is not currently understood why people ________________ the disease and, consequently, there is no cure.

2   Our brand new, state of the art manufacturing facility also allows us to achieve maximum ________________.

3   The ________________ of the Canada goose is a wonder of nature. They certainly do not waste any time getting to a warmer climate – many geese travel up to 1,000 kilometers per day.

4   This much lower altitude gives them only a few seconds to ________________ their parachutes, drastically reducing the time they have to deal with any troubles that may arise during their jump.

5   Researchers in Switzerland have ________________ that video games and television help contribute to childhood obesity.

6   He is most famous for his emphasis on optimism and ________________ as well as his belief that anyone could rise above their current situation and achieve something better.

[7~12]

malfunctions	unfeasible	characteristic	improve	factors	accelerate

7   Studies have shown that watching the DVDs does not ________________ a child's intelligence. In fact, it actually has a detrimental effect.

8   While skydivers jump out of airplanes at about 15,000 feet, giving them plenty of time to react to problems and ________________ , base jumpers jump from man-made objects such as buildings or bridges or natural objects such as cliffs.

9   However, some other ________________ that lead to childhood obesity are often outside the child's control, including living with parents who smoke and their family's socioeconomic status.

10 While some critics have found his work to be full of interesting but _________________ goals, many others have noted his influence on many famous literary minds.

11 Baby Einstein is a line of DVDs that promises to _________________ an infant's language development simply by watching the DVDs.

12 While travelling in both directions, though, geese fly in their _________________ "V" shape, a pattern that allows the flock to communicate better.

Vocabulary list

□ **accelerate** v. 가속화하다

□ **after-school** a. 방과 후의

□ **amyotrophic lateral sclerosis** 근 위축성 측색 경화(증)

□ **aspiring** a. 장차 ~가 되려는

□ **brand-new** a. 새로운

□ **chore** n. (가정의) 잡일

□ **degeneration** n. [생물] 퇴화

□ **deploy** v. 효율적으로 사용하다, 배치하다

□ **detrimental** a. 해로운, 불리한

□ **flock** n. 떼, 무리

□ **goose** (pl. geese) n. 거위

□ **hibernate** v. 동면하다

□ **individuality** n. 개성, 특성

□ **magnitude** n. 규모, 중요도

□ **make a stop** 멈추다

□ **malfunction** n. (기계 등의) 기능 부전, 고장

□ **motor neuron** [생물] 운동 뉴런, 운동 신경세포

□ **nesting ground** 번식지

□ **northward** a. 북을 향한, 북쪽으로의

□ **obese** a. 비만인

□ **obesity** n. 비만, 비대

□ **optimism** n. 낙관론, 낙관[낙천]주의

□ **parachute** n. 낙하산

□ **paralysis** n. (기능의) 마비

□ **promise** v. 약속하다

□ **socioeconomic** a. 사회 경제적인

□ **spinal cord** 척수, 등골

□ **swirl** v. 소용돌이치다, 빙빙 돌다

□ **unfeasible** a. 실행(달성)할 수 없는

□ **voluntary muscle** [해부] 수의근

□ **world-class** a. 세계 최상급의

□ **worsen** v. 악화되다, 악화시키다

Unit 02

연결사 고르기

연결사 고르기 문제는 독해 Part 1의 15-16번에 출제되는 유형의 문제로 글의 논리적인 흐름을 파악하는 능력을 측정한다. 연결사를 넣는 문제는 빈칸 전후의 문장을 정독할 필요가 있다. 역접구조의 지문이 TEPS 독해에서는 자주 출제되므로 항상 연결사 문제는 역접이 아닌지 의심을 하고 접근하는 방법을 통해 시간을 절약해야 한다. 따라서 시간이 많지 않고 급하다면 역접의 접속사(however, nevertheless, although 등)가 답인 경우가 많으므로 되도록이면 이중에서 답을 고르자. 또한 both A and B(A와 B는 같은 의미의 어구), either A or B(A와 B는 같은 의미의 어구), not A but B(A와 B는 다른 의미의 어구) 등의 내용들이 지문에 실마리로 등장하는 경우가 많으므로 유의하여 읽을 필요가 있다.

The TOP in TEPS Example

While many people refer to "the United Nations" as a singular entity, the UN is actually a very complicated organization made up of many different components. Among these numerous components are the very disparate General Assembly and Security Council. The General Assembly is made up of representatives from every nation that is a member of the UN. _______________ , the Security Council is made up of only five permanent members and ten rotating, non-permanent members.

(a) Instead
(b) Consequently
(c) Moreover
(d) On the other hand

[Translation]

많은 사람들이 UN을 단일 독립체로써 일컫고 있지만, 사실 UN은 다양한 조직체들로 구성된 매우 복잡한 기구입니다. 다수의 이런 조직체들 가운데 가장 이질적인 것이 UN 총회와 안전 보장 이사회입니다. ①UN 총회는 UN의 회원인 전체 가맹국에서 선발된 대표자들로 이루어져 있습니다. 반면에, ②안전 보장 이사회는 5개의 상임이사국과 교대 되는 10개의 비상임 이사국으로 구성되어 있습니다.

(a) 대신에
(b) 그 결과
(c) 더욱이
(d) 반면에

[Joseph's Solution]

문두에 위치한 빈칸에 알맞은 연결어를 고르는 문제로, 빈칸이 삽입된 문장과 그 앞에 위치한 문장과의 관계를 파악해야 한다. ①에서 UN 총회는 UN의 회원인 전체 가맹국에서 선발된 대표자들로 이루어졌다고 했지만, 다음 문장에서 ② 안전 보장 이사회의 경우 5개의 상임이사국과 10개의 비상임 이사국으로 구성되어 있다고 기술하고 있다. 다시 말해, 문맥의 흐름을 전환하며 각 조직체들을 대조적으로 설명하고 있으므로, 빈칸에는 (d)가 가장 적절하다.

[Vocabulary]

the United Nations (U.N.) 국제 연합 **entity** n. 독립체 **numerous** a. 다수의, 수많은 **disparate** a. 다른, 공통점이 없는 **General Assembly** (유엔) 총회 **Security Council** 안전 보장 이사회 **permanent member** 상임이사국

1 Many would contend that the World Cup is the most important international sporting competition in the world. ________________, the game of soccer is by far the most popular sport in the world, and many nations take great pride in the accomplishments of their national teams. To many, not qualifying for the World Cup in a given year is a heartbreaking disappointment that lingers with them until the next competition comes along four long years later.

   (a) After all
   (b) However
   (c) Subsequently
   (d) Nevertheless

2 While the about 45% of children attend half-day kindergarten classes and about 55% attend all-day kindergarten classes, research done in the 1990s suggested that children enrolled in all-day kindergarten programs had more consistent academic success. ________________, children who attended all-day kindergarten tended to score higher on standardized tests and were held back a grade less often. A separate study that took place during the same decade agreed, suggesting that children who attended all-day kindergarten had higher reading comprehension and math scores on standardized tests.

   (a) However
   (b) Specifically
   (c) Besides
   (d) Again

3 The idea of spontaneous generation was a widely held belief for thousands of years until it was finally disproven by Louis Pasteur in 1859. In fact, in the 17th century, it was thought that, in order to spontaneously generate mice, one only needed to place sweaty underwear and wheat husks in an open jar for about three weeks. Mice would appear in the jar during that time, and it was believed that they had spontaneously generated from the mixture of sweat and wheat husks. ________________, as Pasteur proved through an experiment using boiled meat broth, what actually happened was that living mice were simply attracted to the wheat husks in the open jar, which they saw as a source of food.

   (a) Incidentally
   (b) Instead
   (c) Otherwise
   (d) Moreover

4   The city of Vancouver, British Columbia goes to great lengths to ensure that it is not a great polluter of the environment. _________________, it is striving to become one of the "greenest" cities in the world. In an effort to garner this title for itself, the city of Vancouver has implemented several cutting-edge initiatives that should help make the city increasingly environmentally friendly. Among these is a groundbreaking renewable heating system, which will use the heat from untreated wastewater to provide heat and hot water to parts of the city.

   (a) Instead
   (b) However
   (c) In fact
   (d) Suddenly

5   Each year, the World Economic Forum takes place in Davos, Switzerland. A meeting of some of the most powerful and influential business leaders, politicians, entrepreneurs, and intellectuals from across the globe, the five-day Davos forum has been taking place in one form or another since 1971. _________________, despite the high-profile participants and the demanding agenda, which includes attempting to solve the most urgent global economic problems, there always seems to be time for an activity that takes place far away from the meeting rooms: skiing.

   (a) That is to say
   (b) Eventually
   (c) However
   (d) Accordingly

6   Just about everyone in the world enjoys eating ice cream. What many people do not know, however, is just how long people have been enjoying ice cream._________________, early forms of ice cream can be traced back to at least the 4th century BCE. Early references to ice cream include the Roman emperor Nero requesting dishes of ice mixed with fruit. Eventually, after the dessert had had time to evolve and new recipes were created, sherbets and other varieties of ice cream appeared in some European royal courts.

   (a) As a result
   (b) Finally
   (c) On the other hand
   (d) Indeed

7   The largest earthquake ever recorded occurred on May 22, 1960. Measuring in at a magnitude of 9.5, the earthquake's epicenter was located northwest of Temuco, Chile, and caused $550 million in damage to that country.________________, approximately 1,655 Chileans were killed and about 3,000 were injured. The earthquake also triggered a large tsunami which killed hundreds of people and caused tens of millions of dollars' worth of damage as far away as Japan and the Philippines.

   (a) In addition
   (b) However
   (c) On the contrary
   (d) Clearly

Make-up Vocabulary

Choose the best answer for the blank.

[1~6]

tended	contend	demanding	references	generated	implemented

1   Many would _________________ that the World Cup is the most important international sporting competition in the world.

2   Children who attended all-day kindergarten _________________ to score higher on standardized tests and were held back a grade less often.

3   Mice would appear in the jar during that time, and it was believed that they had spontaneously _________________ from the mixture of sweat and wheat husks.

4   In an effort to garner this title for itself, the city of Vancouver has _________________ several cutting-edge initiatives that should help make the city increasingly environmentally friendly.

5   Despite the high-profile participants and the _________________ agenda, which includes attempting to solve the most urgent global economic problems, there always seems to be time for an activity that takes place far away from the meeting rooms: skiing.

6   Early _________________ to ice cream include the Roman emperor Nero requesting dishes of ice mixed with fruit.

[7~12]

magnitude	striving	triggered	lingers	enrolled	evolve

7   The earthquake also _________________ a large tsunami which killed hundreds of people and caused tens of millions of dollars' worth of damage as far away as Japan and the Philippines.

8   To many, not qualifying for the World Cup in a given year is a heartbreaking disappointment that _________________ with them until the next competition comes along four long years later.

9   While the about 45% of children attend half-day kindergarten classes and about 55% attend all-day kindergarten classes, research done in the 1990s suggested that children _________________ in all-day kindergarten programs had more consistent academic success.

10 Eventually, after the dessert had had time to _________________ and new recipes were created, sherbets and other varieties of ice cream appeared in some European royal courts.

11 Measuring in at a _________________ of 9.5, the earthquake's epicenter was located northwest of Temuco, Chile, and caused $550 million in damage to that country.

12 The city of Vancouver, British Columbia goes to great lengths to ensure that it is not a great polluter of the environment. In fact, it is _________________ to become one of the "greenest" cities in the world.

Vocabulary list

☐ **all-day** a. 하루 걸리는, 온종일의
☐ **be held back** 유급하다
☐ **by far** 훨씬, 단연코
☐ **come along** ~가 생기다, 나타나다
☐ **contend** v. 주장하다
☐ **cutting-edge** n. 최첨단
☐ **demanding** a. 부담이 큰, 힘든
☐ **entrepreneur** n. 사업가, 기업가
☐ **epicenter** n. (지진의) 진원지, 진앙
☐ **garner** v. 얻다, 모으다
☐ **go to great lengths to do** 촉수를 뻗치다, 무슨 짓이든지 하다
☐ **groundbreaking** a. 획기적인
☐ **half-day** a. 반나절의
☐ **heartbreaking** a. 애끓는 마음을 자아내는
☐ **high-profile** a. 세간의 이목을 끄는
☐ **in an effort to** ~해보려는 노력으로
☐ **in one form or another** 어떤 형태로(나)
☐ **initiative** n. 계획, 주민법안, 발의

☐ **linger** v. 남다, 계속되다
☐ **magnitude** n. 지진 규모
☐ **meat broth** 육수
☐ **polluter** n. 오염자, 오염원
☐ **reading comprehension** 독해력
☐ **reference** n. 참고(인용) 문헌
☐ **renewable** a. 재생 가능한
☐ **spontaneous generation** 자연 발생
☐ **sporting competition** 스포츠 대회, 시합
☐ **standardized test** 표준화 검사
☐ **take pride in** ~을 자랑하다
☐ **the World Economic Forum** 세계 경제 포럼
☐ **trigger** v. 촉발시키다
☐ **tsunami** n. 쓰나미, 지진해일
☐ **untreated** a. 처리되지 않은
☐ **urgent** a. 긴급한, 시급한
☐ **variety** n. 종류
☐ **wheat husk** 밀 껍질

Unit 03
대의 파악하기

Joseph's TIP for TEPS

대의 파악 문제는 지문의 중심내용을 파악하는 문제로 글의 핵심이나 요지를 빨리 파악하는 것이 중요하다. 독해 Part 2에서 3-4문제 출제되지만, TEPS 독해에서 대의파악 능력은 다른 유형의 문제를 풀 때에도 아주 중요하다고 할 수 있다. 영어는 대부분의 글 구조가 두괄식이므로, 주제문이 도입부에 명확하게 드러나 있는 경우가 많지만, 글에 따라 주제문이 지문 중간이나 하단에 오거나 아니면 직접적으로 지문에 나타나지 않아서 추론해야 하는 경우도 가끔 있다. 세부적인 내용보다는 글의 전체적인 흐름을 파악하면서 읽는 연습이 필요하다. 참고로 대의파악 유형은 독해문제 중 쉬운 난이도의 문제이기 때문에 문제를 푸는 시간을 최대한 단축하도록 노력할 필요가 있다.

The TOP in TEPS Example

The Cherokee Nation thrived and prospered on the land that is now the southeastern United States for thousands of years before experiencing contact with European explorers in the 16th century. Since this first contact, it has been considered one of the most sophisticated Native American tribes. Indeed, despite the presence of the new Europeans on the continent, the Cherokee continued to develop and flourish for many years, creating a new type of government for themselves along with a highly civilized society.

Q: What is the main topic of the passage?
(a) A classification of Native American tribes
(b) A comparison of Europeans and the Cherokee
(c) The process of European colonization
(d) A definition of the Cherokee Nation

[Translation]

Cherokee족은 16세기 유럽 탐험가들을 접하기 전 수천 년 동안 오늘날의 미국 남동부 지역에서 번영을 누렸습니다. 최초의 접촉이 있던 이래, 가장 지적 수준이 높은 북미 원주민 부족 중 하나로 간주되고 있습니다. 실제, 대륙 내 새로운 유럽인들의 존재에도 불구하고, Cherokee족은 여러 해 동안 고도로 문명화된 사회와 더불어 자신들만의 새로운 형태의 정부를 만들면서 계속 발달하고 번창했습니다.

> 질문: 지문의 주제는 무엇인가?
> (a) 북미 원주민의 분류
> (b) 유럽인과 Cherokee족에 대한 비교
> (c) 유럽의 식민지화 과정
> **(d) Cherokee족에 대한 정의**

[Joseph's Solution]

지문의 주제를 묻는 문제이다. 지문은 미 남동부 지역에서 수천 년간 번영을 누렸던 Cherokee족은 세련된 문화를 지닌 북미 원주민 부족으로, 고도로 문명화된 사회와 독창적 정부형태를 조직하여 16세기 이후 대륙 내 유럽의 강세에도 번영을 꾀하였다는 내용이다. 지문 전체에서 Cherokee족에 대한 개요가 기술되어 있으므로, 지문의 주제로 (d)가 가장 적절하다.

[Vocabulary]

thrive v. 번창하다, 잘 자라다 **prosper** v. 번영(번창)하다 **sophisticated** a. 세련된, 지적인 **flourish** v. 번창하다
along with ~에 덧붙여, ~와 마찬가지로

1　Dear Mr. West,

Since you became editor of the Fremont Sun-Times 25 years ago, your record of service to our community has been impeccable. The long list of accolades that you and your staff have been awarded over the course of your career is tremendously impressive, and the high level of journalistic integrity that you have shown along the way has placed our entire town in a positive light. I would personally like to extend my congratulations on your retirement along with the great sense of personal loss I feel at the fact that you will no longer be at the helm of the Sun-Times. I wish you the best of luck with your future endeavors.

Sincerely,

Mayor Jonathan O'Connell

Q: What is the purpose of the letter?

(a) To congratulate a newspaper editor on his retirement
(b) To file a complaint with the editor of a newspaper
(c) To express concerns about the integrity of a source
(d) To inform a newspaper that it is being closed down

2　Jackson Pollock is one of the most well-known American artists of the 20th century. Not only is he widely recognized as the pioneer of abstract expressionism, but he is also credited with the creation of the all-over style of painting. By creating this new style, Pollock broke with the conventional notion that paintings had to have both recognizable sections and specific areas of emphasis, making his ideas very influential as American painting styles evolved in the 1940s and 1950s. These things, in addition to his troubled personal life and unfortunate death at a young age, have led to his somewhat legendary status.

Q: What is the main topic of the passage?

(a) How Jackson Pollock became a painter
(b) How the all-over style of painting emerged
(c) Why abstract expressionism is important
(d) What made Jackson Pollock famous

3   Coconuts can be a delicious treat, and, while the prospect of opening a raw coconut may seem daunting at first, it can actually be accomplished in a few simple steps. All you need is a nail, a hammer, and a towel. First, find the two or three dark indentations on one end of the coconut, hammer the nail into all of them, and use the resulting holes to drain the coconut's milk. Second, wrap the coconut in the towel and use the hammer to break the coconut open. Once this has been accomplished, you can use a sharp knife to slice out the meat. Then, rinse it off and enjoy.

> Q: What is the main topic of the passage?
>> (a) A theory about coconut development
>> (b) A classification of coconut types
>> (c) The process of opening a coconut
>> (d) A comparison of coconut-opening tools

4   Many people avoid attempting certain activities because they know they will be difficult to accomplish. Indeed, it seems that many people are apt to give something up before they've even begun simply because they believe it will be too hard. What these people fail to realize, however, is the great satisfaction that comes with mastering a difficult task or situation and that, if they are determined, they are capable of accomplishing much more than they ever thought possible.

> Q: What is the main idea of the passage?
>> (a) Working hard to master something difficult is often rewarding.
>> (b) Doing easy tasks before hard ones leads to a feeling of satisfaction.
>> (c) Quitting is often the only way to avoid difficult activities.
>> (d) Spending time on a difficult task requires a lot of concentration.

5   Spelunking – an activity more commonly referred to as "caving" – is recreationally exploring caves. As with many other activities, the sport of spelunking can be as arduous as the individual spelunker wants it to be. Caving can include everything from a simple stroll through a cave on a paved path to crawling and rappelling down seemingly bottomless shafts. Some people, however, explore caves for more than just recreation. Indeed, there are some scientists who devote their careers to studying caves and the flora and fauna that are found within them. These people are called speleologists, and they have discovered many unusual new species that live deep within caves.

> Q: What is the passage mainly about?
>> (a) The process of preparing to go spelunking
>> (b) A comparison of different types of caves
>> (c) A classification of caves and their ecosystems
>> (d) A definition of spelunking and speleology

6   Cheese has been around for thousands of years, dating back to the days before recorded history. It is thought, in fact, that the first cheeses may have been made as far back as 6,000 BCE. The discovery of how to make cheese was likely an accident, though. There is evidence that the nomadic peoples of Central Asia first stumbled upon a recipe for cheese. When they rode their horses, they carried milk along with them in a bag. The movement of the horse served to churn the milk in the bag, separating it into curds and whey. From there, people discovered that if they let the curds age, they could be turned into blocks of cheese, much like ones sold today.

    Q: What is the main topic of the passage?
       (a) What ingredients ancient people used to make cheese.
       (b) How cheese was discovered by ancient people.
       (c) Where horses were first domesticated in ancient times.
       (d) Why cheese has been popular through the years.

7   The internet is the ultimate result of a series of memos written by J.C.R. Licklider of MIT in August 1962. He envisioned a "Galactic Network," which he thought would be made up of different computers located in countries all around the world. He believed these computers could be connected, allowing the user of any one of the computers to access information stored on another in the network. It took decades of work, and many problems had to be overcome to make this notion into a reality, but Licklider's idea was, in essence, the same as the internet that we know today.

    Q: What is the passage mainly about?
       (a) A theory about how the internet operates worldwide
       (b) The process that led to invention of the computer
       (c) An explanation of the origins of the idea for the internet
       (d) The problem of modern societies being too connected

Choose the best answer for the blank.

[1~6]

nomadic	conventional	apt	impeccable	daunting	arduous

1   Since you became editor of the Fremont Sun-Times 25 years ago, your record of service to our community has been _____________.

2   Pollock broke with the _____________ notion that paintings had to have both recognizable sections and specific areas of emphasis, making his ideas very influential as American painting styles evolved in the 1940s and 1950s.

3   Coconuts can be a delicious treat, and, while the prospect of opening a raw coconut may seem _____________ at first, it can actually be accomplished in a few simple steps.

4   Indeed, it seems that many people are _____________ to give something up before they've even begun simply because they believe it will be too hard.

5   As with many other activities, the sport of spelunking can be as _____________ as the individual spelunker wants it to be.

6   There is evidence that the _____________ peoples of Central Asia first stumbled upon a recipe for cheese.

[7~12]

envisioned	pioneer	helm	drain	devote	movement

7   He _____________ a "Galactic Network," which he thought would be made up of different computers located in countries all around the world.

8   I would personally like to extend my congratulations on your retirement along with the great sense of personal loss I feel at the fact that you will no longer be at the _____________ of the Sun-Times.

9   Not only is he widely recognized as the _____________ of abstract expressionism, but he is also credited with the creation of the all-over style of painting.

10 Find the two or three dark indentations on one end of the coconut, hammer the nail into all of them, and use the resulting holes to _________________ the coconut's milk.

11 Indeed, there are some scientists who _________________ their careers to studying caves and the flora and fauna that are found within them. These people are called speleologists, and they have discovered many unusual new species that live deep within caves.

12 The _________________ of the horse served to churn the milk in the bag, separating it into curds and whey. From there, people discovered that if they let the curds age, they could be turned into blocks of cheese, much like ones sold today.

Vocabulary list

- **abstract expressionism** 추상적 표현주의
- **accolade** n. 포상, 칭찬
- **all-over** n. 전면 균질, 올오버
- **along with** ~에 덧붙여, ~와 마찬가지로
- **arduous** a. 몹시 힘든, 고된
- **be apt to** ~하는 경향이 있다, 하기 쉽다
- **be at the helm of** ~의 실권을 잡다
- **bottomless** a. 바닥이 안 보이는, 무한한
- **Central Asia** 중앙아시아
- **churn** v. 마구 휘돌다, 휘젓다
- **come with** ~이 (부분이나 전체로) 포함되어 있다
- **conventional** a. 관습(관례)적인
- **crawl** v. (엎드려) 기다
- **curd** n. 응유 [우유가 산이나 효소에 의하여 응고된 것]
- **daunt** v. 겁먹게(기죽게) 하다
- **determined** a. 단단히 결심한
- **domesticate** v. 길들이다, 사육하다
- **drain** v. 물을 빼내다
- **envision** v. 마음속에 그리다, 상상하다
- **extend congratulations** 축하 인사를 하다
- **fauna** n. (한 지역의) 동물군(상)
- **flora** n. (한 지역의) 식물군(상)
- **impeccable** a. 결점 없는, 나무랄 데 없는
- **in essence** 본질에 있어서, 본질적으로
- **indentation** n. 벤 자국, 움푹 들어감
- **integrity** n. 진실성
- **journalistic** a. 저널리스트(기자)의
- **meat** n. 골자, 알맹이
- **nomadic** a. 유목의, 방랑의
- **paved** a. 포장된
- **prospect** n. 예상, 가망(가능성)
- **rappel** v. 라펠하다, 현수 하강하다
- **rewarding** a. 보람 있는, 수익이 많이 나는
- **seemingly** adv. 외견상으로, 겉보기에는
- **serve** v. 도움이 되다, 기여하다
- **shaft** n. 수직 통로, 수직갱도
- **speleologist** n. 동굴학자, 동굴 탐험가
- **speleology** n. 동굴학, 동굴 탐험
- **spelunking** n. (미국) 동굴 탐험
- **stroll** v. 거닐다, 산책하다
- **stumble upon** ~을 우연히 발견하다
- **though** adv. 그렇지만
- **treat** n. 만족을 주는 것, 큰 기쁨
- **tremendously** adv. 굉장히, 대단히
- **whey** n. 유장 [젖 성분에서 단백질과 지방 성분을 빼고 남은 맑은 액체]

Unit 04

세부정보 찾기와 추론

TEPS 독해 Part 2에서 가장 많은 비중을 차치하는 유형이 지문에서 특정정보를 묻는 세부정보 파악 유형, 지문의 내용과 일치 여부를 물어보는 진위파악 유형, 지문을 읽고 논리적으로 도출할 수 있는 결론을 물어보는 추론 유형이다. 대의파악처럼 시간을 절약할 수 있는 유형의 문제라기 보다는 시간이 많이 소요될 가능성이 많은 유형이다. 시간에 쫓겨 풀면 정확히 풀 수 없는 문제이기 때문에 시간 안배를 잘하여 충분한 여유와 시간을 갖고 풀어야 정확하게 정답을 찾을 수 있다. 참고로 세부파악, 진위파악, 추론 유형의 문제를 모두 주제와 관련 있는 내용이 선택지로 등장하는 경우가 많다는 것을 기억하여 문제를 풀도록 하자.

The TOP in TEPS Example

The mid-19th century saw a population boom in the small towns of Denver City and Auraria as settlers began moving into the Front Range area of the western United States. Hoping to find riches beyond their wildest dreams, these settlers also sought a way to protect their belongings, including the gold they had procured from the area's newly found gold mines. To accomplish this, residents of these small towns first created local governments, and then, began to push for the creation of a territorial government and a state government. The state of Colorado is the modern-day incarnation of these efforts.

Q: What can be inferred from the passage?
(a) Gold was discovered in Colorado in the mid-19th century.
(b) Denver City was the largest town in the Front Range area.
(c) Everyone who went to Colorado to find gold got rich.
(d) Gold was the only accepted currency in that region.

[Translation]

19세기 중반, 거주민들이 미국 서부의 Front 산맥으로 이주하기 시작하자, Denver시와 Auraria의 작은 마을에서 인구 급증이 발생되었습니다. ①**기대 이상의 부를 찾게 되기를 바라면서, 이 이주민들은 그 지역에서 새로 발견된 금광에서 구한 금 등의 자산을 보호하기 위한 방편 역시 물색했습니다.** 그러기 위해, 그 작은 마을의 거주민들은 먼저 지방 정부를 만들었고, 이어서 관할 지역 정부 및 주 정부 창설을 추진하기 시작했습니다. 오늘날 Colorado주는 이러한 노력에 대한 산물입니다.

　　　질문: 지문에서 추론할 수 있는 것은?
　　　　(a) 19세기 중반 Colorado주에서 금이 발견되었다.
　　　　(b) Denver시는 Front 산맥 지역에서 가장 큰 마을이었다.
　　　　(c) Colorado주로 금을 찾아 갔던 이들 모두 부유하게 되었다.
　　　　(d) 해당 지역에서는 금이 유일하게 통용되었던 화폐였다.

[Joseph's Solution]

지문에 언급된 사실을 바탕으로 추론 가능한 내용을 보기에서 묻는 문제이다. 지문의 내용을 보면, 19세기 중반, 미 서부의 프런트 산맥 주변 마을은 골드러시로 인해 인구 급증이 일어났고, 몰려든 주민들은 자산을 보호하기 위해 지역 정부체계를 구성하게 되었다고 언급되어있다. 이러한 자구책이 오늘날 Colorado주를 이루게 하는 뼈대를 갖추게 했다는 내용이다. 문장 ①의 내용에서, 이 지역에서 금이 발견되었다는 추론이 가능하므로 정답은 (a)이다.

[Vocabulary]

boom n. 폭등, 급등 **Front Range** 프런트 산맥[북미 콜로라도주에 위치한 산맥으로, 서향에서 처음으로 맞닿음] **riches** n. 부, 재물 **beyond a one's wildest dreams** ~의 기대 이상의 **belonging** n. 소유물, 재산 **procure** v. 획득하다, 마련하다 **incarnation** n. 구체화, 실현 **modern-day** a. 현대의, 현재의

1   Your time is valuable. Don't waste another minute of it answering unsolicited calls from telemarketers. PrimaScreen will protect you and your family from these unwanted calls during your precious free time, allowing you to focus your time and energy on the things you care about. Here at PrimaScreen, we keep up-to-date databases of the telemarketers' phone numbers, allowing us to prevent 95% of the calls originating from these numbers from reaching you. Don't let telemarketers steal another minute of your time. Call PrimaScreen today.

   Q: What product is being sold in this advertisement?
   (a) A new type of telephone
   (b) A service to help with time management
   (c) A new database technology
   (d) A telemarketer-blocking service

2   When it comes to celebrities, our criminal justice system is unfair. It seems that every time a celebrity commits a crime, he or she either gets a very minimal punishment or, in some cases, gets off without a punishment at all. When compared with the punishments meted out to "average" people, it seems that the celebrity always gets off easier, even if he or she committed the same crime. Not only is this unjust, but it does a disservice to the law. If the law is to be respected, then it must be properly enforced, no matter who the criminal is.

   Q: What can be inferred from the passage?
   (a) The writer believes the criminal justice system is completely dysfunctional.
   (b) The writer believes celebrities should be punished just like other people.
   (c) No celebrity has ever been incarcerated for committing a crime.
   (d) Celebrities commit more crimes per capita than other groups of people.

3   Dear Sir or Madam,
   Thomas Jones has been a model employee. Not only has he never had any unexcused absences during his 8-year career here, but also he has never arrived late for work. This, I'm sure you know, is very unusual. Thomas has never been afraid to take on new challenges, including the role of foreman. Though he only served as foreman for a short time, it was in this capacity that I was able to best observe his management potential, and he is, in my opinion, a capable leader. While I was disappointed about Thomas' decision to leave our company, I still believe he is a fantastic employee and I recommend him very highly.

   Sincerely,
   Randy Utaka, Manager, ICPP

   Q: What can be inferred from the passage?
   (a) Thomas was the foreman for many years.
   (b) Mr. Utaka has a lot of managerial experience.
   (c) Thomas was Mr. Utaka's best employee.
   (d) Mr. Utaka is writing to the person hiring Thomas.

4   A recent study ranking the world's happiest countries has placed Denmark, Finland, and the Netherlands at the top of its list. While numerous factors are considered when compiling these lists, one measurement used by researchers is that of gross domestic product per capita, which measures the value of everything produced in a country. Usually, the happiest countries are also some of the richest. This is not always the case, however, as some very rich countries, like Norway, do not rank as highly as some comparatively poorer ones, such as New Zealand. Indeed, researchers suggest that factors like family and community also bring joy to people's lives.

> Q: What can be inferred from the passage?
> (a) Denmark, Finland, and the Netherlands are probably rich countries.
> (b) People living in northern climates are usually happier.
> (c) Europeans are happier than people from other continents are.
> (d) No one really puts much stock in happiness measurements.

5   High-speed passenger trains waste much less energy than both cars and airplanes. The widespread use of high-speed trains for commuting and travelling would also significantly cut down on air pollution, increasing the quality of life for both people and animals. In addition, building new train stations in the downtown areas of cities would bring jobs and people back from the outlying suburbs, reducing urban sprawl and doing more to protect the prairies and wetlands that are being encroached upon by new suburban residential and commercial developments.

> Q: What can be inferred from the passage?
> (a) No high-speed passenger trains currently exist.
> (b) The writer wants to protect the environment.
> (c) New train stations are the only ways to reduce sprawl.
> (d) The writer does not travel in cars or airplanes.

6   While he is known by many as the author of Common Sense and an ardent supporter of the American Revolution, Thomas Paine was actually born in England. With the aid of Benjamin Franklin, Paine was able to immigrate to the United States in 1774, and, less than a year later, he began campaigning for revolution. Though he would have been a capable leader, Paine decided not to help the founding fathers organize their new country after the Revolutionary War was over. Instead, he devoted his time to the invention of a smokeless candle and a new type of bridge.

> Q: According to the passage, when did Thomas Paine begin advocating revolution in America?
> (a) Five years after arriving in America
> (b) While he was travelling to America
> (c) While he was still living in England
> (d) Shortly after arriving in America

7 One story about the origin of Rome relates to two brothers, Romulus and Remus, who were abandoned by their mother. She put them in a basket that she sent down a river. The basket was discovered and the boys were raised by wild wolves. Years later, the brothers decided to found a new city where their reed basket came ashore. They chose nearby hills to build their city upon, but eventually Romulus' was selected because his hill had twelve birds on it while Remus' only had six. Since there was more life on Romulus' hill, people thought the city would thrive there. Eventually, the brothers had a falling out, and Remus was murdered, by Romulus or one of his followers.

 Q: Why was Rome built on Romulus' hill?
  (a) Romulus' had more birds and this was considered a good sign.
  (b) Remus was murdered before he had a chance to establish his.
  (c) Romulus' hill was closer to where the basket was found.
  (d) Remus' hill had an unlucky number of birds living on it.

Make-up Vocabulary

Choose the best answer for the blank.

[1~6]

unsolicited	foreman	urban	commits	domestic	ardent

1 Don't waste another minute of it answering _________________ calls from telemarketers.

2 It seems that every time a celebrity _________________ a crime, he or she either gets a very minimal punishment or, in some cases, gets off without a punishment at all.

3 Thomas has never been afraid to take on new challenges, including the role of _________________ .

4 While numerous factors are considered when compiling these lists, one measurement used by researchers is that of gross _________________ product per capita, which measures the value of everything produced in a country.

5 In addition, building new train stations in the downtown areas of cities would bring jobs and people back from the outlying suburbs, reducing _________________ sprawl and doing more to protect the prairies and wetlands that are being encroached upon by new suburban residential and commercial developments.

6 While he is known by many as the author of Common Sense and an _________________ supporter of the American Revolution, Thomas Paine was actually born in England.

[7~12]

up-to-date	thrive	absences	founding	meted	abandoned

7 Since there was more life on Romulus' hill, people thought the city would _________________ there.

8 We keep _________________ databases of the telemarketers' phone numbers, allowing us to prevent 95% of the calls originating from these numbers from reaching you.

9 When compared with the punishments _________________ out to "average" people, it seems that the celebrity always gets off easier, even if he or she committed the same crime.

10 Thomas Jones has been a model employee. Not only has he never had any unexcused _________________ during his 8-year career here, but also he has never arrived late for work.

11 Though Paine would have been a capable leader, he decided not to help the _________________ fathers organize their new country after the Revolutionary War was over.

12 One story about the origin of Rome relates to two brothers, Romulus and Remus, who were _________________ by their mother. She put them in a basket that she sent down a river.

Vocabulary list

☐ **advocate** v. 지지하다, 옹호하다

☐ **ardent** a. 열렬한, 열정적인

☐ **ashore** adv. 해안(강안)으로

☐ **campaign** v. 운동을 벌이다

☐ **care about** ~에 마음을 쓰다, 관심을 가지다

☐ **celebrity** n. 유명 인사

☐ **comparatively** adv. 비교적

☐ **compile** v. 엮다, 편집하다

☐ **criminal justice system** 형법 제도

☐ **do a disservice to** ~에게 몹쓸 짓을 하다

☐ **downtown area** 도심지

☐ **dysfunctional** a. 기능 장애의, 역기능적인

☐ **encroach** v. 잠식하다, 침해하다

☐ **foreman** n. (건설 현장의) 감독, 배심원 대표

☐ **founding father** 창시자, 미국 헌법 제정자

☐ **get off** 벌이나 곤경을 면하다, 무죄 방면되다

☐ **gross domestic product**(=GDP) 국내 총생산

☐ **have a falling out** (의견, 이해관계 등이) 충돌하다

☐ **incarcerate** v. 감금(투옥)하다

☐ **mete sth out to sb** (벌·가혹 행위 등을) 가하다, 부과하다

☐ **model** n. 본보기, 모범

☐ **numerous** a. 많은

☐ **outlying** a. 외딴, 외진

☐ **per capita** 1인당

☐ **prairie** n. 대초원

☐ **properly** adv. 정확히, 올바르게

☐ **put stock in** ~을 신용(신뢰)하다

☐ **reach** v. (특히 전화로) 연락하다

☐ **reed** n. 갈대

☐ **Revolutionary War** (미국의) 독립 전쟁

☐ **take on** (일 등을) 맡다, (책임을) 지다

☐ **telemarketer** n. 통신 판매원

☐ **thrive** v. 번창하다

☐ **unexcused absence** 무단결석

☐ **unjust** a. 부당한, 불공평한

☐ **unsolicited** a. 청하지 않은

☐ **up-to-date** a. 최근의, 첨단적인

☐ **urban sprawl** 도시 스프롤 현상 [난개발을 포함하는 도시의 무차별 팽창 및 확산 현상]

☐ **when it comes to** ~라면, ~에 대해서라면

Unit 05

흐름이 어색한 문장 고르기

TEPS 독해 Part 3의 마지막 3문제는 글의 흐름상 어색한 문장을 묻는 유형이다. 보통 3문제 중에서 1문제는 쉽게 2문제는 까다롭게 출제되는 편이다. 다른 유형의 TEPS 독해 문제들과 마찬가지로 주제를 파악하는 것이 중요하며, 주로 첫 문장에서 글에서 말하고자 하는 바가 나타나는 경우가 많으므로 첫 문장이 항상 기준이 되어야 한다. 대체로 토픽이(topic)이 불일치하는 문장을 고르는 유형, 시제나 어조가 불일치하는 문장을 고르는 유형 등이 가장 많이 출제된다. 어떤 유형이든 흐름상 어색한 문장을 찾는 문제에서 가장 염두해 두어야 하는 것은 항상 글의 일관성(coherence)에 어긋나는 문장을 찾는 것이 핵심이라는 것이다. 따라서 평소에 글 전체의 흐름을 파악하는 능력을 쌓는 것이 제일 중요하다. 전체 글의 내용이나 흐름과 상반되거나 무관한 문장을 찾는 문제가 가장 비중 있게 출제된다. 하지만 내용이나 흐름은 비슷하지만, 전체적으로 글이 세부사항을 이야기하고 있을 때에는 같은 내용이라도 너무 포괄적인 의미를 담고 있는 문장이 들어간 경우가 있다. 또한 반대로 같은 내용을 다루고 있더라도 포괄적인 내용을 언급하다 갑자기 너무 세부적인 내용의 문장이 나타나는 경우도 있으므로 주의해야 한다.

The TOP in TEPS Example

Ducal Prussia was created as a result of a war between Poland and Germany that lasted from 1520 to 1525. (a) The name Ducal Prussia highlighted that there were in fact two Prussias in existence at the time, the other being called Royal Prussia. (b) Interestingly, despite the fact that the two Prussias were indeed separate, they were both still ruled by the King of Poland. (c) However, after another war in 1660, the king lost his power over both Prussias, and the region was integrated with Brandenburg, which was controlled by the German monarchy. (d) Both Polish and Russian people settled what used to be Ducal Prussia after it was taken from the Nazis and split up following World War II.

[Translation]

프로이센 공국은 1520년에서 1525년까지 지속되었던 폴란드와 독일간 전쟁의 결과로 세워졌습니다. (a) Ducal Prussia 라는 명칭은 사실 당시에 두 개의 프러시아가 존재했고 다른 하나는 왕립 프러시아로 불리고 있던 사실을 강조해 주었 습니다. (b) 흥미롭게도, 두 개의 프러시아는 실제로 분리되어 있었다는 사실에도 불구하고, 모두 여전히 폴란드 왕가 에 의해 통치되고 있었습니다. (c) 하지만, 1660년 또 다른 전쟁 이후, 국왕은 프러시아 두 곳에 대한 권한을 모두 잃었 고, 그 지역은 브란덴부르크에 통합되었는데, 브란덴부르크는 독일 군주국에 의해 지배되고 있었습니다. **(d) 폴란드인 들과 러시아인들은 모두 나치로부터 벗어나 2차 세계대전 이후 나뉘어진 이후 프로이센 공국이었던 곳에 자리잡게 되 었습니다.**

[Joseph's Solution]

프러시아의 역사에 관한 지문을 읽고 전체 흐름을 파악하여 문맥상 어색한 문장을 고르는 문제이다. 지문을 간추려보 면, 프로이센 공국은 16세기 폴란드와 독일간 전쟁의 결과로 세워졌는데, (a) 그 명칭은 사실 당시에 존재했던 두 개의 프러시아를 구분하는 구실을 했지만 (b)여전히 폴란드 왕가에 의해 통치되고 있었는데, (c) 17세기에 국왕이 프러시아 에 대한 지배권을 잃자 독일 군주국에 의해 지배되던 브란덴부르크에 통합되었다는 내용이다. 따라서 정답은 18세기 이전의 프러시아의 건립 및 멸망에 대한 지문의 내용과 무관한, 20세기 폴란드 및 러시아 정착민에 대해 기술하고 있는 (d)가 된다.

[Vocabulary]

Ducal Prussia (= Duchy of Prussia) 프로이센 공국, 프러시아 공국 [공작령으로 폴란드 왕가의 본토]
Royal Prussia (폴란드 왕립) 프러시아 왕국 **Brandenburg** n. 브란덴부르크 **monarchy** n. 군주제, 군주국

1　The rings of Saturn are a recognizable sight to most people on Earth. (a) Scientists are unsure of their origin, but it is believed that they may have come from the destruction of several of Saturn's moons by comets and meteoroids. (b) In addition, while the main rings appear to be very wide, they are actually made up of numerous smaller rings. (c) The makeup of the rings is also a mystery to modern science, but there seems to be a large amount of frozen water in them, including large icebergs and smaller snowballs. (d) Unlike the other planets, Saturn is less dense than water, meaning it could actually float.

2　Tornadoes are created during severe thunderstorms. (a) While all tornadoes are dangerous, the fiercest ones have wind speeds of over 250 miles per hour and are capable of causing incredible devastation. (b) Some countries experience up to 800 tornadoes a year, with the strongest ones destroying areas more than one mile wide and fifty miles long. (c) A commonly held myth about tornadoes is that they are not capable of forming near lakes or mountains, but this is not true. (d) As an additional threat, tornadoes are also capable of carrying debris over long distances. In the midwestern United States, a motel sign was carried over 30 miles before finally touching down.

3　From the early 1930s to 1949, a group of writers and intellectuals, which included now-famous authors C.S. Lewis and J.R.R. Tolkien, met regularly in Oxford, England. (a) Called the Inklings, the members got together mostly to read and discuss their respective unfinished works. (b) They also touched on other literary topics, including the importance of narrative in fiction and the writing of fantasy novels. (c) Though the Inklings were serious authors and thinkers, they certainly had a lighter side and would often hold competitions to see who could read terrible literary works the longest without laughing. (d) The group's primary meeting place, The Eagle and Child pub, was popular with many students and professors at Oxford.

4　The creation of the euro revolutionized life in Europe when it was introduced in 1999. (a) The European Union currently has 27 member states and over 329 million citizens. (b) With the exception of Denmark and the United Kingdom, most member countries have adopted the euro as their currency or plan to adopt it in the future. (c) One benefit seen after the introduction of the euro was that trade within the European Union was greatly simplified and strengthened. (d) The euro has also given the European Union and its member states a powerful tool to use in international trade relations, as it is now one of the most valuable currencies in the world.

5   The history of photography is a longer one than perhaps most people think. (a) In fact, the first permanent image was created in 1826 by a Frenchman named Joseph Nicéphore Niépce. (b) While his methods were quite crude and the exposure took eight hours to make, the image, which featured a French countryside scene, is still visible today. (c) Niépce, an inventor, lived on an estate in Le Gras, France. (d) The first photograph of a person followed only 13 years later, when another Frenchman, Louis-Jacques-Mandé Daguerre, photographed a Parisian street scene in which a man who had stopped to have his shoes shined is barely visible.

6   Once a British-controlled territory, Singapore has become an independent city-state and one of the world's wealthiest nations. (a) While it first appeared in Chinese historical accounts in the 3rd century C.E., it was not until the 11th century that Singapore got its name. (b) The United Kingdom took over the island in the 18th century in a bid to check Dutch power in the region, turning it into an important trading post. (c) After being the site of ferocious fighting during World War II, Singapore became a British colony, but a strong nationalist movement resulted in the island gaining its independence in 1965. (d) Today, Singapore is the world's busiest port and one of the world's most important centers for oil refinement.

7   While no longer in use by any modern groups, Latin led to the rise of some of the world's most commonly-spoken languages, known today as "Romance languages." (a) Spanish, French, Italian, Portuguese, and Romanian are all considered Romance languages, as they came out of areas once ruled by the Latin-speaking Roman Empire. (b) Approximately 98 million people speak French today, with French-speaking people living predominantly in Europe, North America, and Africa. (c) Other, less common languages that function as regional dialects came out of Latin as well. (d) These include Romansch, which is spoken in Switzerland; Ladin, which is spoken in Italy; and Occitan, which is spoken in southern France.

Make-up Vocabulary

Choose the best answer for the blank.

[1~6]

| dense | exception | permanent | fiercest | touched | bid |

1　Unlike the other planets, Saturn is less ______________ than water, meaning it could actually float.

2　While all tornadoes are dangerous, the ______________ ones have wind speeds of over 250 miles per hour and are capable of causing incredible devastation.

3　They also ______________ on other literary topics, including the importance of narrative in fiction and the writing of fantasy novels.

4　With the ______________ of Denmark and the United Kingdom, most member countries have adopted the euro as their currency or plan to adopt it in the future.

5　In fact, the first ______________ image was created in 1826 by a Frenchman named Joseph Nicéphore Niépce.

6　The United Kingdom took over the island in the 18th century in a ______________ to check Dutch power in the region, turning it into an important trading post.

[7~12]

| debris | regional | independence | currencies | intellectuals | origin |

7　Other, less common languages that function as ______________ dialects came out of Latin as well.

8　The rings of Saturn are a recognizable sight to most people on Earth. Scientists are unsure of their ______________ , but it is believed that they may have come from the destruction of several of Saturn's moons by comets and meteoroids.

9　As an additional threat, tornadoes are also capable of carrying ______________ over long distances. In the midwestern United States, a motel sign was carried over 30 miles before finally touching down.

10   From the early 1930s to 1949, a group of writers and _______________, which included now-famous authors C.S. Lewis and J.R.R. Tolkien, met regularly in Oxford, England.

11   The euro has also given the European Union and its member states a powerful tool to use in international trade relations, as it is now one of the most valuable _______________ in the world.

12   After being the site of ferocious fighting during World War II, Singapore became a British colony, but a strong nationalist movement resulted in the island gaining its _______________ in 1965.

☐ **account** n. 기술, 기사

☐ **city-state** n. 도시 국가

☐ **come out of** ~에서 (발전되어) 나오다

☐ **comet** n. 혜성

☐ **crude** a. 대충 만든

☐ **debris** n. 파편, 잔해

☐ **dense** a. 빽빽한, 밀집한

☐ **devastation** n. (특히 넓은 지역에 걸친) 대대적인 파괴

☐ **dialect** n. 방언, 지방 사투리

☐ **estate** n. (일정 규격의) 단지

☐ **euro** n. 유로(화) [유럽 연합의 화폐 단위]

☐ **European Union** (EU) 유럽 연합

☐ **ferocious** a. 맹렬한, 격렬한

☐ **fierce** a. 격렬한, 맹렬한

☐ **iceberg** n. 빙산

☐ **in a bid to do** ~하기 위하여, 겨냥하여

☐ **makeup** n. 구성, 구조

☐ **meteoroid** n. 유성체, 운성체

☐ **narrative** n. 서술 (기법)

☐ **nationalist movement** 민족주의 운동

☐ **permanent** a. 영구(영속)적인

☐ **respective** a. 각자의, 각각의

☐ **revolutionize** v. 대변혁을 일으키다

☐ **rise** n. 일어남, 발생

☐ **Saturn** n. 토성

☐ **the rings of Saturn** 토성환

☐ **thunderstorm** n. 뇌우 [천둥소리와 함께 내리는 비]

☐ **tornado** n. 회오리바람

☐ **touch down** 착륙[착지]하다

☐ **touch on** ~을 간단히 언급하다, 다루다

☐ **trading post** 교역소

☐ **with the exception of** ~은 제외하고, 외에는

Unit 06
문제유형 종합

Practice Test

1   While wheat, barley, rye, and oats are common ingredients in many foods people eat, they contain a substance called gluten, which people with celiac disease are unable to ingest. Celiac disease causes the small intestine to be damaged as a result of eating the gluten found in these ingredients. While the ingestion of gluten does not lead to death in those who have the disease, _______________________________________. These can include abdominal pain, nausea, vomiting, fatigue, depression, and even seizures. However, the broad range of possible symptoms that a person affected by celiac disease can exhibit tends to slow the diagnosis of the illness, causing suffering to continue for an unnecessarily long time.

    (a) it is most likely to cause health problems in men
    (b) it can cause other food allergies to develop
    (c) it can shorten their lifespan by several years
    (d) it can lead to other serious symptoms

2   From the 18th century onward, most European powers who maintained seagoing navies rated their vessels according to _______________________________________. The most heavily armed ships, called first-rate ships, carried at least 100 guns. The ships given the lowest rating, which were classified as sixth-rate ships, carried no more than 32. In order for these sixth-rate ships to be granted a rating according to their country's navy, however, they had to be commanded by a person with the rank of Captain. Interestingly, it was only ships carrying the top three ratings that were considered powerful enough to take a place in the line of battle during combat. The rest simply performed other duties, such as escorting convoys of larger ships.

    (a) how powerful a ship's weapons were
    (b) how many guns they were armed with
    (c) how experienced a ship's captain was
    (d) how many battles they had fought in

3   It wasn't until 250 years after Sir Isaac Newton formulated his groundbreaking theory on gravity that another significant new theory on the same subject came along. In 1915, Albert Einstein's theory of general relativity _______________________________________. Einstein proposed that gravity pulling in one direction is equal to acceleration in the opposite direction, meaning that gravity influences time and space. His conclusion, then, was that the gravity of an object such as the sun is capable of distorting the properties of the time and space around it. So if a clock approached the sun, it would tick more and more slowly because of the sun's powerful gravitational forces. Many believe that his theory advanced scientific study by decades.

    (a) changed the way the world looked at gravity
    (b) disputed Sir Isaac Newton's theory on gravity
    (c) led to a complete reexamination of gravity theories
    (d) was not accepted by Newton's followers

4 Today, the population of panda bears _____________________. There are, in fact, only about 700 wild pandas in existence, and only about 200 living in zoos around the world. They are, therefore, the rarest species of bear. Since their natural habitat has been steadily destroyed by humans over the years, the Chinese government has created 14 nature reserves for them to live on. These reserves are the homes of most of the pandas that exist in the wild, and all of them are located along the rim of the Tibetan plateau.

    (a) is spread across every continent
    (b) lives exclusively in zoos
    (c) is larger than it has ever been
    (d) is on the verge of extinction

5 While people often put a lot of emphasis on what someone says and the tone of voice they use when they say it, nonverbal communication is often much more powerful than its verbal counterpart. _____________________, according to one study, 93% of communication is ascertained through nonverbal signals. Facial expression, body language, and how one uses space are all important factors in nonverbal communication. Most interestingly, perhaps, is the fact that different cultures have different standards for nonverbal communication, making intercultural exchanges very prone to misunderstandings.

    (a) Instead
    (b) On the other hand
    (c) However
    (d) In fact

6 Capable of moving large amounts of earth through erosion, water is one of the most powerful forces on Earth. There are three types of water erosion. The first is splash erosion, which is caused by water droplets, such as rain, striking the earth. Second is sheet erosion, which is caused by water flowing across the earth. This only moves thin layers of soil with it at a time, and it often takes several years to see the effects of it. Finally, there is rill erosion. This is caused by water converging into numerous little channels and can carve up the surface of a field. If left unchecked, multiple rills can unite to create very damaging gullies, which are large trenches.

    Q: Why would water erosion be undesirable for farmers?
      (a) Cattle tend to get trapped in rills.
      (b) Erosion can carry away valuable soil.
      (c) Tractors cannot operate in eroded fields.
      (d) Crops grow too quickly in eroded fields.

7   Today's Olympic games are the modern-day equivalent of the games held by the ancient Greeks
    at Olympia. Started in 700 BCE and held every four years thereafter, these games were the most
    important events held in Greece. Originally, the Olympia games lasted only one day and featured only
    footraces and wrestling. However, by 472 BCE, the games had expanded to include competitions in
    many different sports over the course of five days. In addition to running and wrestling, other events
    like horse races, boxing, javelin, and discus were added. However, one aspect of the original games
    would be foreign to modern-day Olympians: The Greeks slaughtered 100 oxen and sacrificed them to
    the gods on the third day of the competition.

    Q: Which is correct according to the passage?
        (a) The ancient Romans and Greeks often competed against each other at Olympia.
        (b) The modern-day Olympics grew out of the ancient Greek games held at Olympia.
        (c) The first competition held at Olympia was in honor of the Greek emperors.
        (d) The most popular competitions at the Olympia games were footraces and wrestling.

8   Often used for heating homes, natural gas is one of the most highly sought-after gases in the world.
    Finding new natural gas deposits, then, is an extremely important endeavor, and many technological
    advances have been made in this field in the last few decades. Many years ago, the only way
    to locate natural gas deposits was to look for indications of their existence on the surface of the
    Earth. Naturally, this was a very complex and inefficient process, with many natural gas deposits
    being overlooked because nothing was seeping to the surface. Today, however, through the use of
    geological surveys, seismic exploration, magnetometers, and other technological breakthroughs,
    finding natural gas reserves is easier, cheaper, and more efficient than ever before.

    Q: According to the passage, what has made natural gas deposits easier to find?
        (a) Improved technology and methods
        (b) More gas seepage to the surface
        (c) Less consumer demand for gas
        (d) Discovery of new uses for gas

9   To Whom It May Concern:

I am writing this letter to inform you that I will no longer be utilizing your car repair services. I dropped my car off at your shop last Tuesday to be repaired. However, when I picked it up on Thursday, I noticed that, while the requested work had been completed, both passenger-side doors had been damaged, and money that I keep in the glove box for emergencies had been stolen. Considering my past experiences, I expected much better from your company, and I want you to know that I will be contacting the Better Business Bureau and perhaps an attorney.

Jon Larsson

Q: What can be inferred from the letter?
    (a) Jon had never brought his car into this repair shop before.
    (b) Jon knows the owner of this auto repair shop personally.
    (c) Jon is the director of the local Better Business Bureau.
    (d) Jon had used this shop before and never experienced problems.

10 Most people know that the Japanese company Toyota manufactures automobiles, but it is also involved in many other industries. One such industry is the creation of living roofing material. Tokyo-based Toyota Roof Gardens uses peat imported from China to make greenery for use on rooftops. Local governments across Japan are helping this Toyota subsidiary grow as it attempts to reduce high city temperatures, caused by large amounts of heat-absorbing materials like concrete and asphalt. Toyota has its hand in other non-automotive industries as well, including prefabricated houses. Made at Toyota's factory in Kasugai, Japan, these houses come with features only an automaker would think to provide, such as keyless entry.

Q: What can be inferred from the passage?
    (a) Japan has hotter cities than any other country.
    (b) Toyota's largest business is manufacturing automobiles.
    (c) Most automakers do not own subsidiary companies.
    (d) Toyota makes more roof greenery than any other company.

11 The Romans gained control of the British Isles after their victory in Scotland's Grampian Mountains in 84 CE. (a) However, shortly after, trouble in other parts of the empire forced the Romans to abandon their plans to continue through Great Britain. (b) To delineate the Romans' territory, Emperor Hadrian built a wall across the island to keep out the Picts, a tribe that had not yet been conquered by Rome. (c) At its height, the Roman Empire included most of Europe and much of the Middle East and Northern Africa. (d) When the Romans left the British Isles for good in 410 CE, Britons plundered the wall for construction materials, and Roman stones can be seen today in most of the area's ancient buildings.

12 Today, we know Leonardo da Vinci as a great artist and inventor, but he also had many interesting personal qualities. (a) For example, some of da Vinci's designs were ahead of his time, including tanks, submarines, and other vehicles. (b) In addition, he was a vegetarian in an era when vegetarianism was nearly unheard of. (c) Da Vinci was also a lover of animals, going so far as to buy animals at the market so that he could prevent them from being eaten. (d) Finally, da Vinci was also proud of an attribute that was commonly seen during his life as a mark of the devil's work: left-handedness in an era when most left-handed people were forced to use their right hands.

Make-up Vocabulary

Choose the best answer for the blank.

[1~6]

granted	habitat	ascertained	abdominal	acceleration	erosion

1   These can include ______________ pain, nausea, vomiting, fatigue, depression, and even seizures.

2   In order for these sixth-rate ships to be ______________ a rating according to their country's navy, however, they had to be commanded by a person with the rank of Captain.

3   Einstein proposed that gravity pulling in one direction is equal to ______________ in the opposite direction, meaning that gravity influences time and space.

4   Since their natural ______________ has been steadily destroyed by humans over the years, the Chinese government has created 14 nature reserves for them to live on.

5   According to one study, 93% of communication is ______________ through nonverbal signals.

6   Capable of moving large amounts of earth through ______________, water is one of the most powerful forces on Earth.

[7~12]

equivalent	attribute	delineate	utilizing	endeavor	subsidiary

7   Today's Olympic games are the modern-day ______________ of the games held by the ancient Greeks at Olympia.

8   Finding new natural gas deposits, then, is an extremely important ______________, and many technological advances have been made in this field in the last few decades.

9   I am writing this letter to inform you that I will no longer be ______________ your car repair services.

10   Local governments across Japan are helping this Toyota ______________ grow as it attempts to reduce high city temperatures, caused by large amounts of heat-absorbing materials like concrete and asphalt.

11 To ______________ the Romans' territory, Emperor Hadrian built a wall across the island to keep out the Picts, a tribe that had not yet been conquered by Rome.

12 Finally, da Vinci was also proud of an ______________ that was commonly seen during his life as a mark of the devil's work: left-handedness in an era when most left-handed people were forced to use their right hands.

Vocabulary list

- **abdominal pain** 배앓이, 복통
- **acceleration** n. 가속도
- **advance** v. 진보시키다
- **ascertain** v. 알아내다, 확인하다
- **at its height** ~의 절정에서, 절정기에
- **attribute** n. 자질, 속성
- **barley** n. 보리
- **Better Business Bureau** 상업(거래) 개선 협회 [공정 거래를 위한 생산자 단체]
- **breakthrough** n. 돌파구
- **British Isles** 영국 제도 [Great Britain, Ireland 및 주변의 섬들로 구성]
- **Briton** n. 영국인
- **Captain** n. (해군의) 대령
- **carve up** 분할하다
- **Celiac disease** 소아 지방변증 [소장에서 발생하는 유전성 알레르기 질환]
- **channel** n. 수로, 물길
- **combat** n. 전투, 싸움
- **come along** 생기다, 나타나다
- **command** v. 지휘하다
- **converge** v. 모여들다, 집중되다
- **convoy** n. 호송, 호위
- **counterpart** n. 상대방, 대응물
- **delineate** v. 윤곽을 그리다, 묘사하다
- **deposit** n. 퇴적물, 매장물
- **discus** n. 원반던지기 (경기)
- **dispute** v. (~에 대해) 반론하다, 이의를 말하다
- **distort** v. 비틀다, 왜곡하다
- **earth** n. 땅, 지면
- **endeavor** n. 노력, 시도
- **equivalent** n. (~에) 상당하는 것, 등가물
- **erosion** n. 부식, 침식
- **first-rate** a. 일류의, 상등의
- **footrace** n. 도보 경주
- **general relativity** 일반상대성이론
- **geological survey** 지질 조사
- **glove box** (자동차 앞 좌석의) 사물함, 내부격실문
- **gluten** n. 글루텐 [곡류의 전분성 배유에 생성되는 비결정질 단백질]
- **grant** v. 승인[허락]하다
- **gravitational force** 중력
- **gravity** n. (지구) 중력
- **greenery** n. 녹색 나뭇잎, 화초
- **groundbreaking** a. 신기원을 이룬, 획기적인
- **gully** n. (시냇물이나 빗물에 의해 생긴) 도랑
- **gun** n. 총, 대포
- **habitat** n. 서식지
- **heat-absorbing** a. 흡열의
- **inefficient** a. 비효율적인, 비능률적인
- **ingest** v. 섭취하다
- **intercultural** a. 이(종) 문화간의
- **javelin** n. 투창 (경기)
- **left-handedness** a. 왼손잡이의
- **locate** v. ~의 정확한 위치를 찾아내다
- **magnetometer** n. 자기계, 자력계, 자기 탐지기
- **nature reserve** 자연 보호구역
- **nausea** n. 욕지기, 메스꺼움
- **navy** n. 해군, 해군 함선
- **oat** n. 귀리
- **Olympian** n. (고대 올림피아, 근대 올림픽) 경기 선수
- **on the verge of extinction** 멸종 상태에 놓여 있는
- **onward** a. 앞으로(계속 이어서) 나아가는
- **overlook** v. 못 보고 넘어가다, 간과하다
- **passenger-side** a. 조수석의
- **peat** n. 토탄
- **Pict** n. 픽트인 [영국 북부에 살던, 스코트족(Scots)에게 정복당한 고대인]
- **plateau** n. 고원
- **plunder** v. 약탈하다

☐ **prefabricated house** 조립식 주택

☐ **prone to** ~하기(당하기) 쉬운

☐ **reserve** n. (석탄 · 석유 · 천연 가스 등의) 매장량

☐ **rill erosion** 세류(세립) 우곡 침식

☐ **rim** n. 가장자리, 테두리

☐ **roofing** n. 지붕 공사

☐ **rooftop** n. (건물의) 옥상

☐ **rye** n. 호밀

☐ **seagoing** a. 원양 항로용(항해용)의

☐ **seep** v. 스며 나오다, 뚝뚝 떨어지다

☐ **seepage** n. 누출, 침윤

☐ **seismic exploration** 탄성파 탐사

☐ **seizure** n. (병의) 발작

☐ **sheet erosion** 표층 면상(판상)침식

☐ **slaughter** v. 학살하다, 대량으로 죽이다

☐ **small intestine** 소장

☐ **sought-after** a. 수요가 있는, 인기 있는

☐ **splash erosion** 비산침식 [빗물에 의한 침식]

☐ **subsidiary** n. 자회사

☐ **thereafter** adv. 그 후에

☐ **trench** n. 도랑, 해자

☐ **unchecked** a. 억제하지(손을 쓰지) 않고 놔 둔

☐ **utilize** v. 이용하다, 활용하다

☐ **vegetarianism** n. 채식(주의)

☐ **vessel** n. 배

☐ **wheat** n. 밀

Chapter 02

지문 유형별 분석

Unit 01

인문 / 사회과학

TEPS 독해에서는 편지글이나 광고문, 각종 공지문과 같은 실용문도 출제되지만, 인문, 사회과학에 대한 비전문적 수준의 학술지문들도 자주 등장한다. 인문, 사회현상에 관한 다양한 내용들을 다루는 지문들이 출제되므로, 다독이 절실히 요구된다고 볼 수 있다. 인문, 사회과학 분야는 수학이나 과학처럼 과학적으로 정확하게 산술이 되는 학문이 아니므로, 주로 글쓴이가 말하고자 하는 내용, 즉 주제를 파악하는 문제나 아니면 글쓴이가 암시하고자 하는 바를 논리적으로 도출할 수 있는지 여부를 물어보는 추론유형의 문제가 많이 출제되는 편이다. 또한 인문, 사회과학 역시 학문의 일종이므로 어떤 사회 현상에 대한 원인과 결과를 제시하는 경우가 많다. 따라서 인과 관계를 묻는 유형으로 출제될 확률이 높다.

The TOP in TEPS Example

How far is too far when it comes to protecting your children? Teachers note a trend of overprotective parents that has worsened in the past decade. These so called "helicopter parents" constantly hover over their children _________________________________. Despite what they did as children, many parents will not let their kids bike to school or sell lemonade on their lawn. Recently, one popular advice columnist even suggested taking a photo of your child everyday so if something happens you can show the police what the child was wearing. Experts warn that this parenting trend is producing sheltered children who lack critical thinking skills and who will not fare well when they set out on their own.

(a) eliminating all possible dangers
(b) creating challenges to test them
(c) monitoring their wants and needs
(d) questioning their peer interactions

[Translation]

여러분들의 자녀를 보호하는데 있어 얼마만큼이 지나친 것인가요? ①교사들은 지난 십 년 동안 악화되어온 부모들의 과잉 보호하는 추세를 지적합니다. 소위 "헬리콥터 부모"라고 불리는 이들은 <u>가능한 모든 위험을 제거하면서</u> 지속적으로 자기 자식의 주변을 맴돕니다. ②그들이 어렸을때 했던 것에도 불구하고, 많은 부모들은 자신의 아이들이 자전거로 등교하거나 잔디밭에서 레모네이드를 파는 것을 놔두지 않을 것입니다. 최근, 어느 유명한 고민 상담가 조차 무슨 일이 생길 겨우를 대비해 경찰에게 아이가 무엇을 입고 있는지 보여줄 수 있게 매일 자녀의 사진을 찍어두라는 제안을 했습니다. 전문가들은 이런 양육 추세가 비판적 사고능력이 결여되어 스스로 조치를 취해야 할 때 견뎌내지 못 할 온실 속 화초 같은 아이들을 만들어내고 있다고 경고합니다.

(a) 가능한 모든 위험을 제거하면서
(b) 그들을 시험하는 도전들을 만들어내면서
(c) 그들의 요구와 필요를 살피면서
(d) 그들의 교우 관계에 이의를 제기하면서

[Joseph's Solution]

헬리콥터 부모라 일컬어지는 자식을 과잉보호하는 부모들은 어떤 행동을 보이며 자식 주변을 맴도는지 지문의 내용으로 유추해서 답을 고르는 문제이다. ①에서 교사들이 악화된 과보호 추세라고 지적한 부모의 행동으로, 당사자들도 과거에 했던 일상적 등하굣길 활동이나 교내활동 조차 제한 및 감시한다는 ②에서 예시로 언급한 행동패턴과 일맥상통하는 (a)가 가장 적절하다.

[Vocabulary]

when it comes to ~에 관한 한 **overprotective** a. 지나치게 보호하려 드는 **hover** v. 맴돌다, 서성이다 **lawn** n. 잔디밭 **advice columnist** 고민 상담가 **sheltered** a. 보호를 받는, 근심 걱정(시련)이 없는 **critical thinking** 비판적인 사고 **set out** 조치를 취하다, 착수하다 **fare** v. 지내다, 살아가다 **peer interaction** 또래 집단의 상호작용

1   Typically, cities' architectural attractions are permanent fixtures, but the world's tallest building is an elusive title that keeps getting overturned. Nowadays, a city can only boast of having the world's tallest building for a short time before _______________________________________. The Sears Tower in Chicago held the title from 1974 to 1996, but ever since then new buildings have been cropping up every few years or even every few months. As of 2010, the Burj Khalifa Tower in Dubai is the world's tallest building at 2,720 feet (828 meters); however, Kuwait has plans to construct a tower even taller.

   (a) the building inevitably gets demolished
   (b) a new architect builds a taller one elsewhere
   (c) officials change building height regulations
   (d) tourists from other countries stop coming to see it

2   The post World War II era in America brought a mass migration to the suburbs and the reemergence of domestic ideals. _______________________, women's new lives were not as stifling and meaningless as traditional historians make them out to be. Rather than being hindered by their new circumstances, women embraced the change and used it to further their political activism. Suburban development encouraged female political action by bringing together a dynamic group of women and creating a safe place for them to organize and fight for their beliefs. By exploiting their maternal image, women gained media attention and support in their fight for smaller familial issues, which ultimately mobilized them to larger positions of power.

   (a) Furthermore
   (b) First
   (c) However
   (d) Consequently

3   On the night before Halloween in 1938, millions of people turned on their radio to hear a news reporter say that Martians had landed on Earth and were taking over. The report was actually an adaptation of the H.G Well's science-fiction book War of the Worlds narrated by actor Orson Welles. It began with a brief introduction; the rest of the program sounded like a real news broadcast. It was presented in a news-bulletin style without any commercials and included a realistic weather segment. The report was meant to be entertaining, but it caused a widespread panic with some people screaming in the streets and others packing up their belongings and fleeing.

   Q: What was the main idea of the passage?
      (a) A description of a fake news broadcast
      (b) Examples of Halloween radio programs
      (c) An examination of Orson Welles' book
      (d) Various rumors of Martian attacks on Earth

4 The first image that pops into many peoples heads when they hear "pirates" is a cartoon-like group of men who raided ships, had parrots as pets, and buried gold coins on secret islands. However, pirates are neither a cartoon entity nor a thing of the past. In fact, Somali pirates have made the news recently with several dangerous attacks. In 2008, Somali pirates made 111 attacks, including 42 successful hijackings. Unfortunately, the rate of the attacks is increasing and the pirates are increasing their range toward Kenya. The trend poses a great danger for international shipping, a transportation method that many countries still use to move food and other goods.

Q: What is the main idea of the passage?
  (a) Differences between real and cartoon pirates
  (b) A history of pirates throughout history
  (c) Reasons behind the recent Somali pirate activity
  (d) The dangerous trend of Somali pirate attacks

5 The U.S. Federal Witness Protection Program was set in place in 1970 to ensure the safety of trial witnesses who feel themselves in danger. The program is an extreme measure for someone to take, and is only used when the circumstances leave few other options. It is typically implemented in cases involving organized crime, such as the mafia. The government creates a new identity for the witness complete with a new location, new name, and new life. The government assists in finding the witness housing and employment and gives them a stipend to help with the transition period. Witnesses are advised not to return to their town or contact any family or friends not in the program.

Q: According to the passage, what does the government provide to witnesses in the program?
  (a) Contact numbers of other witnesses with whom they will testify
  (b) Armed security guards to protect themselves and loved ones
  (c) Money to live off of and assistance in establishing their new life
  (d) An offer to keep them out of jail if they give up conspirators' names

6 Italian is the official language of Italy, but Italians speak different dialects throughout the country. Italian, along with other Romance languages, is derived from Latin. Despite being called dialects, the languages spoken in the different regions did not evolve from Italian. Instead, each dialect separately evolved from Latin the same way the other Romance languages did. They are as distinct from each other as French and Spanish and mostly incomprehensible to people from other regions. Most Italians speak their region's dialect at home and to their friends. Official Italian, a form of the Tuscan dialect, is used in written materials and taught in schools, making Italians bilingual at a young age.

Q: What does the passage imply?
  (a) Italian dialects are essentially distinct languages.
  (b) Italians have no standard national language.
  (c) Most dialects are derived from Latin.
  (d) Standard Italian evolved from Spanish and French.

7   The didgeridoo is an indigenous Australian instrument with unique name, strange sound and a long history. (a) No one knows exactly how old the didgeridoo is but some claim it is the world's oldest wind instrument. (b) Playing the didgeridoo strengthens throat muscles which helps reduce snoring and sleep apnea. (c) Archeologists have discovered rock drawings of didgeridoos in Northern Australia that date back around 1,500 years. (d) The didgeridoo was once only found in the Northern third of Australia but spread throughout the country with national improvements in roads and other transportation systems.

Make-up Vocabulary

Choose the best answer for the blank.

[1~6]

dynamic	elusive	transition	derived	raided	panic

1   Typically, cities' architectural attractions are permanent fixtures, but the world's tallest building is an _______________ title that keeps getting overturned. Nowadays, a city can only boast of having the world's tallest building for a short time before a new architect builds a taller one elsewhere.

2   Suburban development encouraged female political action by bringing together a _______________ group of women and creating a safe place for them to organize and fight for their beliefs.

3   The report was meant to be entertaining, but it caused a widespread _______________ with some people screaming in the streets and others packing up their belongings and fleeing.

4   The first image that pops into many peoples heads when they hear "pirates" is a cartoon-like group of men who _______________ ships, had parrots as pets, and buried gold coins on secret islands. However, pirates are neither a cartoon entity nor a thing of the past.

5   The government creates a new identity for the witness complete with a new location, new name, and new life. The government assists in finding the witness housing and employment and gives them a stipend to help with the _______________ period.

6   Italian is the official language of Italy, but Italians speak different dialects throughout the country. Italian, along with other Romance languages, is _______________ from Latin.

[7~12]

mobilized	adaptation	hijackings	strengthens	construct	distinct

7   The didgeridoo is an indigenous Australian instrument with unique name, strange sound and a long history. Playing the didgeridoo _______________ throat muscles which helps reduce snoring and sleep apnea.

8   As of 2010, the Burj Khalifa Tower in Dubai is the world's tallest building at 2,720 feet (828 meters); however, Kuwait has plans to _______________ a tower even taller.

"

9 By exploiting their maternal image, women gained media attention and support in their fight for smaller familial issues, which ultimately _______________ them to larger positions of power.

10 The report was actually an _______________ of the H.G Well's science-fiction book War of the Worlds narrated by actor Orson Welles. It began with a brief introduction; the rest of the program sounded like a real news broadcast.

11 Instead, each dialect separately evolved from Latin the same way the other Romance languages did. They are as _______________ from each other as French and Spanish and mostly incomprehensible to people from other regions.

12 In 2008, Somali pirates made 111 attacks, including 42 successful _______________. Unfortunately, the rate of the attacks is increasing and the pirates are increasing their range toward Kenya.

Vocabulary list

☐ **adaptation** n. 각색

☐ **archaeologist** n. 고고학자

☐ **as of** ~의 시점에서

☐ **boast** v. 뽐내다, 자랑하다

☐ **broadcast** n. 방송

☐ **complete with** (명사 뒤에서 꾸밈) ~을 완비한

☐ **conspirator** n. 공모자, 음모자

☐ **crop up** 불쑥 나타나다, 발생하다

☐ **demolish** v. (건물을) 철거하다

☐ **district from** ~와는 뚜렷이 다른

☐ **elusive** a. 잡히지 않는, 기억하기 어려운

☐ **embrace** v. (생각 등을 열렬히) 받아들이다, 수용하다

☐ **ensure** v. 반드시 ~하게 하다, 보장하다

☐ **entity** n. 독립체

☐ **exploit** v. 개발하다, 활용하다

☐ **familial** a. 가족의

☐ **fixture** n. 고정, 붙박이

☐ **flee** v. 달아나다, 도망하다

☐ **hijacking** n. (비행기의) 납치, 피랍

☐ **hinder** v. 저해하다, 방해하다

☐ **incomprehensible** a. 이해할 수 없는

☐ **indigenous** a. 원산의, 토착의

☐ **inevitably** adv. 불가피하게, 부득이

☐ **keep out of** ~을 못 들어오게 하다

☐ **leave** v. 남기다, 저버리다

☐ **live off** ~에 의지해서 살다

☐ **Martian** n. 화성인 a. 화성인의

☐ **news-bulletin** n. 임시 속보, 특보

☐ **organized crime** 조직 범죄

☐ **overturn** v. 뒤집다, 번복시키다

☐ **raid** v. (훔치기 위해 건물 등에) 침입하다, 급습하다

☐ **rock drawing** 암각화

☐ **separately** adv. 따로따로, 각기

☐ **sleep apnea** 수면성 무호흡

☐ **stifling** a. 숨막힐 듯한, 답답한

☐ **stipend** n. 봉급, 급여

☐ **take over** 탈취하다, 장악하다

☐ **testify** v. 증언하다

☐ **transition period** 과도기, 전환기

☐ **Tuscan** a. 토스카나(사람, 말)의

☐ **wind instrument** 관악기

Unit 02

건강 / 의학

TEPS 독해의 모든 Part에 걸쳐서 매 시험 빠지지 않고 등장하는 주제가 바로 건강과 관련된 내용이다. 전문적이지도 않고 그렇다고 비전문적이지도 않은 상식적 수준의 내용으로 출제되며, 건강과 의학과 관련된 새로운 연구결과의 내용을 서술한 글이나 또는 건강과 의학에 관한 잘못된 상식을 바로 잡아주는 내용의 글이 자주 출제되는 편이다. 비실용문과 실용문의 경계에 있다고 볼 수 있으므로 평소 신문이나 잡지등을 통해 풍부한 지식과 어휘를 쌓아두면 실제 시험에서 많은 도움이 될 것이다. 하지만 비전문적인 수준의 지문이 출제되기 때문에 정확한 독해능력과 일정 수준의 어휘력이 있다면, 배경지식이 없이도 충분이 풀 수 있다. 따라서 정확한 글읽기 능력을 쌓아두면 크게 걱정할 필요가 없다고 볼 수 있다.

The TOP in TEPS Example

Millions of teenagers deal with the intense emotions of puberty by conveying their experiences in a diary. New studies have found that diaries can increase levels of happiness in people no matter their age. Writing down emotional experiences helps people work through their emotions and feel happier as a result. Brain scans of volunteers who had written for twenty minutes showed decreased activity in the amygdala, which controls intensity of emotion. Thus, the act of writing helps calm people by ____. The same results were found whether people were narrating their experience, making a poem, or creating song lyrics, but there was a larger effect when people wrote instead of typed.

(a) hiding all of their natural reactions
(b) keeping their emotions under control
(c) giving feedback on emotional situations
(d) dismissing their intense feelings

[Translation]

수백만 10대 청소년들은 일기에 자신의 경험을 풀어냄으로써 사춘기의 극심한 정서적 변화를 다루고 있습니다. 새로운 연구들은 일기가 연령에 관계 없이 행복지수를 높일 수 있다는 것을 발견했습니다. ①정서적 경험들을 적어내는 것은 사람들에게 자신의 감정을 다뤄보고 결과적으로 더 행복하게 느끼도록 도와 줍니다. ②20분간 글을 작성했던 참가자들의 뇌 스캔 촬영사진은 편도체에서 활동 증가가 나타났는데, 편도체란 정서의 강도를 제어하는 기관입니다. 이와 같이, 글을 쓰는 행위는 **통제 하에 있는 자신들의 감정들을 유지시킴으로써** 사람들을 진정시키는 것을 도와줍니다. 사람들이 자신의 이야기를 말로 하고, 시를 짓거나, 노래 가사를 쓰건 간에 동일한 결과가 나타났는데, 글을 타자로 치지 않고 대신 적었을 때 더 큰 효과가 있었습니다.

(a) 자신들의 자연적 반응을 모두 숨김으로써
(b) 통제 하에 있는 자신들의 감정들을 유지시킴으로써
(c) 정서적 상황에 대한 반응을 함으로써
(d) 자신들의 강렬한 감정들을 지워버림으로써

[Joseph's Solution]

글쓰기를 통해 사람들이 얻는 것이 무엇인지 유추를 통해 정답을 고르는 문제이다. 관련 지문 내용을 살펴보면, ①정서적 경험을 글로 표현하는 것이 결국 행복지수를 높인다고 하는데, ②연구 결과를 살펴보면, 참가자들이 글을 쓰고 난 후 촬영했던 뇌 스캔 사진에서 정서의 강도를 제어하는 편도체의 활동 증가가 관찰되었다는 내용이다. 즉, 관련 내용으로 미루어, 글쓰기 작업이 편도체의 활동증가에 영향을 주어 정서적 정화상태를 가지게 된다고 유추할 수 있다. 따라서 정답은 (b)이다.

[Vocabulary]

convey v. (감정 등을) 전달하다 **work through** (문제를 해결하기 전까지) ~을 경험하고 조심스레 다루어 보다
brain scan 뇌주사 사진 **amygdala** n. [해부] (소뇌의) 편도체 **dismiss** v. (깨끗이) 잊어버리다

1 Sickle cell anemia is a heritable disease that ____.
People with the disease have red cells in a rigid crescent shape instead of the normal disc shaped.
The problem with the deformed cells is that they can obstruct capillaries and restrict blow flow. The
genetic disorder occurs in people with two alleles carrying the hemoglobin gene mutation. On the
other hand, people with only one allele for sickle-cell anemia are more resistant to malaria. This
disease resistance is the reason the disease has not been wiped out by evolution.

(a) causes limb pain due to shrinking capillaries.
(b) increases the body's amount of red blood cells.
(c) decreases iron content in people's blood cells.
(d) affects the shape of people's red blood cells

2 Older adults often have difficulty concentrating on tasks because as they age they are less able
to ignore distracting information. However, new studies reveal that distraction can boost memory.
Older adults might be frustrated by their inability to focus, but it can actually be a good thing, as they
take in more information around them. They have the special ability to connect seemingly irrelevant
information to other important information they are taking in at the same time. _________________,
older adults have an increased knowledge of ostensibly unrelated things. This memory aids in
decision-making and problem solving.

(a) However
(b) Unfortunately
(c) Consequently
(d) Instead

3 In Lewis Carroll's popular book, Alice in Wonderland, the main character Alice falls down a rabbit
hole and finds herself in a strange world where she keeps shrinking and expanding. Although the text
is fictional, Alice in Wonderland syndrome is a neurological condition that affects human perception.
Named after Carroll's novel, people suffering from the syndrome experience size-distorting visual
effects, including micropsia and macropsia, meaning they perceive objects to be smaller or larger
than they really are. The condition is usually temporary, and is brought about by a swelling of the
cornea, migraines, or the use of hallucinogenic drugs. Some people say that Carroll himself was
suffering from the condition, which gave him the idea for Alice in Wonderland.

Q: What is the main idea of the passage?
(a) A textual analysis of Alice in Wonderland
(b) Carroll's inspiration for the character of Alice
(c) Treatments for Alice in Wonderland syndrome
(d) Description of a neurological perception disorder

4   The use of leeches in medicine can be traced back at least 2,500 years. Leeches were used in a widespread treatment known as "bloodletting" where doctors removed "bad blood," commonly thought to be the root cause of a myriad of problems including simple headaches. Doctors would place the small worms on the skin, and the worms would suck out around 20 milliliters of blood in a half hour before falling off. The practice of "bloodletting" went out of fashion in the early 20th century, along with medicinal leeches. Then in 1986, a report stated that leeches could be used to restore blood flow after organ transplants and tissue reattachment. Leeches are now the first government-approved live medical device.

Q: What is the main idea of the passage?
    (a) An examination of outdated medical procedures
    (b) An ancient medical practice that has resurfaced
    (c) The variety of uses for leeches and other worms
    (d) History of scientists' knowledge about blood

5   Healthy infants have a set of primitive reflexes that are present immediately after birth. For example, the moro reflex occurs when babies are startled. They will fling out their arms and then flex them as if grabbing onto their mother. Another example is the Babinski reflex where the infant will spread out his or her toes when a finger strokes the outer edge of their foot. Reflexes like these will disappear with age or be inhibited by the frontal lobes of the brain as the child develops. The presence of the reflexes at birth indicates a normally functioning nervous system. Similarly, the absence of a primitive reflex at birth or the presence, or reappearance, of a reflex in non-newborns suggests a serious problem.

Q: Which of the following is an indication of a healthy nervous system?
    (a) The presence of a moro reflex in an eighty year old
    (b) The absence of the Babinski reflex in a newborn
    (c) The presence of two primitive reflexes at middle age
    (d) The absence of all primitive reflexes in an adult

6   Body Mass Index, or BMI, is commonly used as an indicator of overall health. BMI is calculated by dividing a person's weight by the square of his or her height. The resulting number categorizes individuals as underweight, healthy weight, overweight, or obese. However, BMI is not effective at determining body fat percentage because it doesn't distinguish between fat and muscle mass. The ratio of fat to muscle mass is an important indicator of good health, so BMI may not give a complete picture of a person's health status. In fact, BMI was originally conceived to identify the relative size of a particular population in order to target potential markets. For example, clothing companies used it to decide where to market petite or plus size clothing.

    Q: What does the passage imply about BMI?
      (a) A very low BMI is synonymous with a healthy person.
      (b) BMI should not be used to measure a person's health.
      (c) BMI is a universal indicator of body fat percentage.
      (d) Scientists conceived BMI for doctors to gauge wellbeing.

7   Despite incredible advances in medical knowledge in recent decades, scientists have not discovered a cure for those annoying hiccups. (a) Typically symptoms will go away on their own, so the wrong method is focusing on stopping the spasms because in doing so people tighten their diaphragm, an action that causes hiccups. (b) Old wives' tales for hiccup cures mainly work by distracting the person hiccupping into thinking about something else. (c) Drinking carbonated beverages or alcohol and long stretches of laughter can also cause people to get the hiccups. (d) Common home remedies include drinking liquid from the opposite side of a glass, giving the person a sudden fright or making them recall the last time they saw a white horse.

Make-up Vocabulary

Choose the best answer for the blank.

[1~6]

fictional	distracting	presence	indicator	heritable	treatment

1 Sickle cell anemia is a _______________ disease that affects the shape of people's red blood cells. People with the disease have red cells in a rigid crescent shape instead of the normal disc shaped.

2 Older adults often have difficulty concentrating on tasks because as they age they are less able to ignore _______________ information. However, new studies reveal that distraction can boost memory.

3 Although the text is _______________, Alice in Wonderland syndrome is a neurological condition that affects human perception.

4 The use of leeches in medicine can be traced back at least 2,500 years. Leeches were used in a widespread _______________ known as "bloodletting" where doctors removed "bad blood," commonly thought to be the root cause of a myriad of problems including simple headaches.

5 The _______________ of the reflexes at birth indicates a normally functioning nervous system. Similarly, the absence of a primitive reflex at birth or the presence, or reappearance, of a reflex in non-newborns suggests a serious problem.

6 Body Mass Index, or BMI, is commonly used as an _______________ of overall health. BMI is calculated by dividing a person's weight by the square of his or her height. The resulting number categorizes individuals as underweight, healthy weight, overweight, or obese.

[7~12]

irrelevant	annoying	remedies	ratio	temporary	reattachment

7 Despite incredible advances in medical knowledge in recent decades, scientists have not discovered a cure for those _______________ hiccups. Typically symptoms will go away on their own, so the wrong method is focusing on stopping the spasms because in doing so people tighten their diaphragm, an action that causes hiccups.

8 They have the special ability to connect seemingly _______________ information to other important information they are taking in at the same time. Consequently, older adults have an increased knowledge of ostensibly unrelated things.

9   The condition is usually ______________, and is brought about by a swelling of the cornea, migraines, or the use of hallucinogenic drugs. Some people say that Carroll himself was suffering from the condition, which gave him the idea for Alice in Wonderland.

10   Then in 1986, a report stated that leeches could be used to restore blood flow after organ transplants and tissue ______________ . Leeches are now the first government-approved live medical device.

11   The ______________ of fat to muscle mass is an important indicator of good health, so BMI may not give a complete picture of a person's health status.

12   Old wives' tales for hiccup cures mainly work by distracting the person hiccupping into thinking about something else. Common home ______________ include drinking liquid from the opposite side of a glass, giving the person a sudden fright or making them recall the last time they saw a white horse.

Make-up Vocabulary

- **allele** n. [생물] 대립 형질, 유전자
- **bloodletting** n. [의학] 사혈, 방혈
- **Body Mass Index** 신체 용적 지수, 체질량 지수
- **bring about** ~을 유발하다
- **capillary** n. [해부] 모세 혈관
- **carbonated** a. 탄산가스로 포화시킨
- **conceive** v. 착상하다
- **cornea** n. [해부] 각막
- **crescent** a. 초승달 모양의
- **deformed** a. 기형의
- **diaphragm** n. [해부] 횡격막, 가로막
- **disc** a. 원반 모양의
- **disease resistance** [생물] 병저항성
- **flex** v. (관절을) 구부리다, 굽히다
- **fling out** (두 팔 등을) 쑥 뻗다
- **frontal lobe** [해부] (대뇌의) 전두엽
- **go out of fashion** 유행하지 않게 되다, 한물 가다
- **grab** v. 붙잡다, 움켜잡다
- **hallucinogenic drug** 환각제
- **heritable** a. 유전성의
- **inhibit** v. 억제하다
- **leech** n. 거머리
- **limb pain** 사지 통증
- **macropsia** n. [병리] 대시증, 거시증
- **malaria** n. 말라리아
- **market** v. 시장에 내놓다
- **medicinal** a. 약효가 있는
- **medicinal leeches** 유럽 민물 거머리
- **micropsia** n. [병리] 소시증
- **muscle mass** 근육량
- **mutation** n. [생물] 돌연변이
- **myriad** n. 무수함, 무수히 많음
- **name after** ~의 이름을 따서 명명하다
- **neurological** a. 신경의, 신경학의
- **obstruct** v. 막다, 방해하다
- **old wives' tale** 속설, (너더분한) 구전 이야기
- **ostensibly** adv. 표면상
- **outdated** a. 구식의, 시대에 뒤진
- **primitive reflex** 원시반사
- **restore** v. 회복시키다
- **rigid** a. 단단한, 움직이지 않는
- **seemingly** adv. 외관상, 겉으로 보기에
- **sickle-cell anemia** [병리] 겸상 적혈구 빈혈증 [아프리카계 사람들에게 발생하는 유전병]
- **spasm** n. [의학] 경련, 발작
- **square** n. 제곱
- **startle** v. 깜짝 놀라게 하다
- **stretch** n. 뻗은 구간
- **stroke** v. 쓰다듬다, 어루만지다
- **swelling** n. 팽창, 부풀어 오름
- **synonymous** a. 같은 뜻을 갖는
- **wipe out** ~을 완전히 파괴하다

Unit 03

환경

지구온난화 등으로 인한 기상이변과 지진, 쓰나미등의 자연재해가 빈번히 발생함에따라 환경문제가 전 세계인들의 가장 큰 이슈들 중에 하나가 되고 있으며, 언론이나 방송에도 거의 매일 다루어지고 있는 주제가 환경문제이다. TEPS 독해에서는 환경에 관한 지문은 거의 빠지지 않고 매달 출제된다. 따라서 지구 온난화나 엘니뇨 현상 같은 자주 알려진 자연현상과 전세계적으로 동시에 이뤄지고 있는 환경보호운동, 현재 멕시코만 해저 송유관 파열로 인한 해양오염과 같은 시사적인 환경오염에 관한 관한 기본적인 지식이나 정보는 갖춘 상태에서 TEPS 독해 문제를 접하는 것이 많은 도움이 될 것이다. 따라서 평소 인터넷이나 뉴스기사 등을 통해서 환경에 대한 다양한 글에 노출이 될 필요가 있다. 특히 환경과 관련된 어휘를 습득해두는 것은 지문에 대한 보다 신속하고 정확한 이해를 위해서 도움이 될 수 있다.

The TOP in TEPS Example

Cities have created urban "green" spaces in order to offset secretions of greenhouse gases. The grass undergoes photosynthesis and, in the process, removes carbon dioxide from the air, which then builds up in the dirt as organic carbon. Unfortunately, scientists studying these green spaces found that the emissions used to maintain them negate any positive effects. The lawns need to be taken care of with mowing, leaf blowing, and other maintenance activities. Fertilizing the lawn releases nitrous oxide, which is 300 times more powerful than carbon dioxide. Overall, the amount of carbon produced from maintenance was four times greater than the ___________________________________.

(a) amount released by fertilizer alone
(b) quantity removed by grasses in the plot
(c) kind normally found in the environment
(d) amount accumulated from urban pollution

[Translation]

도시들은 온실 가스로 인한 분비물을 상쇄하기 위해 교외 녹지 만들어 왔습니다. 초목은 광합성을 하고, 그 과정에서, 공기 중 이산화탄소를 제거하는데, 그리하여 이산화탄소는 땅에서 유기탄소로 축적됩니다. ①안타깝게도, 이 녹지를 연구하는 과학자들은 녹지를 유지하는데 사용된 기체의 배출은 어떠한 긍정적 효과도 무효화시킨다는 것을 발견했습니다. ②잔디는 베어주기, 낙엽청소하기 및 기타 유지 보수 작업 등으로 보살핌이 필요합니다. ③잔디에 비료를 주는 것은 아산화질소를 방출하는데, 이는 이산화탄소보다 300배 강력합니다. 결국, 유지 관리로 발생된 탄소의 양은 <u>그 터에 있는 초목으로 인해 제거된 양보다</u> 4배가 되었습니다.

(a) 비료만으로 방출된 양보다
(b) 그 터에 있는 초목으로 인해 제거된 양보다
(c) 그 환경 내에서 정상적으로 발견되는 종류보다
(d) 교외 오염에서 축적된 양보다

[Joseph's Solution]

빈칸에는 교외 녹지 관리로 발생된 탄소 양과 비교되는 대상을 지문을 읽고 유추해서 답을 골라야 한다. 지문을 살펴보면, ①에서 녹지를 연구하는 과학자들은 녹지유지를 위한 작업들로 발생한 기체 배출이 녹지 효과를 상쇄시킨다고 하면서, ②그 유지보수와 관련된 작업의 예와 ③그로 인한 이산화탄소의 300배에 달하는 아산화질소의 발생에 대해 설명하고 있다. 따라서, 그 비교대상은 녹지로 인한 효과가 되므로, 빈칸에는 (b)가 가장 적절하다.

[Vocabulary]

offset v. 상쇄하다, 벌충하다 **secretion** n. 분비 **greenhouse gas** (이산화탄소 등의) 온실 가스 **carbon dioxide** [화학] 이산화탄소 **photosynthesis** n. [생물·생화학] 광합성 **organic carbon** 유기 탄소 **emission** n. 배출 **negate** v. 무효화하다, 효력이 없게 만들다 **mow** v. (잔디를) 깎다 **nitrous oxide** [화학] 아산화질소 **overall** adv. 전반적으로, 결국 **plot** n. (특정 용도의) 작은 땅 조각, 터

1 A neighborhood in New York known as Love Canal was the source of
____. During the 1920s, the Hooker Chemical
Company used the land as a dumping ground for 21,000 tons toxic waste generated by their factory.
In the 1950s, the company covered over the waste-filled canal and sold it to the city, which built
over 100 homes on the land. Soon chemicals began seeping out of the soil forming toxic puddles in
people's basements and backyards. Children suffered hand and face burns, and there were many
cases of birth defects. Unfortunately, it is a big possibility that other dangerous chemical dumpsites
still exist throughout the country.

 (a) an innovative green waste-removal method
 (b) hazardous chemical waste protests
 (c) the discovery of dangerous airborne toxins
 (d) an immense environmental tragedy

2 For thousands of years, bright-golden spray toads lived in Tanzania by the Kihansi River. Over
20,000 of these tiny toads once lived on the isolated edge of a waterfall. Due to their isolation, they
were a one-of-a-kind species that evolved into the only toads to birth live young instead of laying
eggs. In 1998, the World Bank decided to build a dam on the river wiping out the toads' only habitat.
___________________________, the spray toad population dropped to the edge of extinction. Luckily,
conservationists were able to gather 499 toads and take them to a zoo. Over the past ten years, the
toad population in the zoo has grown to 4,000 and soon scientists can take them back to Tanzania.

 (a) Surprisingly
 (b) However
 (c) Consequently
 (d) Similarly

3   The publication of Rachel Carson's book Silent Springs in 1962 helped the current environmental movement gain widespread popularity. The book detailed the negative consequences pesticides and pollution had on birds and the environment in general. Her words were also responsible for the 1972 ban on the use of the pesticide DDT. Carson wrote that DDT caused birds to lay eggs with thinner shells, which caused the birds reproductive problems and often resulted in death. The book landed on many best nonfiction book lists including Discover Magazine's twenty-five greatest science books of all time.

   Q: What is the main idea of the passage?
   (a) The inspiration for the environmental movement
   (b) A history of Rachel Carson's book publications
   (c) The fight for the ban on DDT pesticide use
   (d) The various effects of pollution on mammal species

4   As reports continue to surface about the declining state of Earth's natural resources, more and more people are taking steps to reduce their own environmental impact. One method is achieving natural balance with the Earth through sustainable living. Sustainable living is a lifestyle where people meet their needs without depleting resources for future generations. Small steps toward this lifestyle include recycling, walking or bicycling instead of driving, and growing your own food in a garden. Larger steps include buying water-saving appliances, wearing all-natural clothes, and installing solar panels on your roof.

   Q: What is the main idea of the passage?
   (a) Ways people are depleting natural resources
   (b) The current state of the Earth's environment
   (c) How to calculate your own environmental impact
   (d) Tips for living an environmentally-friendly lifestyle

5   Hosting the Olympics brings a lot of honor to a country, but it also requires cities to make some improvements. When Beijing hosted the 2008 Olympics, the city faced the problem of having to improve its air quality. In a city of eleven million, pollution levels were five times the World Heath Organization safety standards. To prepare for the games the Chinese government spent close to $17 billion in an effort to improve air quality. They implemented natural gas buses and planted thousands of trees. The city also took two million vehicles off the road with new regulations restricting who was allowed to drive based on license plate numbers.

   Q: According to the passage, what did Beijing have to do before hosting the Olympics?
   (a) Build new infrastructure to hold all the athletes
   (b) Improve the city's overall air quality
   (c) Create more forms of public transportation
   (d) Clear their streets so the athletes could practice

6   The Artic is one of world's most sensitive regions and therefore is highly susceptible the Earth's current climate change crisis. Temperature in the Artic is increasing two times as quickly as any other world region, and it is currently higher than it has ever been in the past 2,000 years. As a result, the Artic ice caps are shrinking, which exacerbates the problem of global warming. Ice loss also warms up frozen soil called permafrost. As it defrosts, permafrost releases vast quantities of methane gas, a greenhouse gas that is far more dangerous to the environment than carbon dioxide and could inhibit all efforts to stop global warming.

   Q: What does the passage imply?
   (a) The Artic is an indicator of the danger of climate change.
   (b) Melting polar ice caps would be an isolated problem.
   (c) Global warming is creating dangerous permafrost in the Artic.
   (d) The Artic is undergoing a normal, cyclical climate change.

7   Compost is a soil-like mixture of organic waste materials that cuts down on waste going to landfills and is full of nutrients that are great for your garden. (a) To make compost, first, fill a bin with a balanced mixture of "green" items that are high in nitrogen, such as grass clippings, vegetable peels and coffee grounds, and "brown" items high in carbon like dead flowers, autumn leaves, and cardboard. (b) According to the Environmental Protection Agency, yard debris and food scraps make up 23% of landfill waste. (c) Layer the green and brown materials so they can react together as they decompose. (d) To get the best results, keep your compost watered and turn it once a week to let in air.

Make-up Vocabulary

Choose the best answer for the blank.

[1~6]

shrinking	isolated	depleting	seeping	detailed	restricting

1   In the 1950s, the company covered over the waste-filled canal and sold it to the city, which built over 100 homes on the land. Soon chemicals began _______________ out of the soil forming toxic puddles in people's basements and backyards.

2   Over 20,000 of these tiny toads once lived on the _______________ edge of a waterfall. Due to their isolation, they were a one-of-a-kind species that evolved into the only toads to birth live young instead of laying eggs.

3   The publication of Rachel Carson's book Silent Springs in 1962 helped the current environmental movement gain widespread popularity. The book _______________ the negative consequences pesticides and pollution had on birds and the environment in general.

4   Sustainable living is a lifestyle where people meet their needs without _______________ resources for future generations. Small steps toward this lifestyle include recycling, walking or bicycling instead of driving, and growing your own food in a garden.

5   They implemented natural gas buses and planted thousands of trees. The city also took two million vehicles off the road with new regulations _______________ who was allowed to drive based on license plate numbers.

6   Temperature in the Arctic is increasing two times as quickly as any other world region, and it is currently higher than it has ever been in the past 2,000 years. As a result, the Arctic ice caps are _______________, which exacerbates the problem of global warming.

[7~12]

pesticide	pollution	decompose	organic	extinction	inhibit

7   Compost is a soil-like mixture of _______________ waste materials that cuts down on waste going to landfills and is full of nutrients that are great for your garden.

8   In 1998, the World Bank decided to build a dam on the river wiping out the toads' only habitat. Consequently, the spray toad population dropped to the edge of ______________.

9   Her words were also responsible for the 1972 ban on the use of the ______________ DDT. Carson wrote that DDT caused birds to lay eggs with thinner shells, which caused the birds reproductive problems and often resulted in death.

10   When Beijing hosted the 2008 Olympics, the city faced the problem of having to improve its air quality. In a city of eleven million, ______________ levels were five times the World Heath Organization safety standards.

11   As it defrosts, permafrost releases vast quantities of methane gas, a greenhouse gas that is far more dangerous to the environment than carbon dioxide and could ______________ all efforts to stop global warming.

12   Layer the green and brown materials so they can react together as they ______________. To get the best results, keep your compost watered and turn it once a week to let in air.

Make-up Vocabulary

Vocabulary list

☐ **air quality** 공기의 질(청정도)

☐ **airborne** a. 공기로 운반되는

☐ **appliance** n. (가정용) 기기

☐ **birth defect** [의학] 선천적 결손증

☐ **burn** n. 화상, 덴 상처

☐ **canal** n. 운하, 인공 수로

☐ **carbon** n. 탄소

☐ **clipping** n. 깎아 낸 조각

☐ **ompost** n. 퇴비, 두엄

☐ **conservationist** n. 환경 보호 활동가

☐ **cyclical** a. 주기적, 순환적

☐ **debris** n. 쓰레기

☐ **decompose** v. 분해(부패)되다

☐ **defrost** v. 녹이다

☐ **deplete** v. (세력 · 자원 등을) 고갈시키다

☐ **dumping ground** 쓰레기 하치장, 매립지

☐ **dumpsite** n. (쓰레기) 폐기장

☐ **edge of extinction** 소멸(멸종)의 위기

☐ **Environmental Protection Agency** 환경 보호청(국)

☐ **exacerbate** v. (문제를) 악화시키다

☐ **green** a. 환경 보호의(친화적인), 녹색의

☐ **greenhouse gas** 온실 가스, (온실 효과의 주 원인인) 이산화탄소

☐ **grounds** n. 찌꺼기

☐ **ice cap** (극지방의) 빙원, 만년설

☐ **Ice loss** 빙하 유실

☐ **implement** v. 시행하다

☐ **inhibit** v. 억제(저해)하다

☐ **landfill** n. 쓰레기 매립(지), 매립 쓰레기

☐ **layer** v. 켜켜로 놓다

☐ **license plate** 자동차 등록 번호

☐ **meet one's needs** ~의 욕구를 충족시키다

☐ **nitrogen** n. 질소

☐ **nutrient** n. 영양분

☐ **of all time** 역대, 지금껏

☐ **one-of-a-kind** a. 독특한, 유례를 찾기 힘든

☐ **permafrost** n. (북극 지방의) 영구 동토층

☐ **pesticide** n. 살충제, 농약

☐ **reproductive** a. 생식(번식)의

☐ **scrap** n. 남은 음식

☐ **seep** v. 스미다, 배다

☐ **shrink** v. 줄어들다

☐ **solar panel** 태양 전지판, 태양열 집열판

☐ **surface** v. 세간에 공표하다

☐ **susceptible** a. 민감한

☐ **sustainable** a. 지속 가능한

☐ **take steps to** ~하기 위한 (필요한) 조처를 취하다

☐ **toad** n. 두꺼비

☐ **toxic** a. 유독성의

☐ **waste-removal** n. 쓰레기 처리

☐ **World Heath Organization** 세계보건기구

Unit 04

기술 / 과학

TEPS 독해지문 중에서 가장 전문적인 수준의 지문이 기술, 과학과 관련된 지문이라고 볼 수 있다. 물리, 화학, 생물학, 동물학, 지구과학 등 기초 과학 일반에 관한 비전문적 수준의 내용이나 최근에 issue(화제)가 되는 첨단기술, 인터넷 테크놀러지등 기술 과학 분야의 지문들도 상당수 출제된다. 특히 빈출되는 부분으로는 에너지 자원(energy resource), 발명(invention), 자동차 기술 발전(automobile technology), 건축 기술 발전(construction technology), 전기(electricity), 컴퓨터(computer), 디지털 혁명(digital revolution) 등이며 최근에 시사적으로 유행하는 전문용어들을 정리하는 것이 필수이다. 기술과학 분야는 특히 배경지식을 평소에 쌓아야 한다. 각종 과학이나 신기술에 대한 기본적인 지식이나 정보를 가지고 TEPS 독해 지문을 접하는 것과 백지상태에서 접하는 것은 지문에 대한 이해속도나 정확성에서 상당한 차이가 있을 수 밖에 없기 때문이다.

The TOP in TEPS Example

Scientists have recently discovered the hormone progesterone in a walnut tree, which is shattering previously held ideas about the differences between plants and animals. Previously progesterone was only known ___________________________. It is a female sex hormone secreted by the ovaries to ready the uterus for pregnancy. If a woman becomes pregnant, her progesterone levels also rise to help maintain it. Scientists hypothesize progesterone regulated hormone release in primitive plants and animals. Progesterone's presence in trees questions the evolutionary tract that separated plants of animals.

(a) to be present in animals
(b) to appear in adult males
(c) to be manufactured in the lab
(d) to be present in oak trees

[Translation]

①과학자들은 최근에 호두나무에서 프로게스테론 호르몬을 발견했는데, 이 나무는 이전에 확립되었던 식물과 동물간 차이점에 관한 견해들을 산산이 부셔버리고 있습니다. 이전에는 프로게스테론이 **동물에게 존재하는 것으로만** 알려져 있었습니다. 이 호르몬은 자궁이 임신을 준비하도록 난소에서 분비하는 여성 성호르몬의 일종입니다. 여성이 임신하면, 프로게스테론의 수치 역시 임신을 유지하는 것을 돕기 위해 상승하게 됩니다. 과학자들은 원시 식물과 동물들에서는 프로게스테론 호르몬이 호르몬 방출을 조절했을 것이라는 가설을 제기하고 있습니다. 수목(樹木)들에서 분비되는 프로게스테론의 존재는 식물과 동물에 차이를 두었던 진화경로에 대한 의문을 제기하고 있습니다.

(a) 동물에게 존재하는 것으로만
(b) 다 자란 수컷에서 나타나는 것으로만
(c) 실험실에서 생성되는 것으로만
(d) 오크나무들에서 존재하는 것으로만

[Joseph's Solution]

프로게스테론이 이전에는 어떠한 호르몬으로 알려져 있었는지 지문의 내용을 유추해서 정답을 고르는 문제이다. 지문의 첫 부분에 ①최근 호두나무에서 처음으로 프로게스테론 호르몬이 발견되어 이전에 형성돼있던 동식물간 차이점에 관한 고정관념이 무너지게 되었다고 기술되어 있다. 따라서 이전에는 이 황체 호르몬이 동물에만 분비되는 것으로 생각했음을 추론할 수 있으므로 정답은 (a)가 된다.

[Vocabulary]

hormone n. 호르몬 **progesterone** n. 프로게스테론, 황체 호르몬 **walnut tree** 호두나무 **shatter** v. 산산이 부수다, 분쇄하다 **secrete** v. 분비하다 **ovary** n. 난소, (식물의) 씨방 **uterus** n. [해부] 자궁 **hypothesize** v. 가설을 세우다, 제기하다 **regulate** v. 통제하다, 조절하다 **release** n. 방출, 유출

Practice Test

1 In 2000, an orbiting spacecraft noted gullies on the surface of Mars that scientists think were made millions of years ago by flowing bodies of water. A couple of years later, rovers confirmed the hypothesis with the discovery of ________________________. Then, in 2008, NASA sent a lander module to Mars in the hopes of confirming the presence of modern water. During a dig, the module's camera captured white powder in the fresh soil that disappeared after a few days. Scientists later confirmed the powder was water ice. The discovery invigorated hope that there was microbial life on Mars since the organisms would have had some water to survive.

    (a) a bed of running water
    (b) single celled organisms
    (c) traces of ancient water
    (d) vast stretches of flat land

2 Half-man half-machine organisms known as cyborgs are no longer fictional characters. Scientists have been devising ways humans can control technology using only their minds. First, researchers implanted electrodes in monkey's brains and taught them to use a robotic arm to get their food. With the electrode information, the researchers were able to figure out how to pick up brain waves and use them to control movement. ________________________, scientists were able to transfer the technology to help people with mechanical limbs. In 2009, an amputee succeeded in using thoughts alone to grasp objects with a robotic hand attached by wires and electrodes to nerves in his arm.

    (a) On the other hand
    (b) Eventually
    (c) Consequently
    (d) Likewise

3 Time and space have been known to be linked since the theory of relativity was proposed by Albert Einstein in the early 1900s. Now, studies have found that people physically embody concepts of time. When reminiscing about past events, research subjects leaned backwards, and when imagining the future, they leaned forwards. The embodiments are generally very subtle and carried out subconsciously. Still, this type of embodied cognition shows that people make sense of information by processing it with their entire body.

    Q: What is the main idea of the passage?
      (a) How people think about new information
      (b) The way people embody abstract ideas like time
      (c) Current examples of the theory of relativity
      (d) The impact of the past on people's subconscious

4 Tool use requires intelligence and was once thought to be a uniquely human skill. However, scientists have discovered examples of tool use by many animals. Gorillas and orangutans have been observed using sticks to measure water depth. Chimpanzees have also been seen sharpening sticks to use as weapons. Bonobo chimps stick long grass shoots down in anthills to collect ants like a type of primitive fork. Crows in urban Japan have been spotted dropping nuts onto the street to be run over by cars and then flying down to eat the cracked nuts when the car is gone. Even dolphins wrap protective pieces of sea sponge around their noses when searching the ocean floor.

    Q: What is the main idea of the passage?
- (a) Disproving the fact that tool use indicates intelligence
- (b) Ways humans' tools differ from other species' tools
- (c) Ranking of animal species' levels of intelligence
- (d) Types of tool use in various animal species

5 In the first months of life, infants take in a massive amount of information. Researchers studying infant cognition are discovering just how much infants know. Halfway through their first year of life, infants already know information about basic physical laws. By three months of age, infants understand gravity enough to know objects released in midair should fall. Around five months, they can identify the type-of-contact variable, which means they will expect an object to be stable when it's released on a platform. At six and a half months, infants understand proportion-of-contact. Thus, they expect an object to fall when more than half of it is hanging off a platform.

    Q: What has a three-month-old infant learned?
- (a) An object will fall when nothing is supporting it.
- (b) A tall object always falls faster than a short one.
- (c) An object will fall when over half of it is supported.
- (d) An object will be stable if released in midair.

6   Scientists once believed that humans evolved from chimpanzees, but have since come to realize the species had a common ancestor that they both descended from. Until recently, that common ancestor was merely a hypothesis, but the missing link in the evolutionary chain has been found. Scientists in Ethiopia unearthed an almost complete skeleton of Ardipithecus ramidus, known as "Ardi," dating back 4.4 million years. She is the oldest human ancestor ever discovered. The ancestor is less ape-like than previously thought. The skeleton reveals that Ardi's species was able to walk on two legs but was also skilled at climbing trees. The species is also thought to have exhibited pair bonding between the sexes, which suggests early social behavior and parental investment.

    Q: Why is the discovery of Ardi significant?
      (a) She is the oldest skeleton of any species ever found.
      (b) She proves that chimpanzees evolved from humans.
      (c) She disproves the theory of a common ancestor.
      (d) She helps fill in man's evolutionary history.

7   People falling asleep in class or at inappropriate times can be funny, but for those who suffer from narcolepsy those situations are no laughing matter. (a) Unlike general drowsiness, narcoleptics fall into sudden deep sleeps every few hours, often with no warning. (b) Attacks can occur while people are driving, talking or eating. (c) People with narcolepsy may have driving restrictions placed on them, but laws vary in different places. (d) These attacks sometimes produce dream-like hallucinations, paralysis when the sleeper first wakes up, or a sudden loss of muscle tone.

Make-up Vocabulary

Choose the best answer for the blank.

[1~6]

ape-like	embody	measure	implanted	orbiting	gravity

1   In 2000, an _________________ spacecraft noted gullies on the surface of Mars that scientists think were made millions of years ago by flowing bodies of water.

2   Scientists have been devising ways humans can control technology using only their minds. First, researchers _________________ electrodes in monkey's brains and taught them to use a robotic arm to get their food.

3   Time and space have been known to be linked since the theory of relativity was proposed by Albert Einstein in the early 1900s. Now, studies have found that people physically _________________ concepts of time.

4   Scientists have discovered examples of tool use by many animals. Gorillas and orangutans have been observed using sticks to _________________ water depth.

5   By three months of age, infants understand _________________ enough to know objects released in midair should fall. Around five months, they can identify the type-of-contact variable, which means they will expect an object to be stable when it's released on a platform.

6   Ardi is the oldest human ancestor ever discovered. The ancestor is less _________________ than previously thought.

[7~12]

reminiscing	cognition	invigorated	drowsiness	cracked	descended

7   Unlike general _________________, narcoleptics fall into sudden deep sleeps every few hours, often with no warning. Attacks can occur while people are driving, talking or eating.

8   When _________________ about past events, research subjects leaned backwards, and when imagining the future, they leaned forwards.

9   Crows in urban Japan have been spotted dropping nuts onto the street to be run over by cars and
     then flying down to eat the _________________ nuts when the car is gone.

10   Researchers studying infant _________________ are discovering just how much infants know. Halfway
     through their first year of life, infants already know information about basic physical laws.

11   Scientists once believed that humans evolved from chimpanzees, but have since come to realize the
     species had a common ancestor that they both _________________ from.

12   Scientists later confirmed the powder was water ice. The discovery _________________ hope that
     there was microbial life on Mars since the organisms would have had some water to survive.

Vocabulary list

- ☐ **amputee** n. 팔(다리) 절단 수술을 받은 사람
- ☐ **anthill** n. 개미탑, 개미굴
- ☐ **ape-like** a. 유인원 같은
- ☐ **attack** n. (병의) 발작, 도짐
- ☐ **crow** n. 까마귀
- ☐ **descend from** ~로부터 전해지다
- ☐ **dig** n. 발굴
- ☐ **drowsiness** n. 졸림
- ☐ **electrode** n. 전극
- ☐ **embody** v. 포함하다, 상징하다
- ☐ **evolutionary** a. 진화의, 점진적인
- ☐ **fill in** ~을 완전히 메우다, 작성하다
- ☐ **flatland** n. 평지, 평탄한 토지
- ☐ **gully** n. (보통 물이 마른) 협곡
- ☐ **half-man half-machine** a. 반인반기의, 인간과 기계의 결합인
- ☐ **hallucination** n. 환각
- ☐ **hypothesis** n. 가설, 추정
- ☐ **in the hope of** ~을 바라고
- ☐ **invigorate** v. 활기를 북돋우다
- ☐ **lander module** 착륙선
- ☐ **lean** v. (몸을) 숙이다
- ☐ **limb** n. 팔다리, 수족
- ☐ **make sense of** ~을 이해하다
- ☐ **microbial** a. 미생물의, 세균의
- ☐ **midair** n. 공중, 중천
- ☐ **muscle tone** 근육의 긴장(도)
- ☐ **narcolepsy** n. [의학] 수면발작
- ☐ **narcoleptic** n. 기면발작 환자 a. 기면발작(증)이 있는
- ☐ **NASA** 미국 항공 우주국 (National Aeronautics and Space Administration)
- ☐ **ocean floor** [지질] 대양저
- ☐ **orbiting** a. 궤도를 선회하는
- ☐ **organism** n. 유기체, 생물(체)
- ☐ **pair bonding** [생물] 암수 한 쌍의 결합 (관계)
- ☐ **paralysis** n. 마비
- ☐ **parental investment** [사회] 양육투자 [자손의 생존률을 높이기 위한 부모가 양육에 들이는 에너지]
- ☐ **place a restriction on** ~에 대해 제한명령(규제령)을 내리다
- ☐ **reminisce** v. 추억(회상)에 잠기다
- ☐ **robotic** a. 자동 기계장치로 된, 인공의
- ☐ **rover** n. (탐사용) 로봇
- ☐ **sea sponge** 해면
- ☐ **spacecraft** n. 우주선
- ☐ **stick** v. 집어넣다
- ☐ **subconsciously** adv. 잠재의식적으로
- ☐ **subtle** a. 미묘한, 감지하기 힘든
- ☐ **theory of relativity** [물리학] 상대성 이론
- ☐ **unearth** v. 발굴하다, 찾다

Unit 05

역사 / 인물

역사나 인물 역시 TEPS 독해지문에 빠지지 않고 꾸준히 등장하는 주제이다. 역사상의 중요한 사건과 인물에 대한 소개나 업적을 서술하는 지문이 가장 빈출되는 유형이다. 역사나 인물은 너무 광범위하고 다양하기 때문에, 배경지식을 쌓아서 문제를 해결하기에는 한계가 있다. 따라서 역사상의 중요한 사건을 기술하는 글은 사건의 인과관계에 초점을 맞추고, 인물에 관한 글은 그 인물의 중요한 업적이 무엇인지에 초점을 맞추어 읽어나가는 것이 하나의 요령이다. 배경지식을 쌓고 만전을 기하고 싶다면, 역사관련 지문들의 경우 상당수가 미국과 영국에 관련된 내용이 등장하지만, 중국이나 일본 역사도 가끔씩 출제된다. 따라서 이러한 나라들에 대한 지문들을 되도록 많이 접해서 시험에 대비하는 것이 좋다. 인구의 변천이나 특정 물품의 유래, 민족의 이동사나 역사적 사건 등이 주로 출제된다.

The TOP in TEPS Example

Many writers use their real life experiences as the loose basis of outrageous fictitious stories. However, when writers call their work a memoir, they are implying that everything they wrote truly happened to them. James Frey's memoir A Million Little Pieces was a bestseller that sold 1.77 million copies in 2005. In the book, James tells about his experience entering a rehabilitation program and explains the circumstances that led up to his admittance in the program. In 2006, reports came out ____. The publishers issued full refunds to anyone who felt deceived by Frey's book.

(a) proving James Frey was the real author of the book
(b) revealing large aspects of Frey's memoir were made up
(c) with quotes about Frey from people in his rehabilitation program
(d) from critics who unanimously praised the quality of Frey's writing

[Translation]

많은 작가들이 자신의 실제 삶의 경험들을 극악무도한 허구적 이야기에 관해 자유롭게 쓸 수 있는 토대로써 활용합니다. ①하지만, 작가들이 자신의 작품을 회고록이라고 칭할 때는, 그들이 써내려 간 모든 내용이 실제로 자신에게 일어났었다는 의미입니다. James Frey의 회고록인 '백만 개의 작은 조각들'은 2005년에 177만부가 팔린 베스트셀러였습니다. 이 책에서, James는 재활 프로그램에 들었던 자신의 경험에 대해 이야기하며 자신을 그렇게 만들었던 상황들을 설명합니다. 2006년, <u>Frey의 회고록의 많은 부분이 허구로 구성되었다는 사실을 보여주는</u> 기사가 보도되었습니다. ②출판사들은 Frey의 책으로 기만 당했다고 느꼈던 독자 모두에게 전액 환불을 해주었습니다.

(a) James Frey가 그 책의 실제 저자였다는 것을 입증하는

(b) Frey의 회고록의 많은 부분이 허구로 구성되었다는 사실을 보여주는

(c) 재활 프로그램에 있던 사람들로부터 Frey에 대한 이야기를 인용해

(d) Frey가 쓴 저작물의 질을 이구동성으로 칭찬했던 비평가로부터

[Joseph's Solution]

지문에 묘사된 문맥을 통하여 어떠한 기사가 발표되었을지 유추를 통해 정답을 고르는 문제이다. 문장 ①에서, 개인의 회고록이란 마땅히 실제 경험을 스스로 집필한 기록임을 상기시키고, James Frey의 회고록을 소개한 다음, 문장 ②에서 빈칸에 들어갈 내용으로 인해 출판사들이 전액 환불조치를 감행해야 했다고 기술되어 있다. 따라서 정답은 보기 중 (b)가 가장 적절하다.

[Vocabulary]

loose a. 묶여(매여) 있지 않은, 풀린 **outrageous** a. 포학한, 잔인 무도한 **memoir** n. (자신의) 회고록, 자서전 **rehabilitation** n. 사회 복귀, 갱생 **admittance** n. 입장, 들어감 **issue a full refund to** ~에게 전액 환불하다 **deceive** v. 속이다, 기만하다 **large** a. 과장된, 허풍떠는 **unanimously** adv. 만장일치로 **praise** v. 칭찬하다 **fictitious** a. 허구의, 지어낸

1 Charles Schultz had a rough time growing up. Charles failed every subject in school, did not do well in sports, was very shy, and had no close friends. The only thing he enjoyed doing was drawing, but the cartoons he submitted to his high school yearbook were rejected. Similarly, cartoons he sent to Walt Disney studies were turned down. One day Charles sat down and drew a cartoon character just like himself–a boy named Charlie Brown who was _________________________________. The cartoon eventually became one of the most popular and influential strips ever. Charles drew around 18,000 strips over fifty years and they continue to be printed in newspapers today.

   (a) alienated because he was the school bully
   (b) an art prodigy at a young age
   (c) a loser and an underachiever
   (d) afraid to participate in gym class

2 Standing at 2.361 meters, Bao Xishun was the tallest man in the world until 2009. He is a herdsman from Mongolia who was a normal height until experiencing a sudden, unexplained growth spurt in his mid-teens. _________________, Bao does not have gigantism, a growth disorder that produces extreme height growth–he's just extremely tall. Bao was not aware of his title until locals contacted the Guinness Book of World Records. Suddenly known as the world's tallest man, Bao' notoriety brought some odd job requests. When two dolphins had swallowed shards of plastic and veterinarians were unable to remove them, they asked for Bao's assistance. His 1.06-meter arms were long enough to reach inside the dolphins' stomachs and remove the shards.

   (a) Obviously
   (b) First of all
   (c) Consequently
   (d) Remarkably

3 A woman called La Malinche is an important figure in Mexican history, known by many as the founding mother of the Mexican race. Though she is famous for her active role in Spain's conquest of Mexico, her story has humble origins. After her father died, she was given to passing traders and became a slave. She was sold to the Spaniards, but eventually became a translator for the explorer Hernán Cortés, relaying the language of her native Aztecs. She and Cortés grew close, and reports state that she was crucial in his Mexican conquest. Her ability to communicate with the Indians helped the Spainiards make key negotiations.

   Q: What is the main idea of the passage?
   (a) La Malinche's legacy in modern Spain
   (b) How La Malinche became Cortés' partner
   (c) The Aztec reaction to Cortés' conquest of Mexico
   (d) Why La Malinche was interested in Cortés' campaign

4   Humans are capable of amazing things in extreme circumstances, as Joe Simpson's story illustrates. In 1985, Joe went mountain climbing with his friend Simon Yates. While they were descending, Joe slipped and broke his leg. Simon roped himself to his friend, but Joe fell and was left hanging over a cliff. Simon had with no way of knowing what had happened on the other end. He waited an hour, but believing Joe was dead, Simon eventually cut the rope to save himself. However, Joe was alive and miraculously landed on a snowdrift. Over the course of three and a half days, he crawled down the mountain with his broken leg and arrived back at the base to Simon's joyous shock.

    Q: What is the main idea of the passage?
        (a) The dangers of mountain climbing
        (b) An extraordinary survival story
        (c) The greatest feats of human strength
        (d) A cautionary tale of exploring alone

5   At twenty-five years old, Mark Zuckerberg is worth at least 1.5 billion dollars. Zuckerberg is a young entrepreneur who created the vastly popular social networking site called Facebook. While attending Harvard University, Zuckerberg developed a site known as Facemash. It allowed people to rate students' photos side by side. Since the photos were taken without students' permission Zuckerberg faced disciplinary action. Later, Zuckerberg launched Facebook from his dorm room. The site allows people to create a profile with photos and information about themselves as well as chat with friends. It was originally open only to Harvard students, then all college students, and finally anyone worldwide. By December of 2009, Facebook had over 350 million users.

    Q: What was the purpose of Zuckerberg's original website, Facemash?
        (a) To bring college students around the world together
        (b) To let students judge the attractiveness of their peers
        (c) To unite Harvard students by creating a chat room
        (d) To give students an online space to post their pictures

6   Frank Abagnale, Jr. is a famous con artist and imposter who passed over 2.5 million dollars worth of foraged checks before the age of twenty-one. At sixteen, Frank began buying gifts for girls he was interested in by writing personal checks on his overdrawn account. Frank moved on to impersonating different people including an airline pilot, teaching assistant, doctor, and an attorney. He evaded detection by avoiding job duties, such as making interns handle patients, and switching personas when people got suspicious. Frank escaped police custody twice but was eventually captured and served a total of fifteen years in jail across four countries. Now, Frank works as an FBI consultant and runs a financial fraud consultancy company.

Q: What does the passage imply about Frank Abagnale?
(a) He continues to defraud the government and is a wanted man.
(b) He has put his forgery knowledge to good use as an adult.
(c) He changed careers because he couldn't find one he liked.
(d) He started forging checks because his family was poor.

7   In 1422, Henry VI became King of England at nine months old after his father died. (a) At the time, a dual monarchy existed with England and France, making Henry VI the king of two countries before he turned one. (b) Since he was so young, his kingdom was ruled by royal advisers until 1437, when he was declared old enough to rule, as England was losing in the Hundred Years' War. (c) Shakespeare wrote a popular two-part play based on the life of Henry VI. (d) But in 1453, during the War of the Roses, Henry VI fell victim to a hereditary mental illness that left him unfit to rule for over a year.

Choose the best answer for the blank.

[1~6]

spurt	circumstances	hereditary	captured	submitted	crawled

1 Bao Xishun is a herdsman from Mongolia who was a normal height until experiencing a sudden, unexplained growth ________________ in his mid-teens.

2 The only thing he enjoyed doing was drawing, but the cartoons he ________________ to his high school yearbook were rejected.

3 Humans are capable of amazing things in extreme ________________ as Joe Simpson's story illustrates. In 1985, Joe went mountain climbing with his friend Simon Yates.

4 Frank escaped police custody twice but was eventually ________________ and served a total of fifteen years in jail across four countries. Now, Frank works as an FBI consultant and runs a financial fraud consultancy company.

5 Over the course of three and a half days, he ________________ down the mountain with his broken leg and arrived back at the base to Simon's joyous shock.

6 In 1453, during the War of the Roses, Henry VI fell victim to a ________________ mental illness that left him unfit to rule for over a year.

[7~12]

rate	assistance	existed	detection	figure	influential

7 A woman called La Malinche is an important ________________ in Mexican history, known by many as the founding mother of the Mexican race.

8 While attending Harvard University, Zuckerberg developed a site known as Facemash. It allowed people to ________________ students' photos side by side.

9 When two dolphins had swallowed shards of plastic and veterinarians were unable to remove them, they asked for Bao's ________________. His 1.06-meter arms were long enough to reach inside the dolphins' stomachs and remove the shards.

10 Frank moved on to impersonating different people including an airline pilot, teaching assistant,
doctor, and an attorney. He evaded ________________ by avoiding job duties, such as making interns
handle patients, and switching personas when people got suspicious.

11 The cartoon eventually became one of the most popular and ________________ strips ever. Charles
drew around 18,000 strips over fifty years and they continue to be printed in newspapers today.

12 In 1422, Henry VI became King of England at nine months old after his father died. At the time, a
dual monarchy ________________ with England and France, making Henry VI the king of two countries
before he turned one.

Make-up Vocabulary

Vocabulary list

- **alienate** v. (친구 등을) 멀리하다
- **at the base of** ~의 근저(밑바닥)에
- **attorney** n. 변호사
- **bring together** 불러 모으다
- **bully** n. (약자를) 괴롭히는 사람
- **campaign** n. (사회적 · 정치적) 운동, (일련의) 군사 행동
- **cautionary** a. 충고(경고)성의
- **cliff** n. 벼랑, 절벽
- **con artist** n. 사기꾼
- **crawl** v. (엎드려) 기다
- **custody** n. 구류, 감금
- **defraud** v. 횡령하다, 사기치다
- **descend** v. 내려오다, 내려가다
- **detection** n. 발견, 간파, 탐지
- **disciplinary** a. 징계의
- **entrepreneur** n. 사업가, 기업가
- **evade** v. 피하다, 모면하다
- **extraordinary** a. 드문, 놀랄 만한
- **fall a victim to** ~의 희생(물)이 되다
- **feat** n. 위업, 공
- **forged check** 위조 수표
- **gigantism** n. [병리] 거인증
- **go mountain climbing** 등산하다
- **growth spurt** 성장급등
- **Guinness Book of World Records** 기네스북
- **notoriety** n. 악명, 악평
- **herdsman** n. 가축을 돌보는 사람, 목축업자
- **hereditary** a. 유전적인
- **illustrate** v. 예증하다
- **impersonate** v. ~인 체하다
- **imposter** n. (남의 행세를 하는) 사기꾼
- **legacy** n. 유산, 유증(재산)
- **race** n. 인종
- **Spaniard** n. 스페인 사람
- **miraculously** adv. 기적적으로
- **Mongolia** n. 몽골(지방)
- **move on to** (새로운 일, 주제로) 넘어가다
- **over the course of** ~동안
- **overdrawn account** 차월 계좌 [잔고 없이 발행된 개인 수표 등으로 초과 인출된 계좌]
- **persona** n. (다른 사람들 눈에 비치는) 모습, 성격
- **personal check** 개인 수표
- **prodigy** n. 천재, 신동
- **relay** v. 전달하다, 중계하다
- **report** n. (사실 여부가 불분명한) 이야기, 전언
- **rope A to B** A를 B에 (밧줄로) 묶다
- **school yearbook** 졸업 앨범
- **shard** n. 파편(fragments)
- **side by side** 나란히
- **slip** v. 미끄러지다
- **snowdrift** n. 바람에 날려 쌓인 눈 더미
- **social networking site** 사회 관계망 사이트
- **strip** n. (신문 등의) 연재 만화
- **turn down** 거절(거부)하다
- **underachiever** n. 학습부진아
- **unfit to** (질병 등으로) ~을 할 수 없는
- **veterinarian** n. 수의사
- **wanted man** (경찰의) 지명 수배자
- **write a check** 수표를 끊다

Unit 06

공지 / 광고

Unit 06

TEPS 청해 Part 4와 유사하게 TEPS 독해에서 가장 비중있게 출제되는 지문 중의 하나가 공지/광고와 같은 실용문이다. 새로운 회사정책이나 사규를 알리는 사내 공지문이나, 호텔, 공항, 은행, 병원, 웹사이트 등에서 볼 수 있는 공지나 안내문은 정보전달이 주목적이기 때문에 대부분 세부정보를 파악하는 유형으로 출제된다. 공지문이나 안내문은 특성상 사람들에게 주의사항이나 전달사항을 알리는 것이 주목적이므로 명령문처럼 문체가 간결하고 명료한 문장들이 주를 이루기 때문에 지문의 수준의 그리 높지 않다고 볼 수 있다. 실용문 중에서 광고문 역시 매우 자주 출제되는 지문의 유형인데, 대체로 상품이나 서비스광고나 구인광고가 대부분이다. 어떤 경우든 광고문은 제품이나 서비스의 장점을 홍보하는 것이 주목적이므로 광고되는 대상이 무엇인지, 타제품이나 서비스에 비해 어떤 장점이 있는지에 초점을 맞추어 글을 읽어나가면 어렵지 않게 풀 수 있는 유형이다.

The TOP in TEPS Example

Would you like _______________________________? Then come to Kayla's Resort in beautiful Kauai. We have all-inclusive vacation packages that allow you to enjoy the island without worrying about planning anything. Buy our couples retreat package that includes two nights in our luxurious accommodations, dinner in our top-of-the-line restaurant, and a variety of activities for you and your loved one to choose from. Try our scuba diving lessons that let you experience Kauai's marine life, and then come enjoy a relaxing massage at our in-house spa. You won't experience anything else like it. Come and see for yourself!

(a) a relaxing weekend away
(b) an adventure-filled trip
(c) a historically accurate tour
(d) some time away from your spouse

[Translation]

<u>편히 쉴 수 있는 주말여행</u>을 원하시나요? 그러시면 아름다운 Kauai에 있는 Kayla 리조트로 오십시오. 저희 휴가 패키지는 계획을 세울 걱정 없이 여러분께서 Kauai섬을 즐기실 수 있게 준비되어 있습니다. ①**부부를 위한 휴양 패키지를 구입하시면, 호화로운 저희 숙박시설에서의 2박 및 최고급 레스토랑에서의 저녁 만찬을 비롯해, 당신과 사랑하는 이가 선택해 즐기실 수 있는 다양한 활동들이 포함되어 있습니다.** 당신에게 Kauai의 해저 생물들을 경험하게 해줄 스쿠버 다이빙 강좌를 들어보시고, 실내 스파로 오셔서 편안한 마사지도 즐겨보세요. 이런 경험은 못해보실 겁니다. 오셔서 직접 확인하세요.

(a) 편히 쉴 수 있는 주말여행
(b) 모험으로 가득 찬 여행
(c) 정확한 정보를 제공하는 역사여행
(d) 배우자와 떨어져 있는 시간

[Joseph's Solution]

광고문에서 제공하는 상품은 어떤 것인지, 지문의 내용을 통해서 정답을 유추해야 하는 문제이다. 지문은 섬에 위치한 리조트에서 발송한 휴가 패키지 광고문이다. ①에서 그 패키지가 2인의 부부를 위한 2박 코스의 휴식을 취할 수 있는 여행상품이라는 것을 알 수 있다. 여행 일정, 숙박 인원 및 포함된 프로그램의 내용을 통해서 가장 적절한 것은 (a)이다.

[Vocabulary]

all-inclusive a. 모두를 포함한 **retreat** n. 조용한 곳 **top-of-the-line** a. 최고급품의, 최신식의 **marine life** n. 해양 생물 **in-house** a. 내부의 **see for oneself** 손수 확인하다

Practice Test

1   If you are a great musician who knows how to rock, then read this ad! Our local rock band is
    _________________________. We have a big gig at the Starlight Club in a month, and we need
    someone to complete our group. You must be skilled at sight-reading music and able to learn a new
    set list quickly. Our style is similar to The Smiths with a subtle influence of The Shins. If you are
    interested, please bring a demo of your drumming and come see if you fit well with the group.

    (a) looking for a drummer
    (b) hiring a new guitarist
    (c) making its first CD
    (d) seeking out new gigs

2   Finding a great dentist can be hard especially when moving into a new area. _________________,
    the search just got a lot easier. All you need to do is call Dentists4U, and we find you a dentist. Just
    tell us your zip code, and depending on your needs, we will provide you with the name of a local
    adult or pediatric dentist. All of our dentists have been prescreened and are of the highest quality.
    If you are unsatisfied with your dentist for any reason, we will provide you with alternative options.
    Stop calling random dentists from the phonebook, and let us help find the very best for you and your
    family.

    (a) Alas
    (b) Luckily
    (c) Unfortunately
    (d) Likewise

3   This is a notice to all office workers. When submitting expense reports for business related travel it
    is vital to follow the correct procedure. If the forms are incomplete or completed incorrectly, they will
    be returned, and you must resubmit them. If the forms are not filed within two weeks of your return,
    you will not be reimbursed for your expenses. Furthermore, make sure to save all of your receipts on
    your trip because they need to be included in your reimbursement paperwork. Each receipt should be
    labeled at the top according to the expense category such as transportation, lodging, and meals. In
    addition, you need to create an expense breakdown by day in the form of a spreadsheet.

    Q: What is the main idea of the notice?
    (a) Procedure for completing a travel reimbursement form
    (b) Ways employees can save money on a business trip
    (c) Instructions to office employees on filing tax forms
    (d) Reasons why receipts must be turned in with travel forms

4   Buy a beautiful, slightly used three-piece entertainment unit for only $500. I am moving at the end of the month and do not have the space for it in my new place. It has an attractive mahogany finish with little wear. The center panel will fit a TV up to 42 inches. The unit has two retractable main doors, side panels with eight adjustable shelves to store your DVD player or stereo, and plenty of additional drawer storage for your CDs and movies. This unit can be the perfect finishing touch to any living room. Call and schedule an appointment to take a look at it.

    Q: What is the main idea of the passage?

      (a) A TV and DVD player that are for sale

      (b) Objects to put in your entertainment unit

      (c) How to sell your TV storage compartment

      (d) Advertising a home entertainment center

5   We are looking for an administrative secretary at St. Joseph's Medical Center. The candidate will be responsible for carrying out administrative support for the St. Joseph's team. He or she will interact with the nursing coordinator, chief of surgery, medical director, and other head officers. He or she will also schedule meetings, answer phones, prepare reports, and compose correspondence, among other office duties. Proficiency in a word processing program, strong communication skills, and the ability to multitask are necessary. Candidate must also have a bachelor's degree and at least two years experience in a clerical administrative position. The ideal candidate would have a knowledge of medical terminology and secretarial experience in a medical setting.

    Q: Which candidate would have the best chance of getting the job?

      (a) A candidate who used to be a private nurse

      (b) A candidate who worked as a secretary at a law firm

      (c) A candidate who was a medical secretary for three years

      (d) A candidate with strong public speaking skills

6　This Saturday bring your family down to Gilson Park for a day of fun and games for your little ones. Glenbrook Community Center is hosting a big bash to celebrate the end of summer before school starts back up again. Start the day watching a magic show full of illusions sure to delight the kids. Then participate in a pie-eating contest, a basketball shooting contest and other carnival games. Be sure to get your child's face painted like tiger or dragon before enjoying a picnic of delicious barbeque. Lastly, end your night lying on a blanket watching our magnificent fireworks show.

    Q: Who is the implied target group for this event?
       (a) A single man with no children
       (b) A couple with two infants
       (c) A mother with four kids in college
       (d) A couple with three young children

7　Rent a two-bedroom apartment on the trendy West Side. (a) This spacious apartment is located on the 31st floor of a high rise with a large balcony showcasing a beautiful view of the lake. (b) The weather can get chilly in the winter but the summers are very pleasant. (c) The unit has plenty of touches hard to find in the city, such as hardwood floors, crown molding and walk-in closets. (d) The kitchen has been remodeled with stainless steel appliances and granite countertops.

Make-up Vocabulary

Choose the best answer for the blank.

[1~6]

prescreened	candidate	gig	procedure	illusions	appliances

1   This is a notice to all office workers. When submitting expense reports for business related travel it is vital to follow the correct _____________________.

2   The ideal _____________________ would have a knowledge of medical terminology and secretarial experience in a medical setting.

3   Start the day watching a magic show full of _____________________ sure to delight the kids. Then participate in a pie-eating contest, a basketball shooting contest and other carnival games.

4   Just tell us your zip code, and depending on your needs, we will provide you with the name of a local adult or pediatric dentist. All of our dentists have been _____________________ and are of the highest quality.

5   The unit has plenty of touches hard to find in the city, such as hardwood floors, crown molding and walk-in closets. The kitchen has been remodeled with stainless steel _____________________ and granite countertops.

6   Our local rock band is looking for a drummer. We have a big _____________________ at the Starlight Club in a month, and we need someone to complete our group.

[7~12]

proficiency	reimbursement	alternative	storage	bash	spacious

7   The unit has two retractable main doors, side panels with eight adjustable shelves to store your DVD player or stereo, and plenty of additional drawer _____________________ for your CDs and movies.

8   _____________________ in a word processing program, strong communication skills, and the ability to multitask are necessary.

9   This Saturday bring your family down to Gilson Park for a day of fun and games for your little ones. Glenbrook Community Center is hosting a big ___________________ to celebrate the end of summer before school starts back up again.

10   Furthermore, make sure to save all of your receipts on your trip because they need to be included in your ___________________ paperwork.

11   Rent a two-bedroom apartment on the trendy West Side. This ___________________ apartment is located on the 31st floor of a high rise with a large balcony showcasing a beautiful view of the lake.

12   If you are unsatisfied with your dentist for any reason, we will provide you with ___________________ options. Stop calling random dentists from the phonebook, and let us help find the very best for you and your family.

Vocabulary list

□ **adjustable** a. 조절 가능한
□ **administrative secretary** 행정 사무담당 비서
□ **bash** n. (큰) 파티
□ **breakdown** n. 분석, 내역, 명세(서)
□ **chief of surgery** 외과 과장
□ **delight** v. 매우 기쁘게 하다
□ **gig** n. 록(재즈) 연주회
□ **granite countertop** 대리석 상판
□ **hardwood** n. 견목, 경재
□ **have a chance of** ~가망이 있다
□ **high rise** 고층 건물
□ **implied** a. 함축된, 은연중의
□ **label** v. (표 같은 것에 필요한 정보를) 적다, 붙이다
□ **lodging** n. (일시적인) 숙박
□ **magnificent** a. 참으로 아름다운
□ **mahogany** n. 마호가니재, 마호가니 색
□ **medical director** (임원급) 의료 부장
□ **multitask** v. 동시에 여러 가지 일을 하다

□ **pediatric** a. 소아과(학)의
□ **prescreen** v. 미리(사전에) 차단하다
□ **random** a. 닥치는 대로의, 되는 대로의
□ **reimbursement** n. 상환, 배상
□ **retractable** a. 쑥 들어가게 할 수 있는
□ **set list** 세트 리스트 [공연에서 연주할 곡의 리스트]
□ **sight-reading** n. 시주 [악보 등을 보고 연습 없이 즉석에서 연주하기]
□ **spacious** a. 훤히 트인
□ **spreadsheet** n. 메트릭스 정산표
□ **target group** 목표 대상(집단)
□ **tax form** 납세 신고 용지
□ **turn in** 돌려주다
□ **TV storage compartment** TV 보관용 패널
□ **unit** n. (아파트 같은 공동 주택 내의) 한 가구
□ **wear** n. 닳아 해짐, 마멸
□ **zip code** 우편 번호

Unit 07

편지 / 이메일

편지나 이메일과 같은 서간문은 TEPS 독해영역에서 출제되는 실용문 중에서 공지문, 광고문 다음으로 출제비중이 높다. 편지글은 그 내용에 따라, 문의, 감사, 요청, 청탁, 불만, 항의, 추천등의 서한으로 나눌 수 있다. 편지글의 특성상 글의 목적을 물어보는 유형으로 가장 많이 출제되는 편이다. 세부상항이나 내용일치를 물어보는 진위파악의 유형으로, 글쓴이의 어조를 묻는 유형도 간혹 출제된다. 하지만 이 경우에도 편지글의 주제와 관련있는 내용이 정답선택지로 등장하므로, 항상 편지글의 목적이 무엇인지 파악하는데 초점을 맞추어 글을 읽어 나가는 것이 중요하다. 참고로 추천서의 경우 대체로 추천인물의 업적이나 장점을 기술하는 내용으로 구성된다. 따라서 추천인물이나 지원자의 장점이나 업적에 대한 세부사항을 묻는 유형으로 자주 출제된다. 광고문 공지문, 서한문등 같은 실용문은 철저하게 지문에 제시된 정보에 바탕을 두고 문제를 푸는 것이 무엇보다 중요하다. 어떤 경우든 지문에 제시되지 않은 내용을 임의로 개입하여 추론을 하는 것은 절대 금물이다.

The TOP in TEPS Example

Dear Mr. Gilbert,

From your website, I learned about the assistant teacher position at Provena Auditory School. I recently graduated from Loyola University, and I believe that this position fits ___________________. As you can see from my resume, I have considerable experience working with children in a variety of settings. For the past four summers, I worked at a camp for five year olds. I worked on nurturing self-confidence through age appropriate activities. My interest in the field and skills in childcare would transfer well to this position. I would welcome the opportunity to interview with you.

From,
Alexis Donovan

(a) my previous experience and career interests
(b) the qualifications for my dream career
(c) the requirements for my job salary
(d) my remaining coursework requirements

[Translation]

친애하는 Gilbert씨에게,

운영하시는 웹사이트에서, Provena Auditory School의 보조교사 자리에 관해 알게 되었습니다. 저는 Loyola 대학교를 최근 졸업하였으며, 이 자리는 **제 경력 및 직업에 대한 관심과** 잘 들어맞는다고 생각합니다. ①**이력서에서 보시는 바와 같이, 저는 다양한 환경에 있는 어린이들과 일하며 많은 경험을 쌓았습니다.** 지난 4번의 여름기간 동안, 5세 아동들을 위한 캠프에서 근무하며, 연령에 적합한 활동들을 통해 자신감을 키워주는 일을 했습니다. ②**분야에 대한 저의 관심과 보육에 대한 저의 기량은 이 업무에 잘 녹아들 것입니다.** 면접에서 뵐 수 있는 기회가 있기를 바람해 마지 않습니다.

Alexis Donovan로부터

(a) 제 경력 및 직업에 대한 관심과
(b) 제 꿈의 직업에 필요한 자격과
(c) 제 급료에 관한 요건과
(d) 제 남은 학점이수 조건과

[Joseph's Solution]

이 글을 작성한 입사 지원자가 어떤 점이 적합하다고 판단하여 해당 모집에 지원하는지 빈칸에 적절한 내용을 묻는 문제이다. 지원자는 ①자신이 다양한 환경의 아이들을 다룬 경험이 풍부하고, ②그와 더불어, 분야에 대한 관심과 기량을 갖추고 있다고 언급하고 있다. 즉, 분야에 대한 관심은 물론, 자신의 업무 경력과 기량이 보조교사 업무에 잘 반영될 것으로 보고 있기 때문에 적절한 내용은 (a)이다. 지원자가 분야에 대한 열정과 자격을 갖추었다고 자신을 소개하고 있으나, 보조교사가 꿈의 직업으로 보기는 어렵기 때문에 (b)는 답이 될 수 없다.

[Vocabulary]

nurture v. 키우다, 양성하다 **career interest** 직업 흥미도

1 Dear Amy,

I am truly sorry for _______________________________________. I know that you are unhappy with the way the vacation expenses were handled, but I did not mean to upset you. My husband and I were only trying to be fair. When we booked the trip, we thought Bob and you might enjoy coming along, and we were under the impression you would pay for your half. The balance I sent you the other day was exactly half of our total weekend expenses, including accommodations and food. I'm sorry that we are not in a financial situation to pay for your share. I sincerely hope that we can move past this and continue to be good friends.

From, Sarah

   (a) not inviting you along on vacation
   (b) this recent rift in our friendship
   (c) mentioning your financial struggles
   (d) not speaking to you in months

2 Dear Jake and Karen,

Ben and I thank you very much for the generous wedding gift. The crystal vase is beautiful and will be a wonderful centerpiece for our dining room table. Once we are settled in we will be sure to have you two over for dinner, and you can see how nicely the vase looks in our new home. Having it around is also a great reason to buy those fresh cut flowers that I love. _____________________, we wanted to thank you for attending our wedding. It was wonderful to share the day with all our friends and family. We are enclosing one of our favorite wedding pictures as well as a great photo of the two of you.

Love, Anna

   (a) Sadly
   (b) However
   (c) In addition
   (d) Eventually

3 Dear Grandma,

I was wondering if you could help me – I need some information about your family. I am doing a genealogy project with my class, and I have some holes for your side of the family. My mom's brother had already put together a full genealogy for the Spencer family so I was able to get all the names and birth and death dates going back to the 1800s. For your side I have everyone up to my great-grandparents but I don't know much beyond that. I would appreciate any information you can give me about your parents' ancestors. Thank you for helping me out.

Love, Meghan

Q: What is the main idea of the letter?
    (a) Asking about her grandmother's childhood
    (b) Inquiring about an upcoming family reunion
    (c) Trying to reconcile estranged family members
    (d) Requesting some genealogy information

4 Dear Frank,

I am so sorry to hear about the passing of your mother, and I wanted to express my deepest condolences. In our twenty-five years of friendship, I had grown to know your mother quite well. She was like a second mother to me. One of my favorite memories of her is the time she took us to Disneyworld and I lost my stuffed bear, Charlie. When I discovered Charlie wasn't there I started crying, but your mother comforted me and insisted we find him. We looked for over an hour and she even convinced a park employee to help look until we found him. She brought joy to everyone around her and she will truly be missed.

Love, Eric

Q: What is the main idea of the letter?
    (a) Reliving a traumatizing childhood experience
    (b) Looking back at a woman's life achievements
    (c) Reminiscing about a good friend's mother
    (d) Remembering the day two friends first met

5   Dear Fran Zucker,

Congratulations! We are pleased to inform you that you have been accepted into Oakton University's class of 2011. This year we had over 20,000 applications comprised of our most impressive batch of students yet. You should be very proud of yourself. We were impressed with your distinguished academic record and personal achievements, and I know Oakton will be even richer with you in attendance. In the admission packet, you will find more materials about our school. I encourage you to look these over, in addition to attending our Accepted Students Weekend in March to experience campus life. Welcome to Oakton!

Sincerely, Matthew Schall
Dean of Undergraduate Admissions

Q: What is the reason for sending the letter?
   (a) Requesting more information about a student
   (b) Notifying a student about an admission decision
   (c) Asking about a student's recent academic performance
   (d) Congratulating a student on completing her degree

6   Dear Editor,

I respectfully disagree with Tuesday's opinion column on Whattmore High School's renovation. The columnist argued that community members should vote yes for the 85 million dollar building project. He claimed the renovation is necessary to bring the school into the 21st century. I believe that the project is too ambitious, and the price tag is too big a burden for our community. In addition, the current building has a unique charm that cannot be found in new constructions, and it should not be torn down simply because of its age. There are ways to incorporate new technology without demolishing the existing structure, which will save money as well as preserve a historical site.

From, Donald Jameson

Q: What is the writer's opinion about the school renovation?
   (a) It is a good idea because the school is lacking technological amenities.
   (b) It is a good idea because the school has already invested a lot of money.
   (c) It is a bad idea because the school has historical charm than cannot be replicated.
   (d) It is a bad idea because the $85 million budget should be spent on school programs.

7   Dear Mr. Scott,

I have greatly enjoyed working as a sales associate for the Scott Jewelry Company and would like to continue in the future. However, after four years in the same position, I feel a bit stalled, and I desire a change. (a) I know that a manager position has opened up and I would like to be considered for the job. (b) In my time at the company, I have increased sales by 10%. (c) I have always harbored a secret desire to own my own jewelry store. (d) I also have a great professional relationship with the whole staff, and I feel I would make a good manager for them.

Thank you, Kim Lewis

Choose the best answer for the blank.

[1~6]

settled	ancestors	harbored	incorporate	comprised	handled

1   For your side I have everyone up to my great-grandparents but I don't know much beyond that. I would appreciate any information you can give me about your parents' ___________________ .

2   In addition, the current building has a unique charm that cannot be found in new constructions, and it should not be torn down simply because of its age. There are ways to ___________________ new technology without demolishing the existing structure, which will save money as well as preserve a historical site.

3   Congratulations! We are pleased to inform you that you have been accepted into Oakton University's class of 2011. This year we had over 20,000 applications ___________________ of our most impressive batch of students yet.

4   In my time at the company, I have increased sales by 10%. I have always ___________________ a secret desire to own my own jewelry store.

5   Once we are ___________________ in we will be sure to have you two over for dinner, and you can see how nicely the vase looks in our new home.

6   I am truly sorry for this recent rift in our friendship. I know that you are unhappy with the way the vacation expenses were ___________________, but I did not mean to upset you.

[7~12]

stalled	accommodations	enclosing	condolences	claimed	distinguished

7   I am so sorry to hear about the passing of your mother, and I wanted to express my deepest ___________________. In our twenty-five years of friendship, I had grown to know your mother quite well.

8   After four years in the same position, I feel a bit ___________________, and I desire a change. I know that a manager position has opened up and I would like to be considered for the job.

9 The columnist argued that community members should vote yes for the 85 million dollar building project. He _________________ the renovation is necessary to bring the school into the 21st century.

10 The balance I sent you the other day was exactly half of our total weekend expenses, including _________________ and food.

11 You should be very proud of yourself. We were impressed with your _________________ academic record and personal achievements, and I know Oakton will be even richer with you in attendance.

12 Alt was wonderful to share the day with all our friends and family. We are _________________ one of our favorite wedding pictures as well as a great photo of the two of you.

Vocabulary list

- **admission** n. 입학
- **ambitious** a. 야심적인, 의욕적인
- **amenity** n. 생활 편의 시설
- **balance** n. 지불 잔액, 잔금
- **batch** n. 집단, 무리
- **be comprised of** ~으로 구성되다
- **be under the impression that** ~하다고 생각하고 있다
- **centerpiece** n. 중앙부 장식
- **condolence** n. 조사, 애도
- **construction** n. 건축 양식, 구조법
- **demolish** v. 완파하다, 철거하다
- **distinguished** a. 뛰어난, 수훈의
- **estranged** a. (부부가) 별거 중인
- **family reunion** n. 가족 모임
- **genealogy** n. (한 집안의) 족보, 가계도
- **generous** a. 후한, 너그러운
- **great-grandparent** n. 증조부, 증조모
- **harbor** v. (계획·생각 등을) 품다
- **have a secret desire** 내심 ~하고 싶어 하다
- **historical site** n. 사적
- **move past** ~를 지나치다
- **price tag** 정가표
- **reconcile** v. 조화시키다, 화해시키다
- **relive** v. 상기하다, 재현하다
- **reminisce** v. 추억(회상)에 잠기다
- **renovation** n. 개보수
- **replicate** v. 모사(복제)하다
- **respectfully** adv. 삼가, 정중하게
- **rift** n. (사람들 사이의) 균열(틈)
- **sales associate** 영업 사원
- **share** n. 몫
- **stall** v. 교착 상태에 빠지다, 지연되다
- **stuffed bear** 곰 (봉제)인형
- **tear something down** (건물 등을) 허물다
- **traumatize** v. (정신적인) 외상을 입히다
- **upcoming** a. 다가오는, 곧 있을

Unit 08
지문 유형 종합

1   Khubilai Khan, king of the Mongols, swept through Asia with his ferocious soldiers in the early 13th century, conquering all in his path. Yet unfamiliar flora and fauna ____. After securing western China, Khubilai Khan's army marched into Southeast Asia to seize new territory. There, they encountered dense tropical jungles as well as an unfamiliar fighting machine: war elephants. The Mongol military success was based on cavalry charges over open battlefields, but in the tropical jungles their horses were impeded by the vegetation. Furthermore, the elephants not only carried the enemy soldiers through the difficult terrain, but also used their trunks and tusks to fight. The result was disastrous for the Mongols.

   (a) enabled the Mongols' expansion into new lands
   (b) proved to be the Mongols' undoing
   (c) forced the Mongols to revise their strategy
   (d) limited the movements of enemy armies

2   Written by Charlotte Bronte in 1847, Jane Eyre is a famous Victorian novel still studied in classrooms today. Despite its long-term popularity in the academic sphere, the text has recently received some controversy over ________________________________. In the book, Jane falls in love with her employer Mr. Rochester only to discover he has a wife, a Creole woman named Bertha, who he keeps locked up in the attic because she is insane. Bertha is used as a gothic element meant to horrify Jane and the reader. Critics point to Bertha as an example of prejudicial colonial attitudes that portray Creole people, such as Bertha, as primitive beings.

   (a) its outdated narrative style
   (b) its anti-feminist message
   (c) Bronte's male characters
   (d) its arguably racist elements

3   At the peak of its civilization in 900 C.E., the Mayan empire's population density was approximately that of modern-day Los Angeles County. While it is unknown precisely why the Mayan civilization ended, some scientists believe that it was a direct result of deforestation in the area in which they had previously thrived. In an effort to prevent this type of disaster from being repeated, NASA is currently using satellites to learn ________________________________ and ensure that it is used properly today.

   (a) how the Mayans used the rainforest
   (b) where the Mayans may have gone
   (c) why the Mayans' population was so dense
   (d) how the Mayans were conquered

4   The Stroop effect is a unique, cognitive phenomenon. It was first demonstrated in 1935 by J.R. Stroop and is still one of the strongest effects in experimental psychology. People are generally very quick to name color words when the words are written in black text. They are also quick to name the text color when the word and text color match. ___________________, people's reaction time for naming the text color slows considerably when the word and the text color are incongruent. The Stroop effect is now used as a neuropsychological test to measure selective attention, cognitive flexibility and a person's speed of processing information.

    (a) On the other hand
    (b) Similarly
    (c) Unfortunately
    (d) Furthermore

5   These days, weddings are often elaborate, expensive affairs – so much so that many people even hire wedding planners. Recently, a trend of proposal planners has also emerged on the scene. The engagement planners work with one member of the couple to organize a wedding proposal worthy of a great story. These planned proposals typically cost between $5,000 and $15,000 but can run much higher. One man rented out a mountain at a ski resort and proposed as his girlfriend got off the chairlift. Another created a book with photographs of moments from the couple's relationship and a proposal on the last page. Still another organized a city-wide scavenger hunt for the engagement ring.

    Q: What is the main idea of the passage?
        (a) Tips on reducing the cost of a wedding
        (b) A new job in the wedding industry
        (c) A job description of a wedding planner
        (d) Examples of elaborate weddings

6   People know that exercising and eating and drinking right is vital to a healthy body. However, not everyone knows the proper balance of food and water for an exercise regime. It is very important to stay hydrated during physical activity because the body loses a lot of water through sweating. Experts recommend drinking 20 fluid ounces a few hours before exercise, another 10 fluid ounces directly before, and 10 fluid ounces every fifteen minutes during exercise. In addition, after your workout you should consume 24 ounces for every pound lost. Experts also recommend eating within two hours after exercise in a ratio of 4 to 1 grams of carbohydrates to protein.

    Q: What is the main idea of the passage?
        (a) Easy ways to eat healthy and lose weight
        (b) Correct water and food intake when exercising
        (c) Exercise routines that produce maximum weight loss
        (d) How to cut down on bloating and water-weight gain

7   Children who attended elementary school in the 20th century learned the names of the nine
    planets that orbit the sun in distance order from Mars all the way to Pluto. However, this changed
    in 2006 when the International Astronomical Union decided to declassify Pluto as a planet. In 2005,
    astronomers discovered a body in space that was 27% larger than Pluto. At first, they named the
    body Eris and declared it to be the 9th planet from the sun. However, they later decided that there
    was a large likelihood of finding more masses in space larger than Pluto. As a result, they changed
    the size criterion for the definition of a planet, which left off both Pluto and Eris.

    Q: Why was the discovery of Eris important?
        (a) It was the first planet discovered in a decade.
        (b) It was the smallest planet ever found.
        (c) It was similar in size to the planet Mars.
        (d) It changed the standards for planet classifications.

8   Embryonic stem cell research held the possibility of curing widespread diseases like cancer since the
    cells could be manipulated to turn into any type of human body cell. However, the new technology
    brought many ethical concerns, which resulted in funding cuts. Then in 2007, scientists discovered
    how to create embryonic-like cells from mature adult skin cells. The skin cells were essentially
    un-aged to become pluripotent cells, which are cells that are not preprogrammed to turn into a
    specific type of cell. The new technology eliminated ethical concerns, in addition to decreasing future
    costs because doctors can now use a patient's own cells to grow replacement organs. As an added
    benefit, the patient's body would have a higher chance of accepting those organs.

    Q: What is the main difference with the new technology?
        (a) People have to spend more money on procedures.
        (b) Scientists can use adult cells instead of embryonic ones.
        (c) Patients are less likely to accept the adult cells.
        (d) Scientists can take a cell and turn it into any other cell type.

9   In 2007, the Chinese government tightened its regulations for foreign adoptions, which has upset
    many people. The new rules banned all single people, couples who have more than two divorces
    between them, and anybody over fifty years old. In addition, they implemented physical and
    psychological health benchmarks. For example, anybody with a body mass index over 40 would not
    be considered. China's reasoning was that these people have a decreased life expectancy; however,
    there were no discriminatory bans on parents who smoke. The rules also prohibited people who have
    ever been on antidepressants. This eliminates a sizeable group since many women face depression
    when they discover they are unable to conceive before turning to adoption.

    Q: Which adoptive parent candidate would be considered?
        (a) A single woman with a body mass index of 30
        (b) A married man who had been divorced three times
        (c) A married woman with a history of depression
        (d) A married woman who had no previous children

10 Dear Answer Amy,

My mother is in her 80s and just learned to email. I write her once a week about my family's news. She always says how much she loves to hear about our lives. The problem is that she has started forwarding me emails she receives from extended family and friends. Often the emails are lengthy, personal updates about their lives. Not only am I uncomfortable reading letters that aren't meant for me, but also I can't help but think she is sending my emails to other people in her address book. I mentioned this isn't normal email etiquette, but she continues to do it. How can I stop her behavior without hurting her feelings?

From, Daughter Desiring Privacy

Q: What can be inferred about the sender of the letter?
(a) She does not understand how to forward emails.
(b) She wants to have a closer relationship with her mother.
(c) She doesn't want her personal life shared with strangers.
(d) She is afraid her mother will judge her life choices.

11 The ancient Chinese tradition of feng shui is a practice of harmonizing the relationship between an individual and his or her environment. (a) The idea is that living with nature instead of against it helps one improve his or her life. (b) It concerns the theory that one's life is profoundly affected by the set-up of the physical environment. (c) Legend says that feng shui masters only pass down their knowledge to immediate family members. (d) Today, feng shui has spread to the Western world, but has been reduced to mere interior decorating and lost many of the original spiritual elements.

12 The second person to do something extraordinary never receives the same level fame as the first person to do it. (a) This is a fact Buzz Aldrin knows quite well as he was the second person in the history of the world to step foot on the moon seconds after Neil Armstrong, yet has never received as much recognition as Armstrong. (b) Aldrin was married three times and has three children with his first wife. (c) Various NASA accounts listed Aldrin as the planned first man to step on the moon. (d) Reports say that when the time came, the physical positioning of the men in the spacecraft made it easier for Armstrong to exit first.

Make-up Vocabulary

Choose the best answer for the blank.

[1~6]

| incongruent | positioning | worthy | deforestation | hydrated | criterion |

1 While it is unknown precisely why the Mayan civilization ended, some scientists believe that it was a direct result of _________________ in the area in which they had previously thrived.

2 People's reaction time for naming the text color slows considerably when the word and the text color are _________________. The Stroop effect is now used as a neuropsychological test to measure selective attention, cognitive flexibility and a person's speed of processing information.

3 Not everyone knows the proper balance of food and water for an exercise regime. It is very important to stay _________________ during physical activity because the body loses a lot of water through sweating.

4 Various NASA accounts listed Aldrin as the planned first man to step on the moon. Reports say that when the time came, the physical _________________ of the men in the spacecraft made it easier for Armstrong to exit first.

5 They later decided that there was a large likelihood of finding more masses in space larger than Pluto. As a result, they changed the size _________________ for the definition of a planet, which left off both Pluto and Eris.

6 The engagement planners work with one member of the couple to organize a wedding proposal _________________ of a great story. These planned proposals typically cost between $5,000 and $15,000 but can run much higher.

[7~12]

| affected | prejudicial | extended | impeded | decreased | ethical |

7 The Mongol military success was based on cavalry charges over open battlefields, but in the tropical jungles their horses were _________________ by the vegetation.

Make-up Vocabulary

8 Chinese government implemented physical and psychological health benchmarks. China's reasoning was that these people have a ________________ life expectancy; however, there were no discriminatory bans on parents who smoke.

9 The ancient Chinese tradition of feng shui is a practice of harmonizing the relationship between an individual and his or her environment. It concerns the theory that one's life is profoundly ________________ by the set-up of the physical environment.

10 Critics point to Bertha as an example of ________________ colonial attitudes that portray Creole people, such as Bertha, as primitive beings.

11 The new technology eliminated ________________ concerns, in addition to decreasing future costs because doctors can now use a patient's own cells to grow replacement organs.

12 The problem is that my mother has started forwarding me emails she receives from ________________ family and friends. Often the emails are lengthy, personal updates about their lives.

Vocabulary list

- □ **account** n. 기술, 설명
- □ **adoption** n. 입양, 양자 결연
- □ **antidepressant** n. 항울제
- □ **astronomer** n. 천문학자
- □ **attic** n. 다락(방)
- □ **benchmark** n. 기준(점)
- □ **bloating** n. 더부룩함, 부풀어 오름
- □ **body mass index(BMI)** 신체질량지수
- □ **body** n. 본체, 중심부
- □ **carbohydrate** n. 탄수화물
- □ **cavalry charge** 기병 돌격
- □ **chairlift** n. (스키장 등의) 의자식 리프트
- □ **cognitive flexibility** 인지적 유연성
- □ **colonial** a. 식민(지)의, 식민주의의
- □ **color word** 색상 단어
- □ **conceive** v. (아이를) 배다, 임신하다
- □ **controversy** n. 논란
- □ **criterion** n. 준거, 기준
- □ **cut down on** ~을 줄이다
- □ **declassify** v. (리스트에서) 제외시키다
- □ **deforestation** n. 삼림 벌채, 남벌
- □ **demonstrate** v. (모형 · 실험 등으로) 설명하다
- □ **discriminatory** a. 차별적인
- □ **eliminate** v. 탈락시키다
- □ **embryonic stem cell** 배아줄기세포
- □ **emerge** v. 부상하다, 부각되다
- □ **ethical** a. 윤리적인
- □ **exercise regime** 운동법, 운동 프로그램
- □ **extended family** 확대 가족, 가족같은 사람들
- □ **extraordinary** a. 보기 드문, 비범한
- □ **feng shui** 풍수
- □ **ferocious** a. 흉포한, 맹렬한

☐ **flora and fauna** n. (한 지역의) 동식물상

☐ **forward** v. 전송하다, 회송하다

☐ **gothic** a. 중세의, 고딕파의, 괴기적인

☐ **hydrated** a. 수화한, 함수의

☐ **immediate** a. 아주 가까운, 친밀한

☐ **impede** v. 지연시키다, 방해하다

☐ **implement** v. 이행하다, 실행(실시)하다

☐ **incongruent** a. 맞지(일치하지) 않는

☐ **International Astronomical Union** 국제 천문학 연합회

☐ **leave off** (목록에 있던)~을 거론하거나 포함시키지 않다

☐ **manipulate** v. 조작하다, 처리하다

☐ **mass** n. (정확한 형체가 없는) 덩어리, 무리

☐ **Mayan** a. 마야 사람(족, 말)의

☐ **Mongols** n. 몽골족

☐ **narrative style** 설화체, 서술 형태

☐ **neuropsychological** a. 신경심리학적인

☐ **only to do** 그 결과는 ~뿐

☐ **orbit** v. (다른 천체의) 궤도를 돌다

☐ **pluripotent** a. 분화다능한 [체세포의 다른 종으로 변이 (분화) 가능한]

☐ **Pluto** n. 명왕성

☐ **portray** v. 묘사하다

☐ **prejudicial** a. 편견을 갖게 하는, 편파적인

☐ **profoundly** adv. 깊이

☐ **protein** n. 단백질

☐ **rainforest** n. 열대우림

☐ **scavenger hunt** 물건 찾기 게임(놀이)

☐ **secure** v. 확보하다, 획득하다

☐ **selective attention** 선택적 주의

☐ **sphere** n. 범위, 분야

☐ **terrain** n. 지형, 지역

☐ **tighten** v. 엄하게 하다, 강화하다

☐ **trunk** n. (코끼리의) 코

☐ **tusk** n. (코끼리의) 엄니, 상아

☐ **un-aged** a. 노화되어지지 않고

☐ **undoing** n. 실패의 원인

☐ **Victorian** a. 빅토리아 (여왕) 시대의

THE TOP in TEPS

대한민국 TEPS 대표강사 Joseph Kim의

By Joseph Kim

850 기본편

독 READING 해

정답 및 해설

랭기지플러스

THE
대한민국 TEPS 대표강사 Joseph Kim의
TOP in TEPS
850
기본편
독 READING 해
By Joseph Kim
정답 및 해설

THE
대한민국 TEPS 대표강사 Joseph Kim의
TOP in
TEPS
850
기본편
독 READING 해
정답 및 해설

Answer Keys

01. **(c)** 02. **(a)** 03. **(b)** 04. **(d)** 05. **(a)** 06. **(c)**
07. **(a)**

01.

More commonly known as "Lou Gehrig's Disease," amyotrophic lateral sclerosis (ALS) gradually destroys the nerve cells of the brain and spinal cord. ①**The motor neurons that run from the brain through the spinal cord and into the muscles allow the brain to initiate voluntary muscle movement.** ②**By** ________________________, **ALS often eventually leads to complete paralysis.** Unfortunately for those living with ALS, it is not currently understood why people contract the disease and, consequently, there is no cure.

(a) sending signals to the wrong parts of the brain
(b) destroying a patient's ability to fight off infection
(c) **causing the degeneration of these motor neurons**
(d) creating new motor neurons which fire too rapidly

[Translation]
"루게릭 병"으로 더 잘 알려진, 근위축성 측색 경화증(ALS)은 뇌와 척수의 신경 세포들을 서서히 파괴합니다. ①뇌로부터 척수 및 근육으로 전달되는 운동 뉴런은 뇌가 자발적인 근육 운동을 촉진하도록 합니다. ②운동 뉴런의 퇴화를 일으킴으로써, ALS는 대개 결국은 전신 마비를 일으킵니다. ALS를 앓고 있는 사람들에게는 불행히도, 이들이 왜 그 질병에 걸리는지 최근까지도 밝혀지지 않고 있어, 치료법은 존재하지 않습니다.

(a) 뇌의 잘못된 부위에 신호를 보냄으로써
(b) 감염과 싸워 이길 환자의 능력을 파괴함으로써
(c) **운동 뉴런의 퇴화를 일으킴으로써**
(d) 과도하게 빨리 촉발하는 새로운 운동 뉴런들을 생성시킴으로써

[Joseph's Solution]
루게릭병이 마비를 일으키게 되는 원인이 무엇인지, 지문의 구성을 참조하여 답을 고르는 문제이다. 지문을 살펴보면, 서두에서, 루게릭병이란 어떠한 증상을 보이는 질병인지 설명하고, ①에서 자발적인 근육 운동을 일으키는 운동 뉴런의 정의를 언급한 후, ②마비 증상을 유발한다는 내용을 이야기하고 있다. 즉, 근육 운동의 마비를 일으키는 원인과 관련하여 앞서 언급한 수의근을 촉진시키는 운동 뉴런과의 연관성이 시사되고 있으므로, 정답은 보기 중 (c)가 가장 적절하다.

[Vocabulary]
Lou Gehrig's Disease [의학] 루게릭병, 근 위축성 측색 경화증
amyotrophic lateral sclerosis 근 위축성 측색 경화(증)
spinal cord 척수, 등골
motor neuron [생물] 운동 뉴런, 운동 신경세포
voluntary muscle [해부] 수의근
paralysis (기능의) 마비
degeneration n. [생물] 퇴화, 축퇴

02.

Swindon's Furniture is the best furniture company you've never heard of. Using only the finest wood available anywhere on earth, the world-class craftsmen of Swindon's create some of the most beautiful pieces on the market today. ①**Our brand new, state of the art manufacturing facility also allows us to achieve maximum efficiency,** ________ ________________________ **while still creating the best possible product.** Stop into your local furniture store today and ask to see our newest oak dining room sets. Request the best. Request Swindon's.

(a) **letting us keep prices low**
(b) allowing us to use cheaper wood
(c) helping us get better employees
(d) forcing us to pay higher taxes

[Translation]
Swindon 가구는 여러분께서 이전에는 들어보시지 못하셨던 최고의 가구회사입니다. 세계 최상의 목재만을 엄선하여, Swindon의 세계적인 장인들이 오늘날 시장에서 가장 아름다운 가구 제품들을 만듭니다. ①여전히 최상의 상품을 만들지만 가격은 저렴하게 유지하면서, 저희의 최신, 최첨단 제조 설비의 상태는 최대의 효율 또한 이끌어내고 있습니다. 오늘 여러분 지역의 가구 상점을 들러서 저희의 최신 오크 주방가구 세트를 보여달라고 해보세요. 최고를 요청하세요. Swindon's를 요청하세요.

(a) **가격은 저렴하게 유지하면서**
(b) 값싼 목재를 사용하게 하면서
(c) 더 우수한 직원을 고용하게 하면서
(d) 더 많은 세금을 지불하도록 하면서

[Joseph's Solution]
빈칸에는 지문에서 언급한 Swindon 가구가 최신 설비시설을 갖춤으로써 제공할 수 있는 특징이 들어가야 한다. 빈칸이 들어간 문장 ①의 빈칸 이하를 살펴보면, 그 특징이 'while'로 연결되어 있어 최상의 품질을 생산해낸다는 것과 동급으로 대조를 이루고 있음을 알 수 있다. 따라서 빈칸에는 보기 중 (a)가 가장 적절하다.

[Vocabulary]
world-class a. 세계 최상급의
brand-new a. 새로운

03.

The migration of the Canada goose is a wonder of nature. As soon as the ground begins to freeze in the fall, Canada geese _______________ _______________. ①**They certainly do not waste any time getting to a warmer climate — many geese travel up to 1,000 kilometers per day.** ②**Things are very different on the northward trip in the springtime, however, with the geese making several stops along the way before reaching their nesting grounds in the south.** While travelling in both directions, though, geese fly in their characteristic "V" shape, a pattern that allows the flock to communicate better.

(a) find warm places to hibernate
(b) start their long migration south
(c) leave the cold south and travel north
(d) find food to store for the winter

[Translation]
캐나다 기러기의 이동은 자연의 신비를 보여줍니다. 가을철 지면이 얼기 시작하자마자, 캐나다 기러기들은 **남쪽으로의 오랜 이동을 시작합니다.** ①단연코 그들은 더 온화한 기후대로 도달하는데 조금의 시간도 낭비하지 않으며– 대개는 하루 1천 킬로미터를 이동합니다. ②봄철 북쪽을 향하는 여행에서는 그러나, 남쪽 번식지에 닿기 전까지 이동 중 여러 번 멈추면서 아주 다른 상황이 연출됩니다. 그들은 양방향을 이동하면서 이들 특유의 "V"형으로 날아 가는데, 이 패턴은 기러기 무리가 소통을 더 잘 할 수 있도록 합니다.

(a) 동면할 따뜻한 장소를 찾습니다
(b) 남쪽으로의 오랜 이동을 시작합니다
(c) 차가운 남쪽을 떠나 북쪽으로 이동합니다
(d) 월동을 위해 저장할 음식을 찾습니다

[Joseph's Solution]
빈칸이 위치한 문장을 보면, 철새인 캐나다 기러기의 가을철 이동패턴의 특징을 보기 중에서 선택해야 하는 빈칸 완성 문제이다. 본문에서 ①겨울이 오기 전, 조금의 지체도 없이 이동하던 기러기는 ②봄철에는 이동 중 휴식을 취하는 등 다른 양상을 보인다고 설명하고 있다. 따라서 가을철 이동 패턴과 관련하여 빈칸에는 (b)가 가장 적절하다.

[Vocabulary]
goose (pl. geese) n. 거위, 기러기
northward a. 북을 향한, 북쪽으로의
nesting ground 번식지
make a stop 멈추다
flock n. 떼, 무리
hibernate v. 동면하다

04.

The practice of base jumping may seem similar to that of skydiving, but, in reality, it is much more dangerous. Base jumping and skydiving are indeed alike in that they both utilize a parachute, but _______________. ①**While skydivers jump out of airplanes at about 15,000 feet, giving them plenty of time to react to** problems and malfunctions, base jumpers jump from man-made objects such as buildings or bridges or natural objects such as cliffs. ② This much lower altitude gives them only a few seconds to deploy their parachutes, drastically reducing the time they have to deal with any troubles that may arise during their jump.

(a) skydivers usually jump in pairs
(b) their parachutes are made differently
(c) base jumpers have better training
(d) they differ in their starting points

[Translation]
베이스 점핑 실습은 스카이 다이빙을 하는 것과 비슷해 보일 수 있지만, 실제로는 훨씬 더 위험합니다. 베이스 점핑과 스카이 다이빙은 확실히 둘 다 낙하산을 이용한다는 점에서는 유사하지만, **그들은 시작점에 있어 차이가 있습니다.** ①스카이 다이버들은 1만 5천 피트 정도의 상공의 비행기에서 점프를 하는데, 이는 돌발상황들 및 기능 불량에 대처할 충분한 시간을 제공하는데 반해, 베이스 점퍼들은 건물이나 다리 등의 인공물 혹은 절벽 등의 자연물에서 뛰어내립니다. ②이렇게 훨씬 낮은 고도는 점퍼들에게 낙하산을 사용할 단 몇 초만을 허용하여, 뛰어내리는 동안 발생할지 모르는 어떤 상황을 다루는 시간을 크게 감소시킵니다.

(a) 스카이 다이버들은 주로 짝을 이루어 뛰어내립니다
(b) 그들의 낙하산은 달리 만들어집니다
(c) 베이스 점퍼들은 더 나은 훈련을 받습니다
(d) 그들은 시작점에 있어 차이가 있습니다

[Joseph's Solution]
빈칸에는 지문에서 언급한 베이스 점핑과 스카이 다이빙간의 차이점을 요약하는 내용이 들어가야 한다. 지문을 요약해보면, ①스카이 다이버들이 돌발 상황에 대처할 충분한 시간이 있는데 반해, 베이스 점퍼들은 ②훨씬 낮은 고도에서 뛰어내려 대처할 시간이 상대적으로 적어 그만큼 더 위험하다는 내용이다. ①, ②에 제시된 내용을 근거로, 빈칸에는 (d)가 가장 적절하다.

[Vocabulary]
base jumping 베이스 점핑 [건물이나 다리 등 높은 곳에서 낙하산을 타고 내려오는 스포츠]
parachute n. 낙하산
malfunction n. (기계 등의) 기능 부전, 고장
deploy v. 효율적으로 사용하다, 배치하다

05.

①**Researchers in Switzerland have confirmed that video games and television help contribute to childhood obesity.** While this is not a novel conclusion, their new research has revealed the magnitude of the problem: children who were more active, played fewer video games, and watched less television were half as likely to be obese than those who spent more of their time _______________ _______________. However, some other factors that lead to childhood obesity are often outside the child's control, including living with parents who smoke and their family's socioeconomic status.

(a) utilizing electronic entertainment
(b) playing games outdoors with friends
(c) doing chores around the house
(d) in after-school activities

[Translation]
①스위스에 있는 연구자들은 비디오 게임과 텔레비전이 아동기 비만에 관련 있다는 사실을 확인시켰습니다. 이는 비록 새로운 결론은 아니지만, 그들의 새로운 연구는 더 활동적이면서 비디오 게임을 적게 하고, 텔레비전을 덜 봤던 아이들이 **전자 오락을 하는 데에** 더 시간을 소비했던 아이들보다 비만일 확률이 절반이 될 수 있다는 것에서 해당 문제의 중요성을 드러냈습니다. 하지만, 아동기 비만을 이끄는 다른 요인의 일부는 흡연을 하는 부모와 산다거나 가정의 사회 경제적 지위 등을 포함하는 것과 같은 아동의 제어력 밖에 있습니다.

(a) 전자 오락을 하는 데에
(b) 친구들과 야외 놀이를 하는 데에
(c) 집안 일을 하는 데에
(d) 방과 후 활동을 하는 데에

[Joseph's Solution]
아동기 비만연구와 관련해 스위스에서 발표한 연구결과의 중요한 시사점이 무엇인지 지문의 내용으로 유추해서 답을 고르는 문제이다. 문장 ①의 내용을 참고하면, (a)가 정답임을 알 수 있다.

[Vocabulary]
obesity n. 비만, 비대
magnitude n. 규모, 중요도
obese a. 비만인
socioeconomic a. 사회 경제적인
chore n. (가정의) 잡일
after-school a. 방과 후의

06.

Ralph Waldo Emerson, one of the most influential literary figures of the nineteenth century, was born in Boston, Massachusetts, in 1803. ①**He is most famous for his emphasis on optimism and individuality as well as his belief that anyone could rise above their current situation and achieve something better.** While some critics have found his work to be ______________

______________, many others have noted his influence on many famous literary minds. ②**Indeed, many American authors such as Henry David Thoreau, Herman Melville, and Emily Dickinson were all greatly inspired by Emerson's work, proving to many just how great he was.**

(a) the best to ever come out of Massachusetts
(b) essential literature for any aspiring writer
(c) full of interesting but unfeasible goals
(d) notoriously difficult to find copies of

[Translation]
19세기 영향력이 컸던 문인 중 한명인, Ralph Waldo Emerson은 1803년 Massachusetts주 Boston에서 태어났습니다. ①그는 누구나 자신의 현재 상황을 뛰어넘어 더 나은 무언가를 성취할 수 있을 거라는 그만의 신념을 비롯해 낙관론 및 개성에 대해 주안점을 두었던 것으로 가장 유명합니다. 비록 일부 비평가들은 그의 작품을 **흥미진진하지만 실행 불가능한 목표들로 가득차 있다고** 생각했지만, 다른 많은 비평가들은 다수의 유명한 문학인들에게 미쳤던 그의 영향에 주목해 오고 있습니다. ②확실히, Henry David Thoreau, Herman Melville, 및 Emily Dickinson 등 많은 북미 작가들은 모두 Emerson의 작품에 크게 영감을 받았는데, 이는 많은 이들에게 그가 얼마나 대단한 인물인지를 여실히 보여주고 있습니다.

(a) Massachusetts주에서 나온 걸작이라
(b) 장차 작가가 되려는 모든 이들에게 필수적인 문학이라
(c) 흥미진진하지만 실행 불가능한 목표들로 가득차 있다고
(d) 그의 책을 구하기 힘든 것으로 악명 높았다고

[Joseph's Solution]
빈칸의 내용을 글 전체의 흐름을 파악하여 유추하는 문제이다. Emerson은 ①그만의 신념, 낙관론 및 개성을 강조한 문인으로, ②에 열거된 유수의 작가들에게 영감을 줄만큼 영향력 있는 인물이었다는 내용이다. ②는 빈칸이 위치한 문장의 주절에 해당하는 뒷받침 문장이다. 'While some~'이 이끄는 종속절에 해당하는 내용의 근거는 그에 앞선 문장 ①에서 유추해야 한다. 따라서 정답으로 적절한 것은 (c)이다.

[Vocabulary]
optimism n. 낙관론, 낙관[낙천]주의
individuality n. 개성, 특성
aspiring a. 장차 ~가 되려는
unfeasible a. 실행(달성)할 수 없는

07.

Parents want their babies to grow up to be smart adults, and some will try any idea that promises to increase intelligence. Baby Einstein is a line of DVDs that promises to accelerate an infant's language development simply by watching the DVDs. The DVDs are marketed to children from three months to three years and contain many features, such as puppets narrating their activities and colorful shapes swirling around with classical music playing. ① **Studies have shown that watching the DVDs does not improve a child's intelligence. In fact, it actually ______________. ②Eight to sixteen month olds who watched the videos scored ten percent lower on language skills than those who didn't.**

(a) has a detrimental effect
(b) expands babies' vocabularies
(c) does not produce any change
(d) worsens children's hearing

[Translation]

부모들은 자신의 아기가 장차 현명한 어른으로 성장하길 원하며, 어떤 이들은 사고력 증진을 기약하는 방안이면 어떤 것이든 시도하려고 할 것입니다. Baby Einstein은 그저 시청만으로 유아 언어발달 촉진을 약속 드리는 DVD 세트입니다. 이 DVD는 생후 3개월 유아부터 3세 아동을 대상으로, 활동을 설명하는 인형 및 클래식 음악 연주에 따라 빙글빙글 도는 색색의 도형 등의 여러 특색을 갖추고 있습니다. ①연구는 DVD 시청이 아동의 사고력을 향상시키지 않는다는 것을 보여주었습니다. 그것은 실제로 **해로운 영향을 미칩니다.** ②이 비디오를 시청했던 생후 8개월부터 16개월의 영아들은 시청을 하지 않은 동일 대상들보다 언어 능력에서 10 퍼센트 낮은 점수를 기록했습니다.

(a) **해로운 영향을 미칩니다**
(b) 유아 어휘력을 확장시킵니다
(c) 어떠한 변화도 만들어내지 않습니다
(d) 아동의 청력을 악화시킵니다

[Joseph's Solution]

유아 DVD 시청의 실제적 효과는 어떠한지를 보여주는 내용의 지문이다. 시청만으로 유아의 사고력 향상을 증진시키는 DVD들이 판매되는 가운데, ①연구는 실상은 그렇지 않다는 것을 보여주고 있는데, ②구체적으로, 동일 그룹을 대상으로 한 연구에서 DVD를 시청했던 유아는 상대적으로 낮은 수행을 보여주었다는 내용을 언급하고 있다. 따라서 정답은 (a)가 된다.

[Vocabulary]

promise v. 약속하다
accelerate v. 가속화하다
swirl v. 소용돌이치다, 빙빙 돌다
detrimental a. 해로운, 불리한
worsen v. 악화되다, 악화시키다

Make-up Vocabulary

1.

[정답] **contract**

[해석] ALS를 앓고 있는 사람들에게는 불행히도, 이들이 왜 그 질병에 걸리는지 최근까지도 밝혀지지 않고 있어, 치료법은 존재하지 않습니다.

2.

[정답] **efficiency**

[해석] 저희의 최신, 예술품 제조 설비의 상태는 최대의 효율 또한 이끌어내고 있습니다.

3.

[정답] **migration**

[해석] 캐나다 기러기의 이동은 자연의 신비를 보여줍니다. 단연코 그들은 더 온화한 기후대로 도달하는데 조금의 시간도 낭비하지 않으며– 대개는 하루 1천 킬로미터를 이동합니다.

4.

[정답] **deploy**

5.

[정답] **confirmed**

[해석] 스위스에 있는 연구자들은 비디오 게임과 텔레비전이 아동기 비만에 관련 있다는 사실을 확인시켰습니다.

6.

[정답] **individuality**

[해석] 그는 누구나 자신의 현재 상황을 뛰어넘어 더 나은 무언가를 성취할 수 있을 거라는 그만의 신념을 비롯해 낙관론 및 개성에 대해 주안점을 두었던 것으로도 유명합니다.

7.

[정답] **improve**

[해석] 연구는 DVD 시청이 아동의 사고력을 향상시키지 않는다는 것을 보여주고 있습니다. 그것은 실제로 해로운 영향을 미칩니다.

8.

[정답] **malfunctions**

[해석] 스카이 다이버들은 1만 5천 피트 정도의 상공의 비행기에서 점프를 하는데, 이는 돌발적인 문제들 및 기능 불량에 대처할 충분한 시간을 제공하는데 반해, 베이스 점퍼들은 건물이나 다리 등의 인공물 혹은 절벽 등의 자연물에서 뛰어내립니다.

9.

[정답] **factors**

[해석] 하지만, 아동기 비만을 이끄는 다른 요인의 일부는 흡연을 하는 부모와 산다거나 가정의 사회 경제적 지위 등을 포함하는 것과 같은 아동의 제어력 밖에 있습니다.

10.

[정답] **unfeasible**

[해석] 비록 일부 비평가들은 그의 작품을 흥미진진하지만 실행 불가능한 목표들로 가득 차 있다라고 생각하지만, 다른 많은 비평가들은 다수의 유명한 문학인들에게 미쳤던 그의 영향에 주목해 오고 있습니다.

11.

[정답] **accelerate**

[해석] Baby Einstein은 그저 시청만으로 유아 언어발달 촉진을 약속 드리는 DVD 세트 입니다.

12.

[정답] **characteristic**

[해석] 그렇지만 양방향을 이동하면서 이들 특유의 "V"형으로 날아가는데, 이 패턴은 기러기 무리가 소통을 더 잘 할 수 있도록 합니다.

Answer Keys

01. (a) 02. (b) 03. (b) 04. (c) 05. (c) 06. (d)
07. (a)

01.

①Many would contend that the World Cup is the most important international sporting competition in the world. __________, ②the game of soccer is by far the most popular sport in the world, and many nations take great pride in the accomplishments of their national teams. To many, not qualifying for the World Cup in a given year is a heartbreaking disappointment that lingers with them until the next competition comes along four long years later.

(a) After all
(b) However
(c) Subsequently
(d) Nevertheless

[Translation]

①많은 사람들은 월드컵이 전 세계 국제 스포츠 경기 중 가장 중요하다고 주장할 것입니다. 결국에는, ②축구 경기는 단연코 전세계에서 가장 인기가 많은 스포츠여서, 여러 국가들에서 자국 대표팀의 성취에 대한 대단한 자부심을 갖고 있습니다. 많은 이들에게, 월드컵의 당해 출전 자격미달은 다음 월드컵이 4년 후에 개최될 때까지 지속되는 커다란 아쉬움이 됩니다.

(a) 결국에는
(b) 그러나
(c) 나중에
(d) 그럼에도 불구하고

[Joseph's Solution]

빈칸 앞에 위치한 문장과의 관계를 파악하여 문두에 위치한 연결어를 고르는 문제이다. ①에서 많은 이들이 월드컵을 가장 중요한 국제 스포츠 경기로 간주하고 있다고 하면서, 다음 문장에서 ②축구 경기는 전세계에서 가장 인기 높은 스포츠로써, 각 국가간 자국 대표팀의 성취에 대단한 자부심을 갖고 있다고 언급하며 그 이유를 기술하고 있다. 이렇게 앞서 언급된 내용에 대해 뒤에 따르는 문장에서 그 설명 및 이유를 덧붙이는 경우에는 'after all'이 가장 적절하다.

[Vocabulary]

contend v. 주장하다

sporting competition 스포츠 대회, 시합

take pride in ~을 자랑하다

heartbreaking a. 애끓는 마음을 자아내는

linger v. 남다, 계속되다

come along ~가 생기다, 나타나다

02.

①While the about 45% of children attend half-day kindergarten classes and about 55% attend all-day kindergarten classes, research done in the 1990s suggested that children enrolled in all-day kindergarten programs had more consistent academic success. __________, ②children who attended all-day kindergarten tended to score higher on standardized tests and were held back a grade less often. A separate study that took place during the same decade agreed, suggesting that children who attended all-day kindergarten had higher reading comprehension and math scores on standardized tests.

(a) However
(b) Specifically
(c) Besides
(d) Again

[Translation]

①대략 45%의 어린이들이 반나절 유치원반에 다니고 55% 정도는 종일반 유치원에 다닌다고 하는데, 1990년대 수행된 연구는 종일반 유치원 프로그램에 입학한 아이들이 보다 일관적인 학업 성취를 가졌다고 시사하였습니다. 구체적으로 말하면, ②종일반 유치원에 다녔던 아이들은 표준화 검사에서 보다 높은 점수를 보이는 경향이 있었으며 유급도 적었습니다. 같은 기간 동안에 이뤄진 또 다른 연구 역시, 종일반 유치원을 다녔던 아이들이 표준화 검사의 독해력과 수학에서 더 높은 점수를 기록했음을 보여주는, 동일한 결과를 내놓았습니다.

(a) 그러나
(b) 구체적으로 말하면
(c) 게다가
(d) 거기에다가

[Joseph's Solution]

연결어를 묻는 문제이다. 따라서 빈칸이 삽입된 문장과 빈칸 앞에 위치한 문장과의 관계를 파악해야 한다. ①에서 1990년대 종일반 및 반나절 유치원 프로그램에 참가했던 어린이들의 학업 성취를 비교한 연구 결과를 언급하였는데, ②에서는 어떤 그룹의 어린이들이 어떠한 검사 및 수행에서 더 나은 결과를 보였는지 구체적으로 기술되어 있다. 앞서 언급한 내용을 뒤 문장에서 보다 구체적으로 설명하고 있으므로, 연결어로는 (b)가 가장 적절하다.

[Vocabulary]

half-day a. 반나절의

enroll in ~에 등록하다

all-day a. 하루 걸리는, 온종일의

standardized test 표준화 검사

be held back 유급하다

reading comprehension 독해력

The idea of spontaneous generation was a widely held belief for thousands of years until it was finally disproven by Louis Pasteur in 1859. In fact, in the 17th century, it was thought that, in order to spontaneously generate mice, one only needed to place sweaty underwear and wheat husks in an open jar for about three weeks. ①**Mice would appear in the jar during that time, and it was believed that they had spontaneously generated from the mixture of sweat and wheat husks. __________, ② as Pasteur proved through an experiment using boiled meat broth, what actually happened was that living mice were simply attracted to the wheat husks in the open jar, which they saw as a source of food.**

(a) Incidentally
(b) Instead
(c) Otherwise
(d) Moreover

[Translation]
자연 발생에 대한 개념은 1859년 Louis Pasteur에 의해 최종적으로 반증되기 전까지 수 천년 동안 널리 확산되어왔던 믿음이었습니다. 실제로, 17세기에 자연적으로 생쥐를 만들기 위해서는, 땀에 젖은 속옷과 뚜껑을 열어둔 병에 밀 껍질을 넣어 대략 3주간 방치해두는 것만이 필요했습니다. ①그러는 동안 생쥐들은 병에 나타나게 되는데, 이들이 땀과 밀 껍질의 혼합물에서 자연스럽게 만들어진 것이라 믿게 되었습니다. 그렇게 아니라, ②Pasteur가 끓인 육수를 사용한 실험을 통해 증명했듯이, 실제로는 생쥐들이 먹이 감으로 생각한, 병 속에 들어있던 밀 껍질에 그저 끌렸던 것이었습니다.

(a) 덧붙여 말하자면
(b) 그런게 아니라
(c) 그렇지 않으면
(d) 게다가

[Joseph's Solution]
자연발생설은 Pasteur의 반증으로 거짓이 입증되기 전까지 널리 퍼져 있던 속설로, 땀에 절은 속옷과 밀 껍질을 방치해두면 ①생쥐들이 나타나므로, 사람들은 오랫동안 그 혼합물에서 자연적으로 생쥐가 발생된 것이라 믿게 되었다는 내용이며, ②에서는 Pasteur에 의해 밝혀진 진실이 기술되어 있다. 이어지는 문장에서 앞서 언급한 내용을 부정하는, 반대되는 주장이 기술되는 경우의 연결어로는 보기 중 (b)가 가장 적절하다.

[Vocabulary]
spontaneous generation [생물] 자연 발생
wheat husk 밀 껍질
meat broth 육수

①**The city of Vancouver, British Columbia goes to great lengths to ensure that it is not a great polluter of the environment. __________, ②it is striving to become one of the "greenest" cities in the world.** In an effort to garner this title for itself, the city of Vancouver has implemented several cutting-edge initiatives that should help make the city increasingly environmentally friendly. Among these is a groundbreaking renewable heating system, which will use the heat from untreated wastewater to provide heat and hot water to parts of the city.

(a) Instead
(b) However
(c) In fact
(d) Suddenly

[Translation]
①British Columbia주의 Vancouver라는 도시는 자신들이 지대한 환경 오염원이 아니라는 것을 증명하기 위해 어떠한 것이든 합니다. **사실은, ②그곳은 전 세계 녹색 도시들 중 하나가 되기 위해 고군분투 하고 있습니다.** 이러한 명칭을 얻으려는 노력으로, Vancouver시는 도시를 점차 자연친화적으로 만드는데 일조하는 몇몇 첨단 계획안들을 시행해오고 있습니다. 이들 가운데 획기적인 재생 난방 시스템이 있는데, 이는 도시 일부에 난방 및 온수를 제공하기 위해 처리되지 않은 폐수로부터 열을 사용하려는 것입니다.

(a) 그런 게 아니라
(b) 그러나
(c) 사실은
(d) 갑자기

[Joseph's Solution]
①Vancouver는 환경보호에 앞장서는 도시로, ②녹색 도시로 나아가기 위해 고군분투 하고 있다는 내용을 담고 있다. 앞서 언급된 내용에 대해 뒤에 따르는 문장에서 자세한 내용을 덧붙이는 경우이므로, 적절한 연결어는 보기 중 (c)이다.

[Vocabulary]
go to great lengths to do 촉수를 뻗치다, 무슨 짓이든지 하다
polluter n. 오염자, 오염원(源)
in an effort to ~해보려는 노력으로
garner v. 얻다, 모으다
cutting-edge n. 최첨단
initiative n. 계획, 주민 법안 발의
groundbreaking a. 획기적인
renewable a. 재생 가능한
untreated a. 처리되지 않은

Each year, the World Economic Forum takes place in Davos, Switzerland. ①**A meeting of some of the most powerful and influential business leaders, politicians, entrepreneurs, and intellectuals from across the globe, the five-day Davos forum has been taking place in one form or another since 1971. __________, ②despite the high-profile participants and the demanding agenda, which includes attempting to solve the most urgent**

global economic problems, there always seems to be time for an activity that takes place far away from the meeting rooms: skiing.

(a) That is to say
(b) Eventually
(c) However
(d) Accordingly

[Translation]
매년, 세계 경제 포럼은 스위스의 다보스에서 개최됩니다. ①전 세계 가장 영향력 있는 경제 지도자, 정치인, 기업가 및 지식인들 중 일부의 모임으로, 5일간 진행되는 다보스 포럼은 1971년 이래 어떤 형태로든 개최되고 있습니다. 그러나, ②세간의 이목을 끄는 참가자들 및 가장 시급한 국제 경제 문제에 대한 해결안을 찾는 것을 비롯한 주요 안건들에도 불구하고, 회의장과는 상당히 떨어진 곳에서 개최되는 활동인 스키 타기를 할 시간은 언제나 있는 것처럼 보입니다.

(a) 다시 말해서
(b) 결국
(c) 그러나
(d) 그런 이유로

[Joseph's Solution]
①전 세계에서 가장 영향력 있는 참가자들로 구성되어, 닷새간 진행되는 연례회의인 다보스 포럼은, ②가장 시급한 국제 주요 안건을 다루고 있음에도, 스키를 탈 여유는 언제나 있는 듯하다는 내용이다. 다시 말해, 앞서 서술한 사실과 일치되지 않는 사태가 빈칸이 삽입되어 있는 문장 ②에 기술되어 있으므로, 빈칸에는 역접 연결어인 (c)가 가장 적절하다.

[Vocabulary]
the World Economic Forum 세계 경제 포럼
entrepreneur n. 사업가, 기업가
in one form or another 어떤 형태로(나)
high-profile a. 세간의 이목을 끄는
demanding a. 부담이 큰, 힘든
urgent a. 긴급한, 시급한

06.

Just about everyone in the world enjoys eating ice cream. ①**What many people do not know, however, is just how long people have been enjoying ice cream. _________, ②early forms of ice cream can be traced back to at least the 4th century BCE.** Early references to ice cream include the Roman emperor Nero requesting dishes of ice mixed with fruit. Eventually, after the dessert had had time to evolve and new recipes were created, sherbets and other varieties of ice cream appeared in some European royal courts.

(a) As a result
(b) Finally
(c) On the other hand
(d) Indeed

[Translation]
전 세계 거의 대부분의 사람들이 아이스크림을 즐겨 먹습니다. ①하지만, 얼마나 오랫동안 아이스크림이 각광받아 오고 있는지는 많이들 모르고 있습니다. 실은, ②초기 형태의 아이스크림은 적어도 기원전 4세기까지 거슬러 올라간다고 볼 수 있습니다. 아이스크림에 대한 초기 참조 문헌은 로마 황제 Nero가 과일이 믹스된 얼음 요리를 주문했었다는 내용이 들어 있습니다. 결국, 디저트가 발달될 시간적 여유가 있고 새로운 요리법이 만들어졌던 이후에, 셔벗을 비롯한 아이스 크림의 여러 종류들이 일부 유럽 왕실에 나타났습니다.

(a) 그 결과(로서)
(b) 마침내
(c) 다른 한편으로는
(d) 실은

[Joseph's Solution]
①에서 아이스크림이 얼마 동안 각광받아 오고 있는지 많이들 모르고 있다고 언급하고 나서, ②초기 형태의 경우, 적어도 기원전 4세기까지 거슬러 올라갈 것이라고 기술하고 있다. 앞서 ①에서 언급한 내용에 관련한 진술 내용을 ②에서 덧붙여 설명하고 있으므로, 보기 중 적절한 연결어는 (d)이다.

[Vocabulary]
reference n. 참고(인용) 문헌
variety n. 종류

07.

The largest earthquake ever recorded occurred on May 22, 1960. ①**Measuring in at a magnitude of 9.5, the earthquake's epicenter was located northwest of Temuco, Chile, and caused $550 million in damage to that country. _________, ② approximately 1,655 Chileans were killed and about 3,000 were injured.** The earthquake also triggered a large tsunami which killed hundreds of people and caused tens of millions of dollars' worth of damage as far away as Japan and the Philippines.

(a) In addition
(b) However
(c) On the contrary
(d) Clearly

[Translation]
기록 이래 가장 규모가 컸던 지진은 1960년 5월 22일 발생되었습니다. ①강도 9.5로 측정된, 지진의 진원지는 칠레의 Temuco 북서쪽 지역으로, 해당 국가에 5억5천만 달러 상당의 피해를 입혔습니다. 게다가, ②1,655명 가량이 사망했고 3천여 명이 부상을 입었습니다. 이 지진은 일본 및 필리핀처럼 멀리까지 수백 명의 인명을 앗아가고 수천만 달러 상당의 피해를 유발했던 엄청난 규모의 쓰나미를 일으키기도 했습니다.

(a) 게다가
(b) 그러나
(c) 그와는 반대로
(d) 분명히

①칠레에서 발생한 강도 9.5 지진으로 인해, 자국 내 재산피해 규모를 언급한 내용에 이어, ②인명피해와 관련된 수치를 기술하고 있다. 문장 ②는 앞서 ①에서 언급한 내용과 관련된 추가적인 정보를 제공하고 있으므로, 보기 중 적절한 연결어는 (a)이다.

[Vocabulary]
magnitude n. 지진 규모
epicenter n. (지진의) 진원지, 진앙
trigger v. 촉발시키다
tsunami n. 쓰나미, 지진해일

Make-up Vocabulary

1.
[정답] **contend**

[해석] 많은 사람들은 월드컵이 전 세계 국제 스포츠 경기 중 가장 중요하다고 주장할 것입니다.

2.
[정답] **tended**

[해석] 종일반 유치원에 다녔던 아이들은 표준화 검사들에서 보다 높은 점수를 보이는 경향이 있었으며 유급도 적었습니다.

3.
[정답] **generated**

[해석] 그러는 동안 생쥐들은 병에 나타나게 되는데, 이들이 땀과 밀 껍질의 혼합물에서 자연스럽게 만들어진 것이라 믿게 되었습니다.

4.
[정답] **implemented**

[해석] 이러한 명칭을 얻으려는 노력으로, Vancouver시는 도시를 점차 자연친화적으로 만드는데 일조하는 몇몇 첨단 계획안들을 시행해오고 있습니다.

5.
[정답] **demanding**

[해석] 세간의 이목을 끄는 참가자들 및 가장 시급한 국제 경제 문제에 대한 해결안을 찾는 것을 비롯한 주요 안건들에도 불구하고, 회의장과는 상당히 떨어진 곳에서 개최되는 활동인 스키 타기를 할 시간은 언제나 있는 것처럼 보입니다.

6.
[정답] **references**

[해석] 아이스크림에 대한 초기 참조 문헌은 로마 황제 Nero가 과일이 믹스된 얼음 요리를 주문했다는 내용이 들어 있습니다.

7.
[정답] **triggered**

[해석] 이 지진은 일본 및 필리핀처럼 멀리까지 수백 명의 인명을 앗아가고 수천만 달러 상당의 피해를 유발했던 엄청난 규모의 쓰나미를 일으키기도 했습니다.

8.
[정답] **lingers**

[해석] 많은 이들에게, 월드컵의 당해 출전 자격미달은 다음 월드컵이 4년 후에 개최될 때까지 지속되는 커다란 아쉬움이 됩니다.

9.
[정답] **enrolled**

[해석] 대략 45%의 어린이들이 반나절 유치원반에 다니고 55% 정도는 종일반 유치원에 다닌다고 하는데, 1990년대 수행된 연구는 종일반 유치원 프로그램에 입학한 아이들이 보다 일관적인 학업 성취를 가졌다고 시사하였습니다.

10.
[정답] **evolve**

[해석] 결국, 디저트가 발달될 시간적 여유가 있고 새로운 요리법이 만들어졌던 이후에, 셔벗을 비롯한 아이스 크림의 여러 종류들이 일부 유럽 왕실에 나타났습니다.

11.
[정답] **magnitude**

[해석] 강도 9.5로 측정된, 지진의 진원지는 칠레의 Temuco 북서쪽 지역으로, 해당 국가에 5억5천만 달러 상당의 피해를 입혔습니다.

12.
[정답] **striving**

[해석] British Columbia주의 Vancouver라는 도시는 자신들이 지대한 환경 오염원이 아니라는 것을 증명하기 위해 어떠한 것이든 합니다. 사실, 그곳은 전 세계 녹색 도시들 중 하나가 되기 위해 고군분투 하고 있습니다.

Answer Keys

01. **(a)** 02. **(d)** 03. **(c)** 04. **(a)** 05. **(d)** 06. **(b)**
07. **(c)**

01.

Dear Mr. West,

Since you became editor of the Fremont Sun-Times 25 years ago, your record of service to our community has been impeccable. The long list of accolades that you and your staff have been awarded over the course of your career is tremendously impressive, and the high level of journalistic integrity that you have shown along the way has placed our entire town in a positive light. ①**I would personally like to extend my congratulations on your retirement along with the great sense of personal loss I feel at the fact that you will no longer be at the helm of the Sun-Times. I wish you the best of luck with your future endeavors.**

Sincerely,
Mayor Jonathan O'Connell

Q: What is the purpose of the letter?

(a) To congratulate a newspaper editor on his retirement
(b) To file a complaint with the editor of a newspaper
(c) To express concerns about the integrity of a source
(d) To inform a newspaper that it is being closed down

[Translation]

친애하는 West씨,

귀하께서 25년 전 Fremont Sun-Times의 에디터가 되셨기에, 지역 사회에 대한 귀하의 이력은 나무랄 데 없습니다. 종사하시는 기간 동안 귀하와 동료 분들께서 수상해오신 포상에 대한 기록은 가히 인상적이라 하겠고, 귀하께서 그 간 보여주신 수준 높은 기자로서의 청렴함은 우리 지역 전체를 긍정적으로 조명하게 만들었습니다. ①귀하께서 Sun-Times를 더 이상 이끌지 않게 되셨다는 사실에 개인적으로 큰 상실감을 느끼면서도, 은퇴하시게 된 것에 대해 한편으로 축하를 드리고 싶습니다. 향후 하시는 일에 행운을 빕니다.

진심으로,
시장 Jonathan O'Connell

질문: 편지의 목적은 무엇인가?

(a) 신문 기자에게 은퇴에 대한 축하를 하려고
(b) 신문 기자에 대한 불만을 제기하려고
(c) 출처의 진정성에 대한 우려를 표하려고
(d) 신문에 그곳이 현재 폐쇄되었다는 것을 알리려고

[Joseph's Solution]

질문은 지문의 편지 글이 쓰여진 목적에 대해 묻고 있다. 서두에서, 편지를 받게 될 신문 기자에게 그 간의 공적을 치하한다고 하면서, ①은퇴에 대한 축하인사를 전하고 있다. 따라서 편지의 목적으로 (a)가 가장 적절하다.

[Vocabulary]

impeccable a. 결점 없는, 나무랄데 없는
accolade n. 포상, 칭찬
tremendously adv. 굉장히, 대단히
journalistic a. 저널리스트(기자)의
integrity n. 진실성
along with ~에 덧붙여, ~와 마찬가지로
be at the helm of ~ 의 실권을 잡다
extend congratulations 축하 인사를 하다

02.

Jackson Pollock is one of the most well-known American artists of the 20th century. ①**Not only is he widely recognized as the pioneer of abstract expressionism, but he is also credited with the creation of the all-over style of painting. ②By creating this new style, Pollock broke with the conventional notion that paintings had to have both recognizable sections and specific areas of emphasis, making his ideas very influential as American painting styles evolved in the 1940s and 1950s.** These things, in addition to his troubled personal life and unfortunate death at a young age, have led to his somewhat legendary status.

Q: What is the main topic of the passage?

(a) How Jackson Pollock became a painter
(b) How the all-over style of painting emerged
(c) Why abstract expressionism is important
(d) What made Jackson Pollock famous

[Translation]

Jackson Pollock은 가장 잘 알려진 20세기 미국 예술가 중 한 사람입니다. ①그는 추상적 표현주의의 개척자로서 널리 알려진 것 외에, 올오버 기법에 대한 개발로도 역시 인정받고 있습니다. ②이 새로운 기법을 창조로, Pollock은 페인팅이 인식할 수 있는 구역 및 특별한 부분으로 강조를 두어야만 했었던 종래의 개념을 무너뜨렸는데, 이는 그의 이러한 발상을 1940년대와 50년대에 진화된 매우 영향력 있는 미국의 회화 양식으로 만들었습니다. 말썽 많았던 사생활 및 안타까운 요절과 더불어, 이러한 것들은 그를 전설적인 지위로 올라서게 만들어 주고 있습니다.

질문: 지문의 주제는 무엇인가?

(a) Jackson Pollock이 어떻게 화가가 되었는지

(b) 올오버 페인팅 기법이 어떻게 등장하게 되었는지
(c) 추상적 표현주의가 왜 중요한지
(d) 무엇이 Jackson Pollock을 유명하게 만들었는지

[Joseph's Solution]
지문 전반의 내용을 포함할 수 있는 주제가 무엇인지 묻고 있다. 서두에서, Jackson Pollock을 유명한 미국 예술가로서, 추상적 표현주의의 개척자이자 올오버 기법의 창시자로 소개하면서, 해당 기법에 대한 짤막한 설명과 이로 인한 당대 Pollock의 영향력을 묘사하고, 결미에 미술사에 있어서 그의 입지를 기술하고 있다. 따라서 지문의 주제로 보기 중 (d)가 가장 적절하다.

[Vocabulary]
abstract expressionism 추상적 표현주의
all-over n. 전면 균질, 올오버 [페인팅 기법의 하나로, 캠퍼스 전체를 평등한 평면으로 처리하는 채색 양식]
conventional a. 관습(관례)적인

03.

Coconuts can be a delicious treat, and, while ①**the prospect of opening a raw coconut may seem daunting at first, it can actually be accomplished in a few simple steps.** All you need is a nail, a hammer, and a towel. First, find the two or three dark indentations on one end of the coconut, hammer the nail into all of them, and use the resulting holes to drain the coconut's milk. Second, wrap the coconut in the towel and use the hammer to break the coconut open. Once this has been accomplished, you can use a sharp knife to slice out the meat. Then, rinse it off and enjoy.

Q: What is the main topic of the passage?

(a) A theory about coconut development
(b) A classification of coconut types
(c) The process of opening a coconut
(d) A comparison of coconut-opening tools

[Translation]
코코넛은 맛 좋은 간식이 될 수 있는데, ①**생 코코넛을 쪼개는 것이 처음엔 겁이 날 수 있지만, 사실 몇 가지 간단한 단계들로 성공하실 수 있습니다.** 필요한 것이라고는 못, 망치, 수건만 있으면 됩니다. 먼저, 코코넛 한쪽 면에 두서너 개 옴폭 들어간 곳을 찾아, 망치로 못을 박아 넣고, 그 파인 구멍을 통해 코코넛 밀크를 빼내보세요. 두 번째로, 수건으로 코코넛을 감싸 코코넛을 망치로 쳐서 열어보세요. 일단 성공하고 나면, 날카로운 칼을 사용해 과육을 썰어낼 수 있습니다. 그리고 나서, 씻어내고 드시면 됩니다.

질문: 지문의 주제는 무엇인가?

(a) 코코넛 개발에 대한 이론
(b) 코코넛 유형의 분류
(c) 코코넛을 쪼개는 과정
(d) 코코넛 쪼개는 도구 비교

[Joseph's Solution]
질문은 지문의 내용을 포함할 수 있는 주제가 무엇인지 묻고 있다. 서두에서, 간식으로 사랑 받는 코코넛은 껍질이 단단하기에 쪼개기 어려운 단점이 있는데, 그러나 의외로 코코넛 쪼개는 방법은 생각보다 단순하다라고 기술하고 있다. 뒤에 이어지는 문장들에서 단계적으로 그 방법을 설명해주고 있으므로, 지문의 주제는 보기 중 (c)가 가장 적절하다.

[Vocabulary]
treat n. 만족을 주는 것, 큰 기쁨
prospect n. 예상, 가망(가능성)
daunt v. 겁먹게(기죽게) 하다
indentation n. 벤 자국, 움푹 들어감
drain v. 물을 빼내다
meat n. 골자, 알맹이

04.

①**Many people avoid attempting certain activities because they know they will be difficult to accomplish.** Indeed, it seems that many people are apt to give something up before they've even begun simply because they believe it will be too hard. ② **What these people fail to realize, however, is the great satisfaction that comes with mastering a difficult task or situation** and that, if they are determined, they are capable of accomplishing much more than they ever thought possible.

Q: What is the main idea of the passage?

(a) Working hard to master something difficult is often rewarding.
(b) Doing easy tasks before hard ones leads to a feeling of satisfaction.
(c) Quitting is often the only way to avoid difficult activities.
(d) Spending time on a difficult task requires a lot of concentration.

[Translation]
①**많은 이들이 성공하기 힘들 거라는 것을 알기에 특정 활동을 시도하는 것조차 피하려고 합니다.** 실제로, 사람들은 단순히 어떠한 일이 너무 어려울 것이라고 믿기 때문에 시작도 하기 전에 포기하려는 경향이 있는 듯 보입니다. 하지만, ②**이러한 사람들이 깨닫지 못하는 것은 어려운 일이나 상황을 해결하는 데서 오는 통쾌함 및, 그들이 마음 먹었다면, 가능하리라고 생각했던 것보다 자신이 훨씬 더 많이 이룰 수 있다는 만족감입니다.**

질문: 지문의 요지는 무엇인가?

(a) 어려운 일을 완수하기 위해 많은 노력을 기울이는 것은 할만한 가치가 있다.
(b) 어려운 일에 앞서 쉬운 일을 하는 것은 만족감을 준다.
(c) 그만두는 것이 어려운 일을 회피하는 유일한 방법이다.
(d) 어려운 일에 시간을 들이는 것은 많은 집중이 요구된다.

[Joseph's Solution]
지문 전체에 나타난 글쓴이의 요지가 무엇인지 묻는 문제이다. 지문은 대다수 사람들이 성공하기 힘들어 보이는 일에 도전해보기도 전에 지레 회피해버리는 경향이 있는데, 이는 그런 일을 완수하고 느끼는 성취감과 만족감을 알지 못하기 때문이라고 기술하고 있다. 따라서 지문의 요지로 가장 적절한 것은 (a)이다.

[Vocabulary]
be apt to ~하는 경향이 있다, 하기 쉽다
determined a. 단단히 결심한
come with ~이 (부분이나 전체로) 포함되어 있다
rewarding a. 보람 있는, 수익이 많이 나는

05.

①**Spelunking—an activity more commonly referred to as "caving"—is recreationally exploring caves.** As with many other activities, the sport of spelunking can be as arduous as the individual spelunker wants it to be. Caving can include everything from a simple stroll through a cave on a paved path to crawling and rappelling down seemingly bottomless shafts. Some people, however, explore caves for more than just recreation. ②**Indeed, there are some scientists who devote their careers to studying caves and the flora and fauna that are found within them.** These people are called speleologists, and they have discovered many unusual new species that live deep within caves.

Q: What is the passage mainly about?

(a) The process of preparing to go spelunking
(b) A comparison of different types of caves
(c) A classification of caves and their ecosystems
(d) A definition of spelunking and speleology

[Translation]
①"동굴탐험"으로 더 잘 알려져 있는 레저활동인, 스펠렁킹은 재미 삼아 동굴을 탐험하는 것입니다. 기타 다른 레저활동처럼, 스펠렁킹이라는 운동은 탐험가 개개인이 원하는 만큼 고되질 수 있습니다. 동굴탐험이라 함은 포장된 길을 따라 단순히 동굴을 걷는 것에서 일견 바닥이 안 보이는 수직 갱도를 타고 기어오르고 하강해 내려가는 등의 모든 활동들을 아우를 수 있습니다. ②사실, 어떤 과학자들은 동굴 및 그 속에서 발굴되는 동식물군을 연구하는 일에 종사합니다. 이들은 동굴학자라고 불리는데, 동굴 깊숙이 살고 있는 다수의 독특한 종들을 발견해오고 있습니다.

질문: 지문은 주로 무엇에 관한 것인가?

(a) 스펠렁킹하러 가는 것을 준비하는 과정
(b) 여러 종의 동굴 비교
(c) 동굴 및 그곳의 생태계에 대한 분류
(d) 스펠렁킹 및 동굴학에 대한 정의

[Joseph's Solution]
지문에서 주로 설명하고 있는 대상이 무엇인지 묻는 문제이다. 서두의 문장 ①에서, 스펠렁킹이 어떤 운동인지 설명하고, 문장 ②에

서부터 동물 및 그 속에 사는 동식물군을 연구하는 동굴학자에 대한 정의를 기술하고 있다. 지문 전반에 걸쳐 스펠렁킹의 개념과 그와 관련되어 있는 학문을 연구하는 이들에 관해 소개하고 있다. 따라서 이러한 내용을 포괄하는 (d)가 정답이다.

[Vocabulary]
spelunking(=caving, potholing) n. (미국) 동굴 탐험
arduous a. 몹시 힘든, 고된
stroll v. 거닐다, 산책하다
paved a. 포장된
crawl v. (엎드려) 기다
rappel v. 라펠하다, 현수 하강하다
seemingly adv. 외견상으로, 겉보기에는
bottomless a. 바닥이 안 보이는, 무한한
shaft n. 수직 통로, 수직갱도
flora n. (한 지역의) 식물군(상)
fauna n. (한 지역의) 동물군(상)
speleologist n. 동굴학자, 동굴 탐험가
speleology n. 동굴학, 동굴 탐험

06.

①**Cheese has been around for thousands of years, dating back to the days before recorded history.** It is thought, in fact, that the first cheeses may have been made as far back as 6,000 BCE. The discovery of how to make cheese was likely an accident, though. ②**There is evidence that the nomadic peoples of Central Asia first stumbled upon a recipe for cheese.** When they rode their horses, they carried milk along with them in a bag. The movement of the horse served to churn the milk in the bag, separating it into curds and whey. ③**From there, people discovered that if they let the curds age, they could be turned into blocks of cheese, much like ones sold today.**

Q: What is the main topic of the passage?

(a) What ingredients ancient people used to make cheese
(b) How cheese was discovered by ancient people
(c) Where horses were first domesticated in ancient times
(d) Why cheese has been popular through the years

[Translation]
①치즈는 역사 기록 이전부터 수천 년간 우리 곁에 있어 왔습니다. 사실, 최초의 치즈는 기원 전 6천 년만큼이나 오래 전에 만들어졌을 거라 믿어지고 있습니다. 하지만, 치즈를 어떻게 만드는지에 대한 발견은 우연이었을 성 싶습니다. ②중앙 아시아의 유목 민족이 치즈 만드는 법을 처음 발견했다는 증거가 있습니다. 그들은 말을 타고 가방에 우유를 담아 실어 날랐습니다. 말의 움직임은 가방에 든 우유를 휘젓는 것을 원활히 했는데, 이는 우유를 응유와 유장으로 분리시켰습니다. ③거기서, 사람들은 응유를 오래 둔다면, 응유를 거의 오늘날 팔리고 있는 것 같은 치즈 덩어리로 바뀌게 할 수 있다는

것을 발견했습니다.

질문: 지문의 주제는 무엇인가?

(a) 고대인들은 어떤 재료로 치즈를 만들었는지

(b) 고대인들에 의해 어떻게 치즈가 발견되었는지

(c) 고대에 어디서 처음 말이 사육되었는지

(d) 치즈가 왜 수년간 사랑 받아오고 있는지

[Joseph's Solution]

지문의 내용을 포괄하는 주제가 무엇인지 묻는 문제이다. 서두에서, ①치즈가 꽤 오래 전부터 우리 곁에 존재해 왔다고 하면서, ②이는 중앙 아시아 유목민이 처음으로 발견했다고 기술하며 ③그 우연적 발견이 어떻게 일어났는지 기술하고 있다. 따라서 지문의 주제로 가장 적절한 것은 (b)이다.

[Vocabulary]

though adv. (문장 끝에 와서) 그렇지만

nomadic a. 유목의, 방랑의

Central Asia 중앙아시아

stumble upon ~을 우연히 발견하다

domesticate v. 길들이다(사육하다)

churn v. 마구 휘돌다, 휘젓다

curd n. 응유 [우유가 산이나 효소에 의하여 응고된 것]

whey n. 유장 [젖 성분에서 단백질과 지방 성분을 빼고 남은 맑은 액체]

serve v. 도움이 되다, 기여하다

07.

①**The internet is the ultimate result of a series of memos written by J.C.R. Licklider of MIT in August 1962.** ②**He envisioned a "Galactic Network," which he thought would be made up of different computers located in countries all around the world.** He believed these computers could be connected, allowing the user of any one of the computers to access information stored on another in the network. ③**It took decades of work, and many problems had to be overcome to make this notion into a reality, but Licklider's idea was, in essence, the same as the internet that we know today.**

Q: What is the passage mainly about?

(a) A theory about how the internet operates worldwide

(b) The process that led to invention of the computer

(c) An explanation of the origins of the idea for the internet

(d) The problem of modern societies being too connected

[Translation]

①인터넷은 1962년 8월 MIT의 J.C.R. Licklider가 작성한 일련의 메모들이 가져온 최종 산물입니다. ②그는 Galactic Network를 계획했는데, 그가 생각했던 Galactic Network는 전 세계 국가들에 있는 여러 컴퓨터들로 구성되는 것이었습니다. 그는 이 컴퓨터들이 서

로 연결되어, 이것들 중 어떤 컴퓨터의 사용자든 네트워크 내에 있는 다른 컴퓨터에 저장된 정보에 접근하게 할 수 있다고 믿었습니다. ③이는 수십 년이 걸리는 작업이 필요했고, 이 견해가 현실화되는 데는 해결되어야 하는 여러 난관이 있었지만, Licklider이 가지고 있던 개념은 본질적으로 우리가 오늘날 알고 있는 인터넷과 같았습니다.

질문: 지문은 주로 무엇에 관한 것인가?

(a) 인터넷이 어떻게 세계적으로 작동되는지에 대한 이론

(b) 컴퓨터의 발명으로 이끌게 한 과정

(c) 인터넷 개념의 기원에 관한 설명

(d) 과도하게 연결되어진 현대 사회의 문제점

[Joseph's Solution]

지문에서 다루고 있는 주된 내용이 무엇인지 묻는 문제이다. 서두에서 ①J.C.R. Licklider가 작성한 기록의 산물로 인터넷을 소개하면서, ②그가 구상했던 네트워크의 개념 및 그 구동 범위를 언급하며 이것이 ③오늘날의 인터넷과 본질적으로 같았다는 점을 기술하고 있다. 지문 전반에서 오늘날 인터넷의 작동원리가 되는 Licklider의 네트워크 개념를 설명하고 있다. 따라서 정답은 보기 중 (c)가 가장 적절하다.

[Vocabulary]

envision v. 마음속에 그리다, 상상하다

in essence 본질에 있어서, 본질적으로

Make-up Vocabulary

1.

[정답] **impeccable**

[해석] 귀하께서 25년 전 Fremont Sun-Times의 에디터가 되셨기에, 지역 사회에 대한 귀하의 이력은 나무랄 데 없습니다.

2.

[정답] **conventional**

[해석] Pollock은 페인팅이 인식할 수 있는 구역 및 특별한 부분으로 강조를 두어야만 했었던 종래의 개념을 무너뜨렸는데, 이는 그의 이러한 발상을 1940년대와 50년대에 진화된 매우 영향력 있는 미국의 회화 양식으로 만들었습니다.

3.

[정답] **daunting**

[해석] 코코넛은 맛 좋은 간식이 될 수 있는데, 생 코코넛을 쪼개는 것이 처음엔 겁이 날 수 있지만, 사실 몇 가지 간단한 단계들로 성공하실 수 있습니다.

4.

[정답] **apt**

[해석] 실제로, 사람들은 단순히 어떠한 일이 너무 어려울 것이라고 믿기 때문에 시작도 하기 전에 포기하려는 경향이 있는 듯 보입니다.

5.

[정답] **arduous**

[해석] 기타 다른 레저활동처럼, 스필렁킹이라는 운동은 탐험가 개
개인이 원하는 만큼 고되질 수 있습니다.

6.

[정답] **nomadic**

[해석] 중앙 아시아의 유목 민족이 치즈 만드는 법을 처음 발견했
다는 증거가 있습니다.

7.

[정답] **envisioned**

[해석] 그는 Galactic Network를 계획했는데, 그가 생각했던
Galactic Network는 전 세계 국가들에 있는 여러 컴퓨터들
로 구성되는 것이었습니다.

8.

[정답] **helm**

[해석] 귀하께서 Sun-Times를 더 이상 이끌지 않게 되셨다는 사
실에 개인적으로 큰 상실감을 느끼면서도, 은퇴하시게 된
것에 대해 한편으로 축하를 드리고 싶습니다.

9.

[정답] **pioneer**

[해석] 그는 추상적 표현주의의 개척자로서 널리 알려진 것 외에,
올오버 기법에 대한 개발로도 역시 인정받고 있습니다.

10.

[정답] **drain**

[해석] 코코넛 한쪽 면에 두서너 개 옴폭 들어간 곳을 찾아, 망치로
못을 박아 넣고, 그 파인 구멍을 통해 코코넛 밀크를 빼내보
세요.

11.

[정답] **devote**

[해석] 사실, 어떤 과학자들은 동굴 및 그 속에서 발굴되는 동식물
군을 연구하는 일에 종사합니다. 이들은 동굴학자라고 불
리는데, 동굴 깊숙이 살고 있는 다수의 독특한 종들을 발견
해오고 있습니다.

12.

[정답] **movement**

[해석] 말의 움직임은 가방에 든 우유를 휘젓는 것을 원활히 했는
데, 이는 우유를 응유와 유장으로 분리시켰습니다. 거기서,
사람들은 응유를 오래 둔다면, 응유를 거의 오늘날 팔리고
있는 것 같은 치즈 덩어리로 바뀌게 할 수 있다는 것을 발견
했습니다.

Chapter 01 문제 유형별 분석 Unit 04 세부 정보 찾기와 추론 정답 & 해설

Answer Keys

**01. (d) 02. (b) 03. (d) 04. (a) 05. (b) 06. (d)
07. (a)**

01.

Your time is valuable. Don't waste another minute
of it answering unsolicited calls from telemarkers.
PrimaScreen will protect you and your family from
these unwanted calls during your precious free time,
allowing you to focus your time and energy on the
things you care about. ①**Here at PrimaScreen, we
keep up-to-date databases of the telemarketers'
phone numbers, allowing us to prevent 95% of
the calls originating from these numbers from
reaching you.** Don't let telemarketers steal another
minute of your time. Call PrimaScreen today.

Q: What product is being sold in this advertisement?

(a) A new type of telephone

(b) A service to help with time management

(c) A new database technology

(d) A telemarketer-blocking service

[Translation]

여러분의 시간은 소중합니다. 통신 판매원으로부터 걸려오는 원
치 않는 전화에 답하느라 그 소중한 1분을 더는 낭비하지 마세요.
PrimaScreen은 여러분의 소중한 여가시간에 걸려오는 이러한 원
치 않는 전화로부터 여러분과 여러분의 가족을 보호하여, 시간과 에
너지를 여러분께서 신경을 쓰는 것에 집중하게 해줄 것입니다. ①
**PrimaScreen에서는, 통신 판매원들의 전화번호에 대한 최신 데이
터베이스를 갖추고 있어, 이 번호들로부터 여러분께 연락을 취하는
것의 95%를 막아드립니다.** 통신 판매원들이 더 이상 여러분의 시간
을 빼앗지 못하게 하세요. PrimaScreen에 오늘 전화하세요.

질문: 광고에서 어떤 상품이 판매가 되고 있나?

(a) 새로운 형태의 전화기

(b) 시간 관리를 도와주는 서비스

(c) 새로운 데이터베이스 기술

(d) 통신판매 차단 서비스

[Joseph's Solution]

지문에서 어떤 상품을 광고하는지 묻는 문제이다. ①에서, PrimaScreen은 최신 정보를 참조해서 통신판매원들의 전화를 차단해준다고 설명하고 있다. 따라서 적절한 것은 (d)이다.

[Vocabulary]

unsolicited a. 청하지 않은

telemarketer n. 통신 판매원

care about ~에 마음을 쓰다, 관심을 가지다

up-to-date a. 최근의, 첨단적인

reach v. (특히 전화로) 연락하다

02.

①**When it comes to celebrities, our criminal justice system is unfair.** It seems that every time a celebrity commits a crime, he or she either gets a very minimal punishment or, in some cases, gets off without a punishment at all. When compared with the punishments meted out to "average" people, it seems that the celebrity always gets off easier, even if he or she committed the same crime. Not only is this unjust, but it does a disservice to the law. ②**If the law is to be respected, then it must be properly enforced, no matter who the criminal is.**

Q: What can be inferred from the passage?

(a) The writer believes the criminal justice system is completely dysfunctional.

(b) The writer believes celebrities should be punished just like other people.

(c) No celebrity has ever been incarcerated for committing a crime.

(d) Celebrities commit more crimes per capita than other groups of people.

[Translation]

①유명 인사에 대해서라면, 우리의 형법제도는 공평하지 않습니다. 유명인이 범죄를 저지를 때마다, 이들은 최소한의 처벌을 받거나, 어떤 경우에는, 처벌을 전혀 받지 않고 무죄 방면되는 듯 보입니다. "일반" 인들에게 부과된 처벌과 비교해 봤을 때, 같은 범죄를 저질렀더라도, 유명인은 언제나 쉽게 방면되는 듯 합니다. 이것은 부당할 뿐만 아니라, 법에 위반되는 행위 입니다. ②법이 존중되려면, 죄를 누가 저질렀던 간에, 정확히 시행되어야 합니다.

질문: 지문에서 추론할 수 있는 것은?

(a) 글쓴이는 형법 제도가 전혀 제 기능을 하지 못한다고 생각한다.

(b) 글쓴이는 유명 인사들도 다른 사람들처럼 처벌받아야 된다고 생각한다.

(c) 어떤 유명 인사도 범죄를 저지른 데 대해 투옥된 적이 없다.

(d) 유명인들은 다른 집단의 사람보다 일인당 더 많은 범죄를 저지른다.

[Joseph's Solution]

지문에 언급된 사실을 바탕으로 추론 가능한 내용을 보기에서 고르는 문제이다. 지문은 ①형법제도가 불평등하다고 서두에 언급하고,

---

그 근거를 제시한 다음, 말미에서 ②누구에게나 평등하게 법이 적용될 때 존중 받을 것이다라는 내용을 담고 있다. ①, ② 부분에 글쓴이의 주장이 언급되어 있다. 보기 중에서 가장 적절한 것은 (b)이다.

[Vocabulary]

when it comes to ~라면, ~에 대해서라면

celebrity n. 유명 인사

criminal justice system 형법 제도

get off 벌이나 곤경을 면하다, 무죄 방면되다

unjust a. 부당한, 불공평한

do a disservice to ~에게 몹쓸 짓을 하다

properly a. 정확히, 올바르게

dysfunctional a. 기능 장애의, 역기능적인

incarcerate v. 감금(투옥)하다

per capita a. 1인당

03.

Dear Sir or Madam,

Thomas Jones has been a model employee. Not only has he never had any unexcused absences during his 8-year career here, but also he has never arrived late for work. This, I'm sure you know, is very unusual. Thomas has never been afraid to take on new challenges, including the role of foreman. ① **Though he only served as foreman for a short time, it was in this capacity that I was able to best observe his management potential, and he is, in my opinion, a capable leader.** ②**While I was disappointed about Thomas' decision to leave our company, I still believe he is a fantastic employee and I recommend him very highly.**

Sincerely,
Randy Utaka, Manager, ICPP

Q: What can be inferred from the passage?

(a) Thomas was the foreman for many years.

(b) Mr. Utaka has a lot of managerial experience.

(c) Thomas was Mr. Utaka's best employee.

(d) Mr. Utaka is writing to the person hiring Thomas.

[Translation]

친애하는 담당자께,

Thomas Jones는 모범 사원입니다. 그는 8년간 근무하면서 무단결석을 한 적이 없을 뿐만 아니라, 한 차례 지각도 없었습니다. 이는, 능히 알고 계시겠지만, 매우 드문 경우입니다. Thomas는 감독의 역할 등의 새로운 도전에 임하는데 있어 주저한 적이 없었습니다. ① 그가 비록 단기간 동안에만 감독 직을 수행했었지만, 제가 그의 관리 능력을 가장 잘 관찰할 수 있었던 자격이 있었기에, 제 생각으로는, 그가 유능한 리더라고 생각됩니다. ②퇴사를 하겠다는 Thomas의 결단에 대해서는 비록 제가 실망을 했어도, 여전히 그는 대단한 사원이라고 생각하고 있어 적극 추천하는 바 입니다.

진심으로,
ICPP 매니저, Randy Utaka

질문: 지문에서 추론할 수 있는 것은?

(a) Thomas는 다년간 감독이었다.

(b) Utaka씨는 풍부한 관리 경력을 가졌다.

(c) Thomas는 Utaka씨가 거느린 최고의 사원이었다.

(d) Utaka씨는 Thomas를 고용하려는 사람에게 글을 쓰고 있다.

[Joseph's Solution]

지문에 언급된 사실을 바탕으로 추론할 수 있는 내용을 묻는 문제이다. 지문은 Thomas Jones라는 퇴직자에 대한 근무 평가를 후하게 하면서, 그 사유를 설명하고 ②추천의 말을 전하는 추천장이다. ②의 내용에 근거하여 수신인이 Thomas를 천거하려는 고용주라는 추론이 가능하므로, 정답은 (d)가 된다. (a)와 (b)는 문장 ①의 내용에 근거해 잘못된 추론으로 볼 수 있으며, (c)는 지문에 언급된 내용만으로 알 수 없다.

[Vocabulary]

model n. 본보기, 모범

unexcused absence 무단결석

take on (일 등을) 맡다, (책임을) 지다

foreman n. (건설 현장의) 감독, 배심원 대표

04.

①**A recent study ranking the world's happiest countries has placed Denmark, Finland, and the Netherlands at the top of its list.** While numerous factors are considered when compiling these lists, one measurement used by researchers is that of gross domestic product per capita, which measures the value of everything produced in a country. ② **Usually, the happiest countries are also some of the richest.** This is not always the case, however, as some very rich countries, like Norway, do not rank as highly as some comparatively poorer ones, such as New Zealand. Indeed, researchers suggest that factors like family and community also bring joy to people's lives.

Q: What can be inferred from the passage?

(a) **Denmark, Finland, and the Netherlands are probably rich countries.**

(b) People living in northern climates are usually happier.

(c) Europeans are happier than people from other continents are.

(d) No one really puts much stock in happiness measurements.

[Translation]

①세계에서 가장 행복한 나라들의 순위를 매긴 최근 연구에서 덴마크, 핀란드와 네덜란드가 상위권을 차지했습니다. 이러한 목록을 작성할 때 여러 요인들이 고려되지만, 연구자들이 사용한 측정치 중 하나가 1인당 국내 총생산에 대한 수치로, 이는 한 국가에서 생산되는 모든 품목의 가치를 측정한 것입니다. ②보통, 가장 행복한 나라들이 가장 부유한 나라 중에 있습니다. 하지만, 노르웨이와 같이

매우 부유한 나라들이 뉴질랜드처럼 상대적으로 부유하지 않은 나라들만큼 높은 순위를 차지하는 것이 아니듯이, 항상 그러한 것은 아닙니다. 실제로, 연구자들은 가족 및 지역 사회와 같은 요인들 역시 사람들의 삶에 있어 행복을 가져다 준다고 시사하고 있습니다.

질문: 지문에서 추론할 수 있는 것은?

(a) 덴마크, 핀란드와 네덜란드는 아마 부유한 나라들일 것이다.

(b) 북부 기후대에 거주하는 사람들은 대개 더 행복하다.

(c) 유럽인들은 다른 대륙의 사람들에 비해 더 행복하다.

(d) 누구도 행복수치를 신용하지 않는다.

[Joseph's Solution]

지문에 언급된 정보를 바탕으로 추론 가능한 사실을 고르는 문제이다. ①에서 해당 국가들이 행복수치가 높은 국가들로 선정되었다고 기술한 후, ②에서 대개 이러한 나라들이 부국에 해당한다고 언급하고 있다. 따라서 보기 중 추론 할 수 있는 내용의 (a)가 정답이다.

[Vocabulary]

numerous a. 많은

compile v. 엮다, 편집하다

gross domestic product(=GDP) 국내 총생산

per capita n. 1인당

comparatively adv. 비교적

put stock in ~을 신용(신뢰)하다

05.

①**High-speed passenger trains waste much less energy than both cars and airplanes.** The widespread use of high-speed trains for commuting and travelling would also significantly cut down on air pollution, increasing the quality of life for both people and animals. In addition, building new train stations in the downtown areas of cities would bring jobs and people back from the outlying suburbs, ②**reducing urban sprawl and doing more to protect the prairies and wetlands** that are being encroached upon by new suburban residential and commercial developments.

Q: What can be inferred from the passage?

(a) No high-speed passenger trains currently exist.

(b) **The writer wants to protect the environment.**

(c) New train stations are the only ways to reduce sprawl.

(d) The writer does not travel in cars or airplanes.

[Translation]

①고속 여객열차는 자동차와 비행기보다 동력을 훨씬 덜 소모합니다. 통근 및 여행을 위한 고속 여객열차 이용 확산은 대기오염을 크게 줄여주어 인간 및 동물의 삶의 질을 증가시킬 것입니다. 더욱이, 도심지에 기차역을 새로 건설하는 것은 외곽 지역으로부터 직장 및 사람들을 다시 끌어오는데, 이는 ②도시 스프롤 현상을 줄이고 새로운 도시 근교의 주거 및 상업 개발로 인해 잠식되고 있는 **초원 및 습지 보호에 기여하게 될 것입니다.**

질문: 지문에서 추론할 수 있는 것은?

(a) 어떤 고속 여객열차도 최근에는 존재하지 않는다.

(b) 글쓴이는 환경을 보호하고자 한다.

(c) 새로운 기차역이 스프롤을 줄이는 유일한 방안이다.

(d) 글쓴이는 자동차나 비행기로 이동하지 않는다.

[Joseph's Solution]

고속 여객열차에 대해 다루고 있는 지문의 내용으로 미루어 추론 가능한 사실을 묻고 있다. 지문에서 고속 여객열차는 다른 이동수단과 비교할 때 에너지 활용, 대기오염 감소 및 도시 재개발의 차원에서 보다 유익하다고 하면서, 이는 궁극적으로 초원 및 습지 보호에 기여할 것이라는 내용이다. 글쓴이는 환경보호의 입장에서 고속 여객열차의 이용 확산에 지지하는 입장을 취하고 있다는 추론이 가능하다. 따라서 정답은 (b)가 된다.

[Vocabulary]

downtown area 도심지

outlying a. 외딴, 외진

urban sprawl 도시 스프롤 현상 [난개발을 포함하는 도시의 무차별 팽창 및 확산 현상]

prairie n. 대초원

encroach v. 잠식하다, 침해하다

06.

While he is known by many as the author of Common Sense and an ardent supporter of the American Revolution, Thomas Paine was actually born in England. ①**With the aid of Benjamin Franklin, Paine was able to immigrate to the United States in 1774, and, less than a year later, he began campaigning for revolution.** Though he would have been a capable leader, Paine decided not to help the founding fathers organize their new country after the Revolutionary War was over. Instead, he devoted his time to the invention of a smokeless candle and a new type of bridge.

Q: According to the passage, when did Thomas Paine begin advocating revolution in America?

(a) Five years after arriving in America

(b) While he was travelling to America

(c) While he was still living in England

(d) Shortly after arriving in America

[Translation]

Thomas Paine이 많은 이들이 알고 있듯이 상식의 저자이자 미국 혁명의 열렬한 지지자이지만, 그는 사실 영국에서 태어났습니다. ① Benjamin Franklin의 도움으로, Paine은 1774년 미국으로 이주할 수 있었는데, 1년이 지나지 않아, 그는 혁명을 위한 운동을 벌이기 시작했습니다. Paine이 비록 유능한 리더였지만, 그는 미국 독립전쟁이 끝난 후 미국 헌법 제정자들이 새로운 국가를 조직하는 것을 돕지 않기로 결심했습니다. 대신에, 그는 무연 양초 및 새로운 유형의 교량을 발명하는데 시간을 바쳤습니다.

질문: 지문에 따르면, Thomas Paine은 언제 미국의 혁명을 지지하기 시작했는가?

(a) 미국에 도착한 후 5년이 되던 해

(b) 미국을 여행하는 동안

(c) 아직 영국에 거주하는 동안

(d) 미국에 도착한 후 얼마 지나지 않아

[Joseph's Solution]

질문에서 요구하는 세부정보(Paine이 미국 혁명에 대한 지지를 시작했던 시점)를 찾아 다른 말로 바꾸어 표현된 문장을 고르는 문제이다. ①에서 이주한 시점에서 1년이 되지 않았던 때에 운동을 벌이기 시작했다고 언급되어 있다. 따라서 보기 중 (d)가 가장 적절하다.

[Vocabulary]

ardent a. 열렬한, 열정적인

campaign v. 운동을 벌이다

founding father 창시자, 미국 헌법 제정자

Revolutionary War (미국의) 독립 전쟁

advocate v. 지지하다, 옹호하다

07.

One story about the origin of Rome relates to two brothers, Romulus and Remus, who were abandoned by their mother. She put them in a basket that she sent down a river. The basket was discovered and the boys were raised by wild wolves. Years later, the brothers decided to found a new city where their reed basket came ashore. ①**They chose nearby hills to build their city upon, but eventually Romulus' was selected because his hill had twelve birds on it while Remus' only had six. ②Since there was more life on Romulus' hill, people thought the city would thrive there.** Eventually, the brothers had a falling out, and Remus was murdered, by Romulus or one of his followers.

Q: Why was Rome built on Romulus' hill?

(a) Romulus' had more birds and this was considered a good sign.

(b) Remus was murdered before he had a chance to establish his.

(c) Romulus' hill was closer to where the basket was found.

(d) Remus' hill had an unlucky number of birds living on it.

[Translation]

로마의 기원에 관한 이야기 중 하나는 Romulus와 Remus라는 두 형제와 관련되어 있는데, 그들은 그들의 어머니에 의해 버림을 받았습니다. 그녀는 자신의 자식들을 바구니에 담아 강물에 떠내려 보냈습니다. 그 바구니는 야생 늑대들에 의해 발견되어 두 아이들은 이들에게서 자라나게 되었습니다. 수년이 지난 후, 형제는 자신들이 타고 떠내려온 갈대로 엮은 바구니가 물가로 올라왔던 지점에 새로운 도시를 세우기로 결심하게 됩니다. ①그들은 그 도시를 세우기 위해 근처 언덕을 골랐는데, 결국 Remus가 고른 언덕이 새가 6마리

있는 것에 반해 Romulus 언덕은 12마리의 새가 있었기에 Romulus의 언덕이 선정되었습니다. ②Romulus 언덕에 생명체가 보다 많았기 때문에, 사람들은 이 도시가 그곳에서 번영을 누리게 될 거라고 생각했습니다. 결국, 형제는 사이가 틀어지게 되었고, Remus는 Romulus 혹은 그의 지지자들 중 한 사람에 의해 살해되었습니다.

질문: 로마는 왜 Romulus의 언덕에 지어졌던 것인가?

(a) Romulus의 언덕에 새가 더 많았고 이것이 좋은 징조라 간주되었다
(b) Remus는 그가 자신의 도시를 세울 기회를 가져보기 전에 살해당했다
(c) Romulus의 언덕은 바구니가 발견된 지점에 더 가까웠다
(d) Remus의 언덕에 서식하는 새의 개체 수는 불길한 숫자를 나타냈다

[Joseph's Solution]

로마 기원설에 관한 지문으로, 질문은 글에서 설명하고 있는 세부 정보(Romulus 언덕에 로마가 건국된 이유)를 묻고 있다. Romulus와 Remus 형제가 로마제국의 건국을 위해 토지를 선정하던 중 ① Romulus가 택한 언덕에 새가 더 많이 서식하고 있음을 발견하고, ②이것을 번영을 누리게 될 징조로 생각하여 Romulus 언덕을 택하게 되었다고 언급되어 있다. 따라서 정답은 (a)이다.

[Vocabulary]

reed n. 갈대
ashore adv. 해안(강안)으로
thrive v. 번창하다
have a falling out (의견, 이해관계 등이) 충돌하다

Make-up Vocabulary

1.

[정답] **unsolicited**

[해석] 통신 판매원으로부터 걸려오는 원치 않는 전화에 답하느라 그 소중한 1분을 더는 낭비하지 마세요.

2.

[정답] **commits**

[해석] 유명인이 범죄를 저지를 때마다, 이들은 최소한의 처벌을 받거나, 어떤 경우에는, 처벌을 전혀 받지 않고 무죄 방면되는 듯 보입니다.

3.

[정답] **foreman**

[해석] Thomas는 감독의 역할 등의 새로운 도전에 임하는데 있어 주저한 적이 없었습니다.

4.

[정답] **domestic**

[해석] 이러한 목록을 작성할 때 여러 요인들이 고려되지만, 연구자들이 사용한 측정치 중 하나가 1인당 국내 총생산에 대한 수치로, 이는 한 국가에서 생산되는 모든 품목의 가치를 측정한 것입니다.

5.

[정답] **urban**

[해석] 더욱이, 도심지에 기차역을 새로 건설하는 것은 외곽 지역으로부터 직장 및 사람들을 다시 끌어오는데, 이는 도시 스프롤 현상을 줄이고 새로운 도시 근교의 주거 및 상업 개발로 인해 잠식되고 있는 초원 및 습지 보호에 기여하게 될 것입니다.

6.

[정답] **ardent**

[해석] Thomas Paine가 많은 이들이 알고 있듯이 상식의 저자이자 미국 혁명의 열렬한 지지자이지만, 그는 사실 영국에서 태어났습니다.

7.

[정답] **thrive**

[해석] Romulus 언덕에 생명체가 보다 많았기 때문에, 사람들은 이 도시가 그곳에서 번영을 누리게 될 거라고 생각했습니다.

8.

[정답] **up-to-date**

[해석] 통신 판매원들의 전화번호에 대한 최신 데이터베이스를 갖추고 있어, 이 번호들로부터 여러분께 연락을 취하는 것의 95%를 막아드립니다.

9.

[정답] **meted**

[해석] "일반"인들에게 부과된 처벌과 비교해 봤을 때, 같은 범죄를 저질렀더라도, 유명인은 언제나 쉽게 방면되는 듯 합니다.

10.

[정답] **absences**

[해석] Thomas Jones는 모범 사원입니다. 그는 8년간 근무하면서 무단결석을 한 적이 없을 뿐만 아니라, 한 차례 지각도 없었습니다.

11.

[정답] **founding**

[해석] Paine이 비록 유능한 리더였지만, 그는 미국 독립전쟁이 끝난 후 미국 헌법 제정자들이 새로운 국가를 조직하는 것을 돕지 않기로 결심했습니다.

12.

[정답] **abandoned**

[해석] 로마의 기원에 관한 이야기 중 하나는 Romulus와 Remus라는 두 형제와 관련되어 있는데, 그들은 그들의 어머니에 의해 버림을 받았습니다. 그녀는 자신의 자식들을 바구니에 담아 강물에 떠내려 보냈습니다.

Answer Keys

01. (d) 02. (c) 03. (d) 04. (a) 05. (c) 06. (a)
07. (b)

01.

The rings of Saturn are a recognizable sight to most people on Earth. (a) Scientists are unsure of their origin, but it is believed that they may have come from the destruction of several of Saturn's moons by comets and meteoroids. (b) In addition, while the main rings appear to be very wide, they are actually made up of numerous smaller rings. (c) The makeup of the rings is also a mystery to modern science, but there seems to be a large amount of frozen water in them, including large icebergs and smaller snowballs. **(d) Unlike the other planets, Saturn is less dense than water, meaning it could actually float.**

[Translation]

토성의 고리들은 지구에 있는 사람이 알아볼 수 있는 시야에 있습니다. (a) 과학자들은 이들의 기원에 대해서는 확신을 하지 못하지만, 혜성 및 유성체들로 인한 토성의 몇몇 위성들의 파괴로부터 기인된 것이라 추정하고 있습니다. (b) 게다가, 주요 고리들은 매우 넓어 보이지만, 사실 작은 여러 개의 고리들로 구성되어 있습니다. (c) 이 고리의 구조 역시 현대 과학계에서는 밝혀지지 않았지만, 내부에 거대한 빙산 및 소규모의 눈 뭉치를 포함한 다량의 빙수가 있는 듯 보입니다. **(d) 다른 행성들과는 달리, 토성은 물보다 밀도가 낮은데, 이는 토성이 실제로 물 위에 떠 있을 수 있다는 것을 의미합니다.**

[Joseph's Solution]

토성의 고리에 관한 지문을 읽고 글 전체의 흐름과 부합되지 않는 문장을 고르는 문제이다. 지문을 요약하면, 토성의 고리는 가시거리에 있지만, 과학자들은 아직까지 그 기원 및 구성에 관해 추정을 할 뿐 정확히 밝혀지지 않았다는 내용이다. 따라서 토성 고리의 기원이나 구성에 관련된 사안이 아닌 물과의 밀도 비교에 대해 언급되어 있는 (d)가 정답이다.

[Vocabulary]

Saturn n. 토성
the rings of saturn 토성환
comet n. 혜성
meteoroid n. 유성체, 운성체
makeup n. 구성, 구조
iceberg n. 빙산
dense a. 빽빽한, 밀집한

02.

Tornadoes are created during severe thunderstorms. (a) While all tornadoes are dangerous, the fiercest ones have wind speeds of over 250 miles per hour and are capable of causing incredible devastation. (b) Some countries experience up to 800 tornadoes a year, with the strongest ones destroying areas more than one mile wide and fifty miles long. **(c) A commonly held myth about tornadoes is that they are not capable of forming near lakes or mountains, but this is not true.** (d) As an additional threat, tornadoes are also capable of carrying debris over long distances. In the midwestern United States, a motel sign was carried over 30 miles before finally touching down.

[Translation]

토네이도는 극심한 뇌우가 있는 동안 발생됩니다. (a) 모든 토네이도가 위험하지만, 가장 극심한 토네이도는 시속 250 마일 이상의 풍속을 지니고 무참한 황폐화를 야기할 수 있습니다. (b) 어떤 나라들은 너비 1마일 및 이동거리 50마일 이상으로 지역을 파괴시키는 강력한 토네이도를 포함해 년간 800개에 달하는 토네이도를 경험합니다. **(c) 토네이도에 관련해 일반적인 통념은 호수나 산 근처에서 형성될 수는 없다는 것인데, 이는 사실이 아닙니다.** (d) 추가적인 위협으로, 토네이도는 잔해를 장거리 이동시킬 수도 있습니다. 미국의 중서부 지역에서는, 모텔 간판을 착지 전까지 30마일을 날려버렸습니다.

[Joseph's Solution]

문맥상 어색한 문장을 고르는 문제이다. 토네이도의 규모 및 그로 인한 피해에 관한 내용이다. 문장 (a), (b), (d) 모두 토네이도의 규모와 피해 정도와 관련된 사항을 기술하고 있지만, 문장 (c)는 발생에 대해 언급하고 있다. 따라서 정답은 (c)이다.

[Vocabulary]

tornado n. 회오리바람
thunderstorm 뇌우 [천둥소리와 함께 내리는 비]
fierce a. 격렬한, 맹렬한
devastation n. (특히 넓은 지역에 걸친) 대대적인 파괴
debris n. 파편, 잔해
touch down 착륙[착지]하다

03.

From the early 1930s to 1949, a group of writers and intellectuals, which included now-famous authors C.S. Lewis and J.R.R. Tolkien, met regularly in Oxford, England. (a) Called the Inklings, the members got together mostly to read and discuss their respective unfinished works. (b) They also touched on other literary topics, including the importance of narrative in fiction and the writing of fantasy novels. (c) Though the Inklings were serious authors and thinkers, they certainly had a lighter side and would often hold competitions to see who could read terrible literary works the longest without laughing. **(d) The group's primary meeting place, The Eagle and Child pub, was popular with many students and professors at Oxford.**

[Translation]

1930년대 초부터 1949년도까지, C.S. Lewis와 J.R.R. Tolkien 등의 최근 잘 알려져 있는 작가를 포함한, 일군의 저술가 및 지식인들은 영국의 Oxford에서 정기적으로 만남을 가졌습니다. (a) 잉클링스로 불렸던, 이 멤버들은 주로 독서 및 자신들 각자의 집필중인 작품을 토론하기 위해 뭉쳤습니다. (b) 그들은 소설에서의 서술기법 및 판타지 소설의 집필을 비롯한 여타 문학 주제들 역시 간단히 다루기도 했습니다. (c) 비록 잉클링스가 진지한 저술가 및 철학자들로 구성되었지만, 분명 가벼운 면도 갖추고 있어 종종 누가 형편없는 문학 작품을 웃지 않고 가장 오래 읽을 수 있는지를 보는 경연을 열기도 했습니다. (d) 이 집단의 주된 회의장인 The Eagle and Child 술집은 Oxford 대학에 있는 많은 학생 및 교수들에게 인기가 있는 곳이었습니다.

[Joseph's Solution]

옥스퍼드 대학교 문학 토론 모임이었던 잉클링스에 관한 지문을 읽고 글 전체의 흐름과 부합되지 않는 문장을 고르는 문제이다. 지문을 요약하면, 잉클링스라는 저술가 및 지식인 모임은 독서와 토론을 위해 모임을 가졌지만, 기타 문학 관련 주제를 다루거나 유희를 위한 경연을 벌이는 등의 사교적 역할도 했다는 내용이다. 따라서 잉클링스의 구성원 및 성격에 관련된 사안이 아닌 모임 장소에 대해 언급되어 있는 문장 (d)가 정답이다.

[Vocabulary]

Inklings n. 잉클링스 [영국의 옥스퍼드 대학교와 관련된 문학 토론 모임]
respective a. 각자의, 각각의
touch on ~을 간단히 언급하다, 다루다
narrative n. 서술 (기법)

04.

The creation of the euro revolutionized life in Europe when it was introduced in 1999. **(a) The European Union currently has 27 member states and over 329 million citizens.** (b) With the exception of Denmark and the United Kingdom, most member countries have adopted the euro as their currency or plan to adopt it in the future. (c) One benefit seen after the introduction of the euro was that trade within the European Union was greatly simplified and strengthened. (d) The euro has also given the European Union and its member states a powerful tool to use in international trade relations, as it is now one of the most valuable currencies in the world.

[Translation]

유로화의 발행은, 유로화가 도입되었던 1999년도에, 유럽인들의 삶을 크게 변화시켰습니다. **(a) 유럽 연합은 현재 27개의 회원국으로, 3억 2천 9백만의 인구로 구성되어 있습니다.** (b) 덴마크와 영국을 제외한, 대부분의 회원국들은 유로를 화폐로 채택하고 있거나 장차 채택할 계획에 있습니다. (c) 유로화의 도입 후 가시화된 이점 하나는 유럽 연합내 무역이 크게 간소화되고 강화되었다는 점입니다. (d) 유로화는 또한, 현재 세계에서 가장 가치 있는 화폐 중 하나이기에, 유럽 연합 및 그 회원국들에게 국제 무역 관계에 사용할 강력한 도구를 안겨 주었습니다.

[Joseph's Solution]

지문 전체의 흐름을 파악하여 설명하는 내용과 어울리지 않는 문장을 고르는 문제이다. 유로화의 발행은 유럽인들의 삶에 큰 변화를 주었는데, (b) 대부분의 회원국들이 유로화를 자국의 화폐로 채택하거나 계획중인 상황에서, (c) 유럽 연합간 무역이 간소화되고 강화되었음은 물론, (d) 국제 무역에서도 회원국들에게 혜택을 주고 있다라는 내용이 언급되었다. (a)는 유럽 연합의 회원국 구성을 설명하고 있기 때문에 지문의 흐름에 어색하다. 따라서 정답은 (a)가 된다.

[Vocabulary]

euro n. 유로(화) [유럽 연합의 화폐 단위]
revolutionize v. 대변혁을 일으키다
European Union(EU) 유럽 연합
with the exception of ~은 제외하고, 외에는

05.

The history of photography is a longer one than perhaps most people think. (a) In fact, the first permanent image was created in 1826 by a Frenchman named Joseph Nicéphore Niépce. (b) While his methods were quite crude and the exposure took eight hours to make, the image, which featured a French countryside scene, is still visible today. **(c) Niépce, an inventor, lived on an estate in Le Gras, France.** (d) The first photograph of a person followed only 13 years later, when another Frenchman, Louis-Jacques-Mandé Daguerre, photographed a Parisian street scene in which a man who had stopped to have his shoes shined is barely visible.

[Translation]

사진은 아마도 대부분의 사람들이 생각하는 것보다 더 오랜 역사를 지니고 있습니다. (a) 사실, 최초의 고정된 화상은 1826년 프랑스인 Joseph Nicéphore Niépce에 의해 개발되었습니다. (b) 비록 그의 방식들이 무척 조잡했고 촬영하는데 노출이 8시간 걸렸지만, 프랑스 전원의 장면을 다뤘던 그 이미지는 오늘날 여전히 알아볼 수 있습니다. **(c) 발명가였던 Niépce는 프랑스 Le Gras에 있는 주택 지구에 살았습니다.** (d) 그 뒤를 이어 13년 만에 인물을 담은 최초의 사진은, 또 다른 프랑스인인 Louis-Jacques-Mandé Daguerre가 구두 광을 내기 위해 멈춰 선 남성이 있는 파리 거리 풍경을 촬영했었을 때였는데, 거의 알아보기 힘듭니다.

[Joseph's Solution]

문맥상 어색한 문장을 고르는 문제이다. 사진 역사상 최초의 작품으로 기록된 사진들에 관한 내용의 지문이다. (a), (b), (d) 모두 프랑스 발명가들에 의해 촬영된 최초의 사진들 및 그 작품의 특성과 관련된 사항을 기술하고 있지만, (c)는 발명가 중 한 사람의 사생활에 대해 언급하고 있다. 따라서 정답은 (c)이다.

06.

Once a British-controlled territory, Singapore has become an independent city-state and one of the world's wealthiest nations. **(a) While it first appeared in Chinese historical accounts in the 3rd century C.E., it was not until the 11th century that Singapore got its name.** (b) The United Kingdom took over the island in the 18th century in a bid to check Dutch power in the region, turning it into an important trading post. (c) After being the site of ferocious fighting during World War II, Singapore became a British colony, but a strong nationalist movement resulted in the island gaining its independence in 1965. (d) Today, Singapore is the world's busiest port and one of the world's most important centers for oil refinement.

[Translation]

한 때 영국의 지배를 받는 영토였던, 싱가포르는 독립적인 도시 국가로 세계 부국 중 하나가 되었습니다. **(a) 비록 처음에는 3세기 중국의 역사 기술에 등장했지만, 11세기에 들어서야 싱가포르라는 명칭을 얻게 되었습니다.** (b) 영국은 18세기에 그 지역 덴마크 세력을 확인하기 위해 그 섬을 차지했는데, 이는 그곳을 중요한 교역소로 변모시킵니다. (c) 2차 세계대전 동안 격전지가 된 이래, 싱가포르는 영국의 식민지가 되었지만, 강력한 민족주의 운동으로 그 섬은 1965년 독립을 얻어내게 됩니다. (d) 오늘날, 싱가포르는 세계에서 가장 붐비는 항구이자 원유 정제에 관한 한 세계에서 가장 중요한 중심점 중 하나입니다.

[Joseph's Solution]

지문은 한 때 영국령이었던 싱가포르의 역사에 관한 내용이다. (b) 영국이 그 지역을 점령했던 주변 상황 및 (c) 영국으로부터 독립을 얻어내게 된 사유를 설명하고 (d) 현재 싱가포르의 국제적 입지를 기술하고 있다. 따라서 (a)는 싱가포르 국가명의 유래에 대해 언급하고 있어 문맥상 어색하기 때문에 정답은 (a)이다.

07.

While no longer in use by any modern groups, Latin led to the rise of some of the world's most commonly-spoken languages, known today as "Romance languages." (a) Spanish, French, Italian, Portuguese, and Romanian are all considered Romance languages, as they came out of areas once ruled by the Latin-speaking Roman Empire. **(b) Approximately 98 million people speak French today, with French-speaking people living predominantly in Europe, North America, and Africa.** (c) Other, less common languages that function as regional dialects came out of Latin as well. (d) These include Romansch, which is spoken in Switzerland; Ladin, which is spoken in Italy; and Occitan, which is spoken in southern France.

[Translation]

라틴어는 더 이상 현대의 어떤 집단에서도 사용되고 있지 않지만, 오늘날 "로망스어"로 알려진 세계에서 가장 널리 사용되는 언어 일부의 탄생을 이끌었습니다. (a) 스페인어, 프랑스어, 이탈리아어, 포르투갈어 및 루마니아어는 라틴어를 사용하는 로마제국에 의해 한 때 통치되었던 지역에서 발전되어 나왔기 때문에, 모두 로망스어로 간주되고 있습니다. **(b) 주로 유럽, 북미 및 아프리카에 거주하는 프랑스어 사용자들을 포함해, 대략 9천 8백만의 사람들이 오늘날 프랑스어를 사용합니다.** (c) 지방 사투리로써 사용되는 보다 덜 흔한 다른 언어들 역시 라틴어에서 유래되었습니다. (d) 여기에는 스위스에서 사용되는 로만시어, 이탈리아에서 사용되는 라딘어 및 프랑스 남부지역에서 사용되는 프로방스어가 포함됩니다.

[Joseph's Solution]

지문은 라틴어에 뿌리를 두는 언어들을 통칭하는 로망스어에 관한 내용이다. 내용을 보면, (a) 로망스어에 해당되는 국가 언어 및 (c), (d) 지역 사투리들을 소개하고 있다. 문장 (b)는 프랑스어 사용인구에 대해 언급하고 있기 때문에 문맥상 어색하다. 따라서 정답은 (b)이다.

Make-up Vocabulary

1.

[정답] **dense**

[해석] 다른 행성들과는 달리, 토성은 물보다 밀도가 낮은데, 이는 토성이 실제로 물 위에 떠 있을 수 있다는 것을 의미합니다.

2.

[정답] **fiercest**

[해석] 모든 토네이도가 위험하지만, 가장 극심한 토네이도는 시속 250마일 이상의 풍속을 지니고 무참한 황폐화를 야기할 수 있습니다.

3.

[정답] touched

[해석] 그들은 소설에서의 서술기법 및 판타지 소설의 집필을 비롯한 여타 문학 주제들 역시 간단히 다루기도 했습니다.

4.

[정답] exception

[해석] 덴마크와 영국을 제외한, 대부분의 회원국들은 유로를 화폐로 채택하고 있거나, 장차 채택할 계획에 있습니다.

5.

[정답] permanent

[해석] 사실, 최초의 고정된 화상은 1826년 프랑스인 Joseph Nicéphore Niépce에 의해 개발되었습니다.

6.

[정답] bid

[해석] 영국은 18세기에 그 지역 덴마크 세력을 확인하기 위해 그 섬을 차지했는데, 이는 그곳을 중요한 교역소로 변모시킵니다.

7.

[정답] regional

[해석] 지방 사투리로써 사용되는 보다 덜 흔한 다른 언어들 역시 라틴어에서 유래되었습니다.

8.

[정답] origin

[해석] 토성의 고리들은 지구에 있는 사람이 알아볼 수 있는 시야에 있습니다. 과학자들은 이들의 기원에 대해서는 확신을 하지 못하지만, 혜성 및 유성체들로 인한 토성의 몇몇 위성들의 파괴로부터 기인된 것이라 추정하고 있습니다.

9.

[정답] debris

[해석] 추가적인 위협으로, 토네이도는 잔해를 장거리 이동시킬 수도 있습니다. 미국의 중서부 지역에서는, 모텔 간판을 착지 전까지 30마일을 날려버렸습니다.

10.

[정답] intellectuals

[해석] 1930년대 초부터 1949년도까지, C.S. Lewis와 J.R.R. Tolkien 등의 최근 잘 알려져 있는 작가를 포함한, 일군의 저술가 및 지식인들은 영국의 Oxford에서 정기적으로 만남을 가졌습니다.

11.

[정답] currencies

[해석] 유로화는 또한, 현재 세계에서 가장 가치 있는 화폐 중 하나이기에, 유럽 연합 및 그 회원국들에게 국제 무역 관계에 사용할 강력한 도구를 안겨 주었습니다.

12.

[정답] independence

[해석] 2차 세계대전 동안 격전지가 된 이래, 싱가포르는 영국의 식민지가 되었지만, 강력한 민족주의 운동으로 그 섬은 1965년 독립을 얻어내게 됩니다.

Chapter 01 문제 유형별 분석 Unit 06 문제 유형 종합 정답 & 해설

Answer Keys

01. **(d)** 02. **(b)** 03. **(a)** 04. **(d)** 05. **(d)** 06. **(b)**
07. **(b)** 08. **(a)** 09. **(d)** 10. **(b)** 11. **(c)** 12. **(a)**

01.

While wheat, barley, rye, and oats are common ingredients in many foods people eat, they contain a substance called gluten, which people with Celiac disease are unable to ingest. ①**Celiac disease causes the small intestine to be damaged as a result of eating the gluten found in these ingredients.** While the ingestion of gluten does not lead to death in those who have the disease, ______ __________________. ②**These can include abdominal pain, nausea, vomiting, fatigue, depression, and even seizures.** However, the broad range of possible symptoms that a person affected by celiac disease can exhibit tends to slow the diagnosis of the illness, causing suffering to continue for an unnecessarily long time.

(a) it is most likely to cause health problems in men
(b) it can cause other food allergies to develop
(c) it can shorten their lifespan by several years
(d) it can lead to other serious symptoms

[Translation]
밀, 보리, 호밀 및 귀리는 우리가 섭취하는 여러 음식에 쓰이는 일반적인 재료이지만, 글루텐이라 불리는 물질을 함유하고 있는데, 이는

소아 지방변증을 지닌 환자들이 섭취할 수 없는 물질입니다. ①소아 지방변증은 이 세 가지 음식 재료들에서 발견된 글루텐을 섭취한 결과로 소장에 손상을 입히게 됩니다. 비록 글루텐 섭취가 이 질병을 지닌 이들을 죽음에 이르게 하는 것은 아니지만, **기타 심각한 증상들을 유발할 수 있습니다.** ②이는 복통, 메스꺼움, 구토, 피로, 우울감 및 발작까지 포함될 수 있습니다. 하지만, 소아 지방변증을 앓고 있는 환자가 보일 수 있는 이 천차만별의 가능성 있는 증상들은 질환에 대한 진단을 늦춰지게 하기 쉬운데, 이는 불필요하게 오랫동안 고통을 지속하게 만듭니다.

(a) 사람들에게 건강상의 문제를 유발할 가능성이 큽니다
(b) 다른 음식에 대한 알러지 반응을 유발시킬 수 있습니다
(c) 환자들의 수명을 몇 년 단축시킬 수 있습니다
(d) 기타 심각한 증상들을 유발할 수 있습니다

[Joseph's Solution]
소아 지방변증이라는 질환을 지닌 환자들이 섭취할 수 없는 글루텐을 먹게 되면 어떤 결과를 초래하는지 지문의 내용으로 유추해서 답을 고르는 Part 1 문제이다. ①에서 소아 지방변증은 일반 식재료에 함유된 글루텐을 섭취하면 소장에 손상을 입게 된다고 기술되어 있고 ②에 다양한 증상이 나열되어 있다. ②의 증상과 앞서 빈칸이 위치한 문장을 자연스럽게 연결하는 내용이 들어가야 한다. 따라서 보기 중 (d)가 가장 적절하다.

[Vocabulary]
wheat n. 밀
barley n. 보리
rye n. 호밀
oat n. 귀리
gluten n. 글루텐 [곡류의 전분성 배유에 생성되는 비결정질 단백질]
celiac disease 소아 지방변증 [소장에서 발생하는 유전성 알레르기 질환]
ingest v. 섭취하다
small intestine 소장
abdominal pain 배앓이, 복통
nausea n. 메스꺼움
seizure n. (병의) 발작

02.

From the 18th century onward, most European powers who maintained seagoing navies rated their vessels according to ____________ ____________. ①**The most heavily armed ships, called first-rate ships, carried at least 100 guns. ②The ships given the lowest rating, which were classified as sixth-rate ships, carried no more than 32.** In order for these sixth-rate ships to be granted a rating according to their country's navy, however, they had to be commanded by a person with the rank of Captain. Interestingly, it was only ships carrying the top three ratings that were considered powerful enough to take a place in the line of battle during combat. The rest simply performed other duties, such as escorting convoys of larger ships.

(a) how powerful a ship's weapons were
(b) how many guns they were armed with
(c) how experienced a ship's captain was
(d) how many battles they had fought in

[Translation]
18세기 이후 지속적으로, 항해용 해군 **함선들을 보유했던 대부분의 유럽 세력들은 함선들이 몇 개의 대포로 무장했는지에 따라** 자신들의 군함들을 평가했습니다. ①일류 선박이라 불렸던, 가장 육중하게 무장한 선박들은 적어도 100여 개의 대포를 장착했습니다. ②가장 낮은 등급으로 평가되었던 6등급으로 분류된 선박들은 32개 대포 이상은 싣지 않았습니다. 그러나, 이러한 6등급 선박들이 자국의 해군 함선에 따르는 순위가 인정되기 위해서는, 대령 직위를 가진 이로부터 지휘를 받아야만 했습니다. 흥미롭게도, 대전 중 전선에 참전하기에 충분히 강력하다고 간주되는 선박들은 상위 3개의 등급을 지닌 선박들뿐이었습니다. 나머지는 그저 더 큰 선박들의 호송을 호위하는 등의 기타 다른 임무들을 수행했습니다.

(a) 선박의 무기가 얼마나 강력했는지에 따라
(b) 함선들이 몇 개의 대포로 무장했는지에 따라
(c) 선박의 선장이 얼마나 경험이 풍부했는지에 따라
(d) 함선이 몇 개의 전투에 참전했는지에 따라

[Joseph's Solution]
빈칸이 위치한 문장을 살펴보면, 어떠한 점에 기인하여 선박의 등급을 평가했는지를 보기 중에서 선택해야 하는 빈칸 완성 문제임을 알 수 있다. 두 번째 문장인 ①에서, 화포를 100개 이상 장착한 선박들이 최고 등급을 받았고 ②32개 이하 화포가 장착된 선박들은 가장 낮은 등급인 6등급을 받았다고 기술되어 있다. 결국 화포의 수가 등급 결정의 주요 기준임을 알 수 있다. 따라서 빈칸에 들어가기에 가장 적절한 내용은 (b)이다.

[Vocabulary]
onward a. 앞으로(계속 이어서) 나아가는
seagoing a. 원양 항로용(항해용)의
navy n. 해군, 해군 함선
vessel n. 배
first-rate a. 일류의, 상등의
gun n. 총, 대포
grant v. 승인[허락]하다
Captain n. (해군의) 대령
command v. 지휘하다
combat n. 전투, 싸움
convoy n. 호송, 호위

03.

It wasn't until 250 years after Sir Isaac Newton formulated his groundbreaking theory on gravity that another significant new theory on the same subject came along. In 1915, Albert Einstein's theory of general relativity ____________ ____________. ①**Einstein proposed that gravity pulling in one direction is equal to acceleration in the opposite direction, meaning that gravity influences time and space.** His conclusion, then, was that the gravity of an object such as the sun is capable of distorting the properties of the time and space around it. So if a clock approached the sun, it would tick more and more slowly because of the sun's powerful gravitational forces. ②**Many believe that his theory advanced scientific study by decades.**

(a) changed the way the world looked at gravity
(b) disputed Sir Isaac Newton's theory on gravity
(c) led to a complete reexamination of gravity theories
(d) was not accepted by Newton's followers

[Translation]
Isaac Newton경이 지구 중력에 관한 획기적인 이론을 내놓은 후 250년간 동일 주제에 대해 새로운 또 다른 중요 이론은 나타나지 않았습니다. 1915년, Albert Einstein의 일반 상대성 이론은 **세계가 중력을 바라봤던 방식을 변화시켰습니다.** ①Einstein은 한 방향으로 끌어당겨지는 중력은 반대 방향으로 향하는 가속도와 등가 한다고 제안했는데, 이는 중력이 시간과 공간에 영향을 미친다는 것을 의미합니다. 그러니까, 그의 결론은 태양과 같은 물체의 중력은 그것을 둘러싼 시간 및 공간의 속성을 왜곡시킬 수 있다는 것이었습니다. 그래서 만일에 시계가 태양으로 접근한다면, 태양의 강력한 중력 때문에 시간은 점점 더 느리게 째깍거릴 것입니다. ②**많은 이들은 그의 이론이 과학 연구를 수십 년 앞당겼다고 생각합니다.**

(a) 세계가 중력을 바라봤던 방식을 변화시켰습니다
(b) Isaac Newton경의 중력에 대한 이론에 이의를 제기했습니다
(c) 중력 이론들에 대한 완전한 재검토를 이끌었습니다
(d) Newton의 지지자들에게 받아들여지지 않았습니다

[Joseph's Solution]
Albert Einstein의 상대성 이론이 어떠한 의미에서 중력에 대한 Newton경의 이론 이후 새로운 중요 이론으로 자리매김한 것인지 유추하는 문제이다. ①에서 Einstein이 제안했던 일반 상대성 이론의 주요 개념을 설명하고, 예를 들어 부연을 한 다음, ②이 이론이 과학사 연구를 크게 진보시켰다고 평가하고 있다. 즉, 상대성 이론에 대한 기본 개념을 소개하면서 긍정적인 평가를 덧붙이고 있으므로, 이에 가장 어울리는 내용은 (a)이다.

[Vocabulary]
groundbreaking a. 신기원을 이룬, 획기적인
gravity n. (지구) 중력
come along 생기다, 나타나다
general relativity 일반상대성이론
acceleration n. 가속도
distort v. 비틀다, 왜곡하다
gravitational force 중력
advance v. 진보시키다
dispute v. (~에 대해) 반론하다, 이의를 말하다

04.
Today, the population of panda bears ___________ __________________________. ①**There are, in fact, only about 700 wild pandas in existence, and only about 200 living in zoos around the world.** They are, therefore, the rarest species of bear. ②

Since their natural habitat has been steadily destroyed by humans over the years, the Chinese government has created 14 nature reserves for them to live on. These reserves are the homes of most of the pandas that exist in the wild, and all of them are located along the rim of the Tibetan plateau.

(a) is spread across every continent
(b) lives exclusively in zoos
(c) is larger than it has ever been
(d) is on the verge of extinction

[Translation]
오늘날, 팬더는 **멸종 상태에 놓여 있습니다.** ①사실, 700여 정도의 야생 팬더만이 존재하고 있으며, 200여 마리만이 전 세계 동물원에서 사육되고 있습니다. 그러므로, 팬더는 희귀 종의 곰과 입니다. ②이들의 자연 서식지는 수년간 인간에 의해 지속적으로 파괴되어 오고 있기 때문에, 중국 정부는 팬더가 서식할 수 있는 14곳의 자연 보호구역을 설정했습니다. 이 보호구역은 야생에 생존하고 있는 거의 모든 팬더들의 서식지가 되고 있는데, 이 구역들은 모두 티베트 고원의 가장자리를 따라 위치해 있습니다.

(a) 모든 대륙에 걸쳐 분포되어 있습니다
(b) 오직 동물원에만 서식하고 있습니다
(c) 그 동안 존재해 온 것보다 더 많습니다
(d) 멸종 상태에 놓여 있습니다

[Joseph's Solution]
빈칸에는 지문에서 팬더의 개체 수와 관련하여 언급한 바를 요약하는 내용이 들어가야 한다. 지문의 내용을 보면 ①에서, 전 세계 총 100여 마리뿐인 팬더는 ②인간의 지속적 서식지 파괴로 인해 보호정책 하에 놓여 있다고 기술되어 있다. 따라서 빈칸에 적절한 내용은 (d)이다.

[Vocabulary]
habitat n. 서식지
nature reserve 자연 보호구역
rim n. 가장자리, 테두리
plateau n. 고원
on the verge of extinction 멸종 상태에 놓여 있는

05.
①**While people often put a lot of emphasis on what someone says and the tone of voice they use when they say it, nonverbal communication is often much more powerful than its verbal counterpart. _______________, ②according to one study, 93% of communication is ascertained through nonverbal signals.** Facial expression, body language, and how one uses space are all important factors in nonverbal communication. Most interestingly, perhaps, is the fact that different cultures have different standards for nonverbal communication, making intercultural exchanges very prone to misunderstandings.

(a) Instead

(b) On the other hand

(c) However

(d) In fact

[Translation]

①사람들은 종종 무엇을 이야기 하고 있는 지와 그것을 말할 때 음색이 어떠한지에 주안점을 두는데, 많은 경우 비언어적 의사소통이 언어적 의사전달보다 훨씬 더 강력합니다. <u>사실은,</u> ②한 연구에 따르면, 의사소통의 93%는 비언어적인 신호를 통한다고 확인되었습니다. 표정, 몸짓 및 공간을 어떻게 활용하는지가 모두 비언어적 의사소통에 있어 중요한 요인들입니다. 가장 흥미로운 사실은 아마도 문화가 다르면 비언어적 의사전달에 대한 다른 기준을 갖는다는 점인데, 이는 이종 문화간의 교류가 오해를 사기 쉽게 만들고 있습니다.

(a) 그 대신에

(b) 다른 한편으로는

(c) 그러나

(d) 사실은

[Joseph's Solution]

빈칸이 삽입된 문장과 빈칸 앞에 위치한 문장과의 관계를 파악해야 한다. ①대부분의 사람들이 언어적 전달에 신경을 쓰고 있지만, 사실 비언어적 의사소통이 훨씬 더 강력한 전달력을 가지고 있다고 하였고, ②에서 그와 관련된 연구결과를 제시하고 있습니다. 앞서 언급된 내용에 대하여 이어지는 뒤에 따르는 문장에서 자세한 내용을 덧붙이는 경우이다. 따라서 이에 가장 적절한 연결어는 (d) in fact 이다.

[Vocabulary]

counterpart n. 상대물, 상대방, 대응물

ascertain v. 알아내다, 확인하다

intercultural a. 이(종) 문화간의

prone to ~하기(당하기) 쉬운

06.

①**Capable of moving large amounts of earth through erosion, water is one of the most powerful forces on Earth.** There are three types of water erosion. The first is splash erosion, which is caused by water droplets, such as rain, striking the earth. Second is sheet erosion, which is caused by water flowing across the earth. This only moves thin layers of soil with it at a time, and it often takes several years to see the effects of it. Finally, there is rill erosion. This is caused by water converging into numerous little channels and can carve up the surface of a field. If left unchecked, multiple rills can unite to create very damaging gullies, which are large trenches.

Q: Why would water erosion be undesirable for farmers?

(a) Cattle tend to get trapped in rills.

(b) Erosion can carry away valuable soil.

(c) Tractors cannot operate in eroded fields.

(d) Crops grow too quickly in eroded fields.

[Translation]

①침식을 통해 지면의 상당량을 운반할 수 있기 때문에, 물은 지구상 가장 강력한 동력 중 하나입니다. 물로 인한 침식에는 세 가지 종류가 있습니다. 그 첫 번째는 비산침식으로, 이는 비와 같은 지면을 때리는 물방울에 의해 일어납니다. 두 번째는 판상침식으로, 이는 지면을 가로질러 흐르는 물에 의해 일어납니다. 이것은 한 번에 얇은 지층만을 움직이므로, 대개 그로 인한 영향을 확인하는 데는 수년이 걸립니다. 마지막으로, 세류 침식이 있습니다. 이것은 수없이 작은 물길들로 모이는 물에 의해 만들어지는데 지표면을 분할시킬 수 있습니다. 그대로 방치된다면, 수많은 실개천들은 심각한 피해를 입히는 도랑을 만들려고 통합될 수 있는데, 이는 거대한 해자(垓子)가 됩니다.

질문: 물로 인한 침식이 왜 농부들에게는 달갑지 않게 되는가?

(a) 소떼가 실개천에 빠져버리기 쉽기 때문에

(b) 침식이 소중한 토양을 쓸어가 버릴 수 있기 때문에

(c) 트렉터가 침식된 지역에서 작동될 수 없기 때문에

(d) 작물이 침식된 지역에서 너무 빨리 자라나기 때문에

[Joseph's Solution]

지문에 언급된 사실을 바탕으로 추론 가능한 내용을 고르는 문제이다. 지문은 ①물로 인한 침식으로 상당량의 지면이 운반되기에, 물을 지구상 가장 강력한 동력의 하나로 묘사하면서, 이어지는 내용에서 물로 인한 침식의 종류와 그 특징을 기술하고 있다. ①에서 언급된 내용으로 가능한 추론은, 보기 중 (b)이다. 실개천은 지면을 가로지르는 얇은 개천으로 수년이 지난 후에야 침식을 확인할 수 있으므로, (a)는 잘못된 추론이다. 따라서 (c)와 (d)는 지문과 무관한 내용이다.

[Vocabulary]

earth n. 땅, 지면

erosion n. 부식, 침식

splash erosion 비산침식 [빗물에 의한 침식]

sheet erosion 표층 면상(판상)침식

rill erosion 세류(세립) 우곡 침식

converge v. 모여들다, 집중되다

channel n. 수로, 물길

carve up 분할하다

gully n. (시냇물이나 빗물에 의해 생긴) 도랑

trench n. 해자

07.

①**Today's Olympic games are the modern-day equivalent of the games held by the ancient Greeks at Olympia.** Started in 700 BCE and held every four years thereafter, these games were the most important events held in Greece. Originally, the Olympia games lasted only one day and featured only footraces and wrestling. However, by 472 BCE, the games had expanded to include competitions in many different sports over the course of five days. In addition to running and wrestling, other events like horse races, boxing, javelin, and discus were added.

However, one aspect of the original games would be foreign to modern-day Olympians: The Greeks slaughtered 100 oxen and sacrificed them to the gods on the third day of the competition.

Q: Which is correct according to the passage?

(a) The ancient Romans and Greeks often competed against each other at Olympia.

(b) The modern-day Olympics grew out of the ancient Greek games held at Olympia.

(c) The first competition held at Olympia was in honor of the Greek emperors.

(d) The most popular competitions at the Olympia games were footraces and wrestling.

[Translation]

①오늘날의 올림픽 게임은 올림피아에서 고대 그리스인에 의해 개최되었던 게임의 현대판 등가물입니다. 기원전 700년에 시작되어 그 후 매 4년마다 개최되었던, 이 게임들은 그리스에서 열렸던 가장 중요한 행사들이었습니다. 원래, 올림피아의 경기들은 단 하루만 진행되었고 도보 경주들과 레슬링 종목만을 갖추고 있었습니다. 하지만, 기원전 472년까지, 게임 종목은 닷새에 걸쳐 여러 다른 스포츠들의 경합을 포함하는 것으로 확장되었습니다. 육상 및 레슬링과 더불어, 경마, 복싱, 투창 및 원반던지기가 추가되었습니다. 하지만, 근대 올림픽 경기의 선수들에게 원 경기들에 대한 다음의 양상은 이질적일 수 있는데: 그리스인들은 소 100마리를 도살시켜 경합 셋째 날에 신들에게 제물로 바쳤습니다.

질문: 지문에 따르면 다음 중 어떤 것이 올바른가?

(a) 고대 로마인들과 그리스인들은 종종 올림피아에서 서로를 상대로 겨루었다.

(b) 근대 올림픽은 올림피아에서 겨뤘던 고대 그리스 경기에서 유래되었다.

(c) 올림피아에서 열린 최초의 경합은 그리스 황제들에게 경의를 표했었다.

(d) 올림피아 게임에서 가장 인기 있는 경합은 도보 경주들과 레슬링이었다.

[Joseph's Solution]

지문의 내용과 일치하는 내용을 묻는 문제이다. ①에서 근대 올림픽 게임은 고대 그리스에서 열렸던 올림피아 게임의 등가라고 기술되어 있다. 따라서 주어진 보기 중에서 (b)가 정답이다. (a)와 (c)는 지문에서 언급된 사실과 다르며, (d)는 지문의 내용만으로 유추할 수 없다.

[Vocabulary]

equivalent n. (~에) 상당하는 것, 등가물

thereafter adv. 그 후에

footrace n. 도보 경주

javelin n. 투창 (경기)

discus n. 원반던지기 (경기)

Olympian n. (고대 올림피아, 근대 올림픽) 경기 선수

slaughter v. 학살하다, 대량으로 죽이다

08.

Often used for heating homes, natural gas is one of the most highly sought-after gases in the world. Finding new natural gas deposits, then, is an extremely important endeavor, and many technological advances have been made in this field in the last few decades. Many years ago, the only way to locate natural gas deposits was to look for indications of their existence on the surface of the Earth. Naturally, this was a very complex and inefficient process, with many natural gas deposits being overlooked because nothing was seeping to the surface. ①**Today, however, through the use of geological surveys, seismic exploration, magnetometers, and other technological breakthroughs, finding natural gas reserves is easier, cheaper, and more efficient than ever before.**

Q: According to the passage, what has made natural gas deposits easier to find?

(a) Improved technology and methods

(b) More gas seepage to the surface

(c) Less consumer demand for gas

(d) Discovery of new uses for gas

[Translation]

대개 가정용 난방으로 사용되는, 천연 가스는 세계에서 가장 수요가 높은 가스입니다. 그래서, 새로운 천연 가스 매장물을 찾는 것은 극히 중요한 시도이며, 지난 몇 십 년간 이 분야에서 여러 기술적인 진전이 이루어졌습니다. 수년 전, 천연 가스 매장물의 정확한 위치를 찾아내는 유일한 방법은 지표면에 그 존재여부에 대한 조짐을 찾는 것이었습니다. 자연히, 이것은 표면으로 스며 나오는 것이 없었기에 많은 양의 천연 가스 매장물들이 간과되는 매우 복잡하고 비효율적인 방법이었습니다. ①**하지만, 현재는 지질 조사, 탄성파 탐사, 자기 탐지기들 및 기타 과학기술에 있어서의 주요한 발견들을 활용하여, 천연 가스 매장량을 찾는 일은 이전에 비해 더 용이하고, 저렴하며 효율적이 되었습니다.**

질문: 지문에 따르면, 천연 가스 매장물을 찾기 더 용이하게 만들었던 것은 무엇인가?

(a) 향상된 기술 및 기법들

(b) 표면으로의 더 많은 가스 침윤

(c) 가스에 대한 낮아진 소비 수요

(d) 새로운 가스 활용에 대한 발견

[Joseph's Solution]

세부정보(천연가스의 매장물 탐지가 보다 용이하게 된 이유)를 찾아 다른 말로 바꾸어 표현된 문장을 고르는 문제이다. ①에서 열거된 조사기법 및 기술의 활용이 가능해져서 작업이 보다 효율성을 띄며 용이해졌다고 설명하고 있다. 따라서 정답은 (a)가 된다.

[Vocabulary]

sought-after a. 수요가 있는, 인기 있는

deposit n. 퇴적물, 매장물

endeavor n. 노력, 시도

locate v. ~의 정확한 위치를 찾아내다

inefficient a. 비효율(비능률)적인

overlook v. 못 보고 넘어가다, 간과하다

seep v. 스며 나오다, 뚝뚝 떨어지다

geological survey 지질 조사

seismic exploration 탄성파 탐사

magnetometer n. 자기계, 자력계, 자기 탐지기

breakthrough n. 돌파구

reserve n. (석탄 · 석유 · 천연 가스 등의) 매장량

seepage n. 누출, 침윤

09.

To Whom It May Concern:

I am writing this letter to inform you that I will no longer be utilizing your car repair services. I dropped my car off at your shop last Tuesday to be repaired. However, when I picked it up on Thursday, I noticed that, while the requested work had been completed, both passenger-side doors had been damaged, and money that I keep in the glove box for emergencies had been stolen. ①**Considering my past experiences, I expected much better from your company, and I want you to know that I will be contacting the Better Business Bureau and perhaps an attorney.**

Jon Larsson

Q: What can be inferred from the letter?

(a) Jon had never brought his car into this repair shop before.
(b) Jon knows the owner of this auto repair shop personally.
(c) Jon is the director of the local Better Business Bureau.
(d) Jon had used this shop before and never experienced problems.

[Translation]

담당자님께:

제가 더 이상 당사의 자동차 수리 서비스를 이용하지 않을 것임을 알려드리고자 이 편지를 적습니다. 지난 화요일 수리를 위해 당사 매장에 제 자동차를 옮겨두었습니다. 하지만, 목요일에 차를 찾으러 갔을 때, 요청한 사안은 완료되어 있었지만, 조수석 문들이 모두 손상되어 있었고, 비상시를 위해 앞 좌석 사물함에 넣어 두는 돈이 도난 당했다는 것을 알게 되었습니다. ①**경험상, 저는 당사에 훨씬 더 나은 서비스를 기대했는데, 제가 상업 개선 협회 및 아마도 변호사에 연락을 취할 것임을 알고 계셨으면 합니다.**

Jon Larsson으로부터

질문: 해당 편지에서 추론할 수 있는 것은?

(a) Jon은 일전에 해당 수리업체로 자신의 차량을 가져간 적이 없었다.
(b) Jon은 해당 차량 수리 매장의 소유자를 개인적으로 알고 있다.
(c) Jon은 지역의 상업 개선 협회의 책임자이다.
(d) Jon은 일전에 해당 매장을 이용했는데 곤란을 겪지는 않았었다.

[Joseph's Solution]

지문에 언급된 사실을 바탕으로 추론 가능한 내용을 묻는 문제이다. ①에서, Jon은 자신의 과거 경험을 고려할 때 더 나은 서비스를 기대했다는 견해를 보이고 있기 때문에 일전에 매장을 이용했으되 곤란을 겪은 적은 없었다는 추론이 가능하다. 따라서 정답은 (d)가 된다.

[Vocabulary]

utilize v. 이용하다, 활용하다

passenger-side a. 조수석의

glove box (자동차 앞 좌석의) 사물함, 내부격실문

Better Business Bureau 상업(거래) 개선 협회 [공정 거래를 위한 생산자 단체]

10.

①**Most people know that the Japanese company Toyota manufactures automobiles, but it is also involved in many other industries.** One such industry is the creation of living roofing material. Tokyo-based Toyota Roof Gardens uses peat imported from China to make greenery for use on rooftops. Local governments across Japan are helping this Toyota subsidiary grow as it attempts to reduce high city temperatures, caused by large amounts of heat-absorbing materials like concrete and asphalt. Toyota has its hand in other non-automotive industries as well, including prefabricated houses. Made at Toyota's factory in Kasugai, Japan, these houses come with features only an automaker would think to provide, such as keyless entry.

Q: What can be inferred from the passage?

(a) Japan has hotter cities than any other country.
(b) Toyota's largest business is manufacturing automobiles.
(c) Most automakers do not own subsidiary companies.
(d) Toyota makes more roof greenery than any other company.

[Translation]

①대부분의 사람들은 일본 회사인 Toyota가 자동차를 생산한다고 알고 있지만, 그 회사는 기타 다른 산업 분야들에도 관련되어 있습니다. 그러한 산업분야 중 하나가 살아있는 지붕공사 재료의 제작입니다. 도쿄 기반의 Toyota Roof Gardens는 중국에서 수입된 토탄을 사용해 건물에 옥상에 이용할 화초를 만듭니다. 일본 전역의 지방 정부들이 콘크리트 및 아스팔트 같은 다량의 흡열 재료로 인한 도시의 높은 온도를 감소시키는 데 애를 쓰고 있기에 Toyota의 이 자회사가 성장하도록 도와주고 있습니다. Toyota는 조립식 주택을 포함한 또 다른 非 자동차 산업들에도 손을 대고 있습니다. 일본의 카수가이에 있는 Toyota 공장에서 만들어진, 이 주택들은 오직 자동차 제조회사만이 생산을 고려했음직한 열쇠가 필요 없는 출입문과 같은 특성을 지니고 있습니다.

질문: 지문에서 추론할 수 있는 것은?

(a) 일본은 기타 다른 나라들보다 도시 기온이 더 높다.
(b) Toyota의 가장 규모가 큰 사업은 자동차 제조하는 것이다.
(c) 대부분의 자동차 생산업체들은 자회사를 가지고 있지 않다.
(d) Toyota는 기타의 다른 회사 보다 지붕 온실을 더 만든다.

[Joseph's Solution]

지문에 언급된 사실을 바탕으로 추론 가능한 내용을 보기에서 고르는 문제이다. 대부분의 사람들이 Toyota를 자동차 생산업체로 알고 있다는 ①의 내용에서 Toyota의 주력 산업이 자동차 생산이라는 추론이 가능하므로, 정답은 (b)가 된다.

[Vocabulary]

roofing n. 지붕 공사
peat n. 토탄
greenery n. 녹색 나뭇잎, 화초
rooftop n. (건물의) 옥상
subsidiary n. 자회사
heat-absorbing a. 흡열의
prefabricated house 조립식 주택

11.

The Romans gained control of the British Isles after their victory in Scotland's Grampian Mountains in 84 CE. (a) However, shortly after, trouble in other parts of the empire forced the Romans to abandon their plans to continue through Great Britain. (b) To delineate the Romans' territory, Emperor Hadrian built a wall across the island to keep out the Picts, a tribe that had not yet been conquered by Rome. **(c) At its height, the Roman Empire included most of Europe and much of the Middle East and Northern Africa.** (d) When the Romans left the British Isles for good in 410 CE, Britons plundered the wall for construction materials, and Roman stones can be seen today in most of the area's ancient buildings.

[Translation]

로마인들은 서기 84년 스코틀랜드의 Grampian 산맥에서 승리를 거둔 후 영국 제도에 대한 통치권을 얻게 되었습니다. (a) 하지만, 오래지 않아, 제국의 다른 지역에서의 분쟁은 로마인들이 영국 제도를 통해 지속하려던 계획을 포기하도록 만들었습니다. (b) 로마인들의 영토를 구별하기 위해, Hadrian 황제는 로마에 의해 아직 정복당하지 않은 종족인 픽트인들을 제한하는 섬 전역에 걸쳐 벽을 세웠습니다. **(c) 절정기에 로마 제국은 유럽의 대부분을 비롯해 중동 및 북아프리카의 많은 부분을 아우르고 있었습니다.** (d) 로마인들이 410년에 영국 제도를 영영 떠났을 때, 영국인들은 건축 재료를 얻기 위해 그 벽을 강탈하여, 로마의 석조들은 오늘날 이 지역의 오래된 건축물 대부분에서 발견될 수 있습니다.

[Joseph's Solution]

지문의 전체 흐름에 어색한 문장을 고르는 문제이다. 지문을 요약하면, 영국 제도에 대한 통치권을 얻은 로마인들은 (a) 다른 지역의 분쟁으로 그 지역과 관련된 계획을 져버리게 되었는데, (b) 그것은 픽

트인들을 제한하기 위한 영토 구분용 장성을 세우는 것으로, (d) 로마인들이 물러나고 나자 영국인들은 이 장성들에서 건축자재를 공급받아 그 잔해가 오늘날 주변 지역 고건축에 남아있게 되었다는 내용이다. 절정기 로마제국의 영토에 대해 기술한 (c)는 주제와 무관하기 때문에 정답이다.

[Vocabulary]

British Isles 영국 제도 [Great Britain, Ireland 및 주변의 섬들로 구성]
delineate v. 윤곽을 그리다, 묘사하다
Pict n. 픽트인 [영국 북부에 살던, 스코트족(Scots)에게 정복당한 고대인]
at its height ~의 절정에서, 절정기에
Briton n. 영국인
plunder v. 약탈하다

12.

Today, we know Leonardo da Vinci as a great artist and inventor, but he also had many interesting personal qualities. **(a) For example, some of da Vinci's designs were ahead of his time, including tanks, submarines, and other vehicles.** (b) In addition, he was a vegetarian in an era when vegetarianism was nearly unheard of. (c) Da Vinci was also a lover of animals, going so far as to buy animals at the market so that he could prevent them from being eaten. (d) Finally, da Vinci was also proud of an attribute that was commonly seen during his life as a mark of the devil's work: left-handedness in an era when most left-handed people were forced to use their right hands.

[Translation]

오늘날, 우리는 Leonardo da Vinci를 위대한 예술가이자 발명가로 알고 있지만, 그는 개인적으로 흥미로운 자질을 지니고 있었습니다. **(a) 예를 들어, 탱크, 잠수함을 비롯한 기타 운송수단을 아우르는 da Vinci의 디자인은 시대를 앞서 있었습니다.** (b) 더욱이, 그는 채식을 거의 들어보지 못했던 그 당시에 채식주의자였습니다. (c) Da Vinci는 또한 동물 애호가로, 시장에서 동물을 구입하기 위해 가능한 멀리 가 동물들이 먹히지 않게 보호할 수 있었습니다. (d) 마지막으로, da Vinci는 또한 왼손잡이들이 오른손을 쓰도록 강요 받았던 그 시절에 그의 생애 동안 악마의 작업의 표식으로써 간주되었던 자질인 왼손잡이를 자랑스러워 했습니다.

[Joseph's Solution]

지문은 흥미로운 개인적 소양을 지녔던 Leonardo da Vinci에 관한 내용으로, 당대에 없던 (b) 채식주의자이자 (c) 동물 애호가이며 (d) 왼손잡이였던 우리가 잘 알지 못하고 있던 da Vinci의 이면에 대해 기술하고 있다. (a)는 시대를 앞서갔던 그의 고안물들에 대해 언급하고 있기 때문에 문맥상 어울리지 않는다. 따라서 정답은 (a)가 된다.

[Vocabulary]

vegetarianism n. 채식(주의)
attribute n. 자질, 속성
left-handedness a. 왼손잡이의

1.

[정답] **abdominal**

[해석] 이는 복통, 메스꺼움, 구토, 피로, 우울감 및 발작까지 포함
될 수 있습니다.

2.

[정답] **granted**

[해석] 그러나, 이러한 6등급 선박들이 자국의 해군 함선에 따르는
순위가 인정되기 위해서는, 대령 직위를 가진 이로부터 지
휘를 받아야만 했습니다.

3.

[정답] **acceleration**

[해석] Einstein은 한 방향으로 끌어당겨지는 중력은 반대 방향으
로 향하는 가속도와 등가 한다고 제안했는데, 이는 중력이
시간과 공간에 영향을 미친다는 것을 의미합니다.

4.

[정답] **habitat**

[해석] 이들의 자연 서식지는 수년간 인간에 의해 지속적으로 파괴
되어 오고 있기 때문에, 중국 정부는 팬더가 서식할 수 있는
14곳의 자연 보호구역을 설정했습니다.

5.

[정답] **ascertained**

[해석] 한 연구에 따르면, 의사소통의 93%는 비언어적인 신호를 통
한다고 확인되었습니다.

6.

[정답] **erosion**

[해석] 침식을 통해 지면의 상당량을 운반할 수 있기 때문에, 물은
지구상 가장 강력한 동력 중 하나입니다. 물로 인한 침식에
는 세 가지 종류가 있습니다.

7.

[정답] **equivalent**

[해석] 오늘날의 올림픽 게임은 올림피아에서 고대 그리스인에 의
해 개최되었던 게임의 현대판 등가물입니다.

8.

[정답] **endeavor**

[해석] 그래서, 새로운 천연 가스 매장물을 찾는 것은 극히 중요한
시도이며, 지난 몇 십 년간 이 분야에서 여러 기술적인 진전
이 이루어졌습니다.

9.

[정답] **utilizing**

[해석] 제가 더 이상 당사의 자동차 수리 서비스를 이용하지 않을
것임을 알려드리고자 이 편지를 적습니다.

10.

[정답] **subsidiary**

[해석] 일본 전역의 지방 정부들이 콘크리트 및 아스팔트 같은 다
량의 흡열 재료로 인한 도시의 높은 온도를 감소시키는 데
애를 쓰고 있기에 Toyota의 이 자회사가 성장하도록 도와
주고 있습니다.

11.

[정답] **delineate**

[해석] 로마인들의 영토를 구별하기 위해, Hadrian 황제는 로마에
의해 아직 정복당하지 않은 종족인 픽드인들을 제한하는 섬
전역에 걸쳐 벽을 세웠습니다.

12.

[정답] **attribute**

[해석] 마지막으로, da Vinci는 또한 왼손잡이들이 오른손을 쓰도
록 강요 받았던 그 시절에 그의 생애 동안 악마의 작업의 표
식으로써 간주되었던 자질인: 왼손잡이를 자랑스러워 했습
니다.

Answer Keys

01. **(b)** 02. **(c)** 03. **(a)** 04. **(d)** 05. **(c)** 06. **(a)**
07. **(b)**

01.

①**Typically, cities' architectural attractions are permanent fixtures, but the world's tallest building is an elusive title that keeps getting overturned.** Nowadays, a city can only boast of having the world's tallest building for a short time before _________________. ②**The Sears Tower in Chicago held the title from 1974 to 1996, but ever since then new buildings have been cropping up every few years or even every few months.** As of 2010, the Burj Khalifa Tower in Dubai is the world's tallest building at 2,720 feet (828 meters); however, Kuwait has plans to construct a tower even taller.

(a) the building inevitably gets demolished
(b) a new architect builds a taller one elsewhere
(c) officials change building height regulations
(d) tourists from other countries stop coming to see it

[Translation]
①전형적으로, 도시의 건축학적 매력은 상설 시설물들에 있지만, 세계에서 가장 높은 건축물이라는 것은 계속 뒤바뀌는 기억하기 어려운 명칭입니다. 요즘, 도시는 세계 초고층 건물을 세운 것에 대해 **새로운 건축업자가 다른 곳에 더 높은 건물을 짓기 전** 짧은 시간 동안에만 자랑할 수 있을 뿐입니다. ②Chicago에 있는 Sears Tower는 1974년에서 1996년까지만 그 명칭을 가졌는데, 그 이후로 새로운 건축물들은 몇 년 혹은 심지어 몇 달마다 툭툭 생겨나고 있습니다. 2010년도에는, 두바이에 있는 Buri Khalifa Tower가 2,720피트(828 미터)로 초고층 빌딩이지만 쿠웨이트는 그보다도 더 높은 타워를 건축할 계획에 있습니다.

(a) 그 건축물이 불가피하게 철거되어지기 전
(b) 새로운 건축업자가 다른 곳에 더 높은 건물을 짓기 전
(c) 관료들이 건물의 높이 제한이 변경하기 전
(d) 다른 나라에서 온 관광객들이 보러 오지 않기 전

[Joseph's Solution]
빈칸이 위치한 문장을 살펴보면, 초고층 건물을 건축한 도시가 언제까지 그 위세를 뽐낼 수 있는지를 묻고 있다. ①에서 세계에서 가장 높은 건축물이라는 수식어는 계속 그 대상이 바뀌는 명칭으로 ②요즘은 몇 년 혹은 몇 달 정도만 유지할 수 있다고 설명하고 있다. 이는 그만큼 빠르게 새로운 초고층 빌딩이 등장해 명칭의 대상이 대체되고 있음을 의미한다. 따라서 빈칸에는 (b)가 가장 적절하다.

[Vocabulary]
fixture n. 고정, 붙박이
elusive a. 잡히지 않는, 기억하기 어려운
overturn v. 뒤집다, 번복시키다
boast v. 뽐내다, 자랑하다
crop up 불쑥 나타나다, 발생하다
as of ~의 시점에서
inevitably adv. 불가피하게, 부득이
demolish v. (건물을) 철거하다

02.

①**The post World War II era in America brought a mass migration to the suburbs and the reemergence of domestic ideals. ___________, women's new lives were not as stifling and meaningless as traditional historians make them out to be.** Rather than being hindered by their new circumstances, women embraced the change and used it to further their political activism. Suburban development encouraged female political action by bringing together a dynamic group of women and creating a safe place for them to organize and fight for their beliefs. By exploiting their maternal image, women gained media attention and support in their fight for smaller familial issues, which ultimately mobilized them to larger positions of power.

(a) Furthermore
(b) First
(c) However
(d) Consequently

[Translation]
①미국에서 세계 2차 대전 이후 시기는 도시 근교로의 대규모 이동 및 이상적인 가정의 재등장을 가져왔습니다. **그러나, ②여성들의 새로운 삶의 방식은 전통 사학자들이 그들에게 강요하려 한 것만큼 숨막힐 듯 답답하고 무의미하지는 않았습니다.** 달라진 주변 상황으로 방해를 받기 보다, 여성들은 그 변화를 받아들였고 나아가 그것을 자신들의 정치적 활동에 이용했습니다. 도시 근교의 개발은 활동적인 여성 단체들을 한데 모아 그들이 신념을 위해 뭉쳐 싸우기 위한 안전지대를 만들어 주어 여성의 정치활동을 촉진시켰습니다. 자신들의 모성적 이미지를 개발함으로써, 여성들은 보다 사소한 가족 문제들에 관한 그들만의 투쟁에 미디어의 주목 및 지지를 얻었고, 이는 종국에 그들을 보다 커다란 권력의 위치로 이동하게 하였습니다.

(a) 뿐만 아니라
(b) 우선
(c) 그러나
(d) 그 결과

[Joseph's Solution]
문두에 위치한 빈칸에 알맞은 연결어 고르는 문제로, 빈칸이 삽입된 문장과 빈칸 앞에 위치한 문장과의 관계를 파악해야 한다. ①에서 제 2차 세계 대전 이후, 미국은 보수적 성향으로 되돌아가는 사회적

분위기 속에서 ②여성들의 새로운 삶의 방식은 다른 양상을 보였다는 내용이 이어진다. 따라서 빈칸에는 역접 연결어인 (c)가 가장 적절하다.

[Vocabulary]

stifling a. 숨막힐 듯한, 답답한

hinder v. 저해하다, 방해하다

embrace v. (생각 등을 열렬히) 받아들이다, 수용하다

exploit v. 개발하다, 활용하다

familial a. 가족의

03.

On the night before Halloween in 1938, millions of people turned on their radio to hear a news reporter say that Martians had landed on Earth and were taking over. **①The report was actually an adaptation of the H.G Well's science-fiction book War of the Worlds narrated by actor Orson Welles. ②It began with a brief introduction; the rest of the program sounded like a real news broadcast.** It was presented in a news-bulletin style without any commercials and included a realistic weather segment. **③The report was meant to be entertaining, but it caused a widespread panic with some people screaming in the streets and others packing up their belongings and fleeing.**

Q: What was the main idea of the passage?

(a) A description of a fake news broadcast
(b) Examples of Halloween radio programs
(c) An examination of Orson Welles' book
(d) Various rumors of Martian attacks on Earth

[Translation]

1938년 할로윈 전날 밤, 수백만의 사람들은 화성인들이 지구에 착륙했고 지구를 정복하려 하고 있다는 뉴스 리포터가 하는 말을 듣기 위해 라디오를 켰습니다. ①그 보도는 사실 배우 Orson가 나레이션을 맡은 Welles H.G. Well의 공상 과학 소설인 '우주전쟁'을 각색한 것이었습니다. ②보도는 짧은 소개와 함께 시작되었는데 이후 프로그램은 실제 뉴스 방송처럼 들렸습니다. 그것은 광고 없는 특보 형식으로 발표되었고 실제와 같은 날씨 예보도 더해졌습니다. ③그 보도는 즐거움을 주는 것으로 의도되었지만, 어떤 사람들은 거리에서 소리를 지르고 다른 이들은 소지품을 챙겨 달아나려는 등의 광범위한 공황 상태를 유발시켰습니다.

질문: 지문의 요지는 무엇인가?

(a) 허위 뉴스 방송에 대한 묘사
(b) 할로윈 라디오 프로그램들의 예
(c) Orson Welles의 책에 대한 검토
(d) 화성인의 지구 공격에 관한 다양한 소문들

[Joseph's Solution]

지문에서 다루고 있는 주된 내용이 무엇인지 묻고 있다. 서두에서 1938년 수백만 인구가 라디오로 통해 전해들은 뉴스보도에 대해 소개하면서, ①그 내용 및 ② 보도형식과 더불어 ③그로 인한 사회적

파급에 대해 기술하고 있다. 다시 말해, 지문 전반에서 어느 할로윈 시즌에 전파를 탔던 허위 뉴스보도에 대해 설명하고 있으므로, 지문의 요지로 보기 중 (a)가 가장 적절하다.

[Vocabulary]

Martian n. 화성인 a. 화성인의

take over 탈취하다, 장악하다

adaptation n. 각색

broadcast n. 방송

news-bulletin n. (정규 방송을 중단하고 방송되는) 임시 속보, 특보

flee v. 달아나다, 도망하다

04.

The first image that pops into many peoples heads when they hear "pirates" is a cartoon-like group of men who raided ships, had parrots as pets, and buried gold coins on secret islands. However, pirates are neither a cartoon entity nor a thing of the past. In fact, **①Somali pirates have made the news recently with several dangerous attacks.** In 2008, Somali pirates made 111 attacks, including 42 successful hijackings. Unfortunately, **②the rate of the attacks is increasing and the pirates are increasing their range toward Kenya.** The trend poses a great danger for international shipping, a transportation method that many countries still use to move food and other goods.

Q: What is the main idea of the passage?

(a) Differences between real and cartoon pirates
(b) A history of pirates throughout history
(c) Reasons behind the recent Somali pirate activity
(d) The dangerous trend of Somali pirate attacks

[Translation]

"해적단"이란 말을 들을 때 많은 이들에게 떠오르는 첫 번째 이미지는 선박을 습격하고, 애완용으로 앵무새를 키우며, 숨겨진 섬들에 금화를 묻었던 만화에 나올법한 일군의 장정들입니다. 하지만, 해적단은 만화적인 집단이 아니며 과거의 것도 아닙니다. 실제로, ①소말리아 해적단은 최근 위험한 공격들로 기사거리가 되고 있습니다. 2008년에, 소말리아 해적단은 42건의 피랍을 포함해 111건의 공격을 자행했습니다. 안타깝게도, ②공격 발생률은 증가하고 있으며 그 해적들은 범위를 케냐까지 확대해 나가고 있습니다. 이런 동향은 많은 국가들이 여전히 식량 및 기타 재화를 운송하는데 사용하는 운송 방법인, 국제 배송에 커다란 위협이 되고 있습니다.

질문: 지문의 요지는 무엇인가?

(a) 실제 해적단과 만화 속 해적단간 차이점
(b) 유사 이래 해적에 관한 역사
(c) 최근 소말리아 해적단 활동의 배후
(d) 소말리아 해적단 공격의 위협적 추세

[Joseph's Solution]

지문에서 다루고 있는 주된 내용이 무엇인지 묻고 있다. 해적단이 우화적이거나 역사 속에서 사멸된 존재가 아닌 실질적으로 위협적

인 대상이며, 최근 공격횟수 및 활동범위를 넓히고 있는 소말리아 해적단의 위험성과 그로 인한 국제적 영향에 대해 기술하고 있다. 따라서 정답은 보기 중 소말리아 해적단의 추세를 언급한 (d)가 가장 적절하다.

[Vocabulary]

raid v. (훔치기 위해 건물 등에) 침입하다, 급습하다

entity n. 독립체

hijacking n. (비행기의) 납치, 피랍

05.

The U.S. Federal Witness Protection Program was set in place in 1970 to ensure the safety of trial witnesses who feel themselves in danger. The program is an extreme measure for someone to take, and is only used when the circumstances leave few other options. It is typically implemented in cases involving organized crime, such as the mafia. ① **The government creates a new identity for the witness complete with a new location, new name, and new life. ②The government assists in finding the witness housing and employment and gives them a stipend to help with the transition period.** Witnesses are advised not to return to their town or contact any family or friends not in the program.

Q: According to the passage, what does the government provide to witnesses in the program?

(a) Contact numbers of other witnesses with whom they will testify

(b) Armed security guards to protect themselves and loved ones

(c) Money to live off of and assistance in establishing their new life

(d) An offer to keep them out of jail if they give up conspirators' names

[Translation]

미연방 증인 보호 프로그램은 위협을 느끼는 재판의 증인에 대한 안전을 보장하기 위해 1970년도에 설치되었습니다. 이 프로그램은 해당자를 위한 극단의 조처이며, 상황이 몇 가지 다른 옵션을 저버린 경우에만 사용됩니다. 그것은 일반적으로 마피아와 같은 조직 범죄와 연루된 경우들에 시행됩니다. ①정부는 증인에게 새로운 지역, 이름 및 삶을 완벽히 갖춘 새로운 증명서를 발급합니다. ②정부는 증인이 거주지 및 직업을 물색하는 것을 돕고 그 과도기를 돕기 위해 급료도 지불해줍니다. 증인들은 살던 곳에 돌아가거나 프로그램 내에 있지 않은 가족이나 친구들에게 연락을 취하지 않도록 권고를 받습니다.

질문: 지문에 따르면, 정부가 해당 프로그램에서 제공하는 것은 무엇인가?

(a) 증언을 함께 하게 될 다른 증인들의 연락처

(b) 증인 및 가족을 보호할 무장한 보안요원

(c) 생계를 이을 자금과 새로운 삶을 꾸리는 데 대한 지원

(d) 공모자의 이름을 발설하는 경우의 불구속 신청

[Joseph's Solution]

질문에서 요구하는 세부정보(증인 보호 프로그램의 보호지원 내용)를 찾아 다른 말로 바꾸어 표현된 문장을 고르는 문제이다. ①에서 증인 보호차원의 일환으로, 신분위장, ②거주지 탐색 및 경제자금 등을 지원하고 있다고 언급되어 있다. 따라서 정답은 (c)이다.

[Vocabulary]

ensure v. 반드시 ~하게 하다, 보장하다

leave v. 남기다, 저버리다

organized crime 조직 범죄

complete with (명사 뒤에서 꾸밈) 완비한

stipend n. 봉급, 급료

transition period 과도기, 전환기

testify v. 증언하다

live off ~에 의지해서 살다

conspirator n. 공모자, 음모자

keep out of ~못 들어오게 하다

06.

Italian is the official language of Italy, but Italians speak different dialects throughout the country. ① **Italian, along with other Romance languages, is derived from Latin.** Despite being called dialects, the languages spoken in the different regions did not evolve from Italian. ②**Instead, each dialect separately evolved from Latin the same way the other Romance languages did. ③They are as distinct from each other as French and Spanish and mostly incomprehensible to people from other regions.** Most Italians speak their region's dialect at home and to their friends. Official Italian, a form of the Tuscan dialect, is used in written materials and taught in schools, making Italians bilingual at a young age.

Q: What does the passage imply?

(a) Italian dialects are essentially distinct languages.

(b) Italians have no standard national language.

(c) Most dialects are derived from Latin.

(d) Standard Italian evolved from Spanish and French.

[Translation]

이탈리아어는 이탈리아의 공식 언어이지만, 이탈리아 사람들은 전국적으로 여러 지역 사투리를 씁니다. ①다른 로망스제어처럼, 이탈리아어 역시 라틴어에서 유래되었습니다. 지방 사투리라고 불리고 있음에도, 여러 지역들에서 사용되는 그 언어들은 이탈리어어에서 발달된 것이 아닙니다. ②대신, 다른 로망스제어들이 발달했던 동일한 방식대로 사투리 마다 라틴어에서 각기 발달되었습니다. ③그 언어들은 프랑스어와 스페인어처럼 서로 전혀 다르며 다른 지역에서 온 사람들에게는 거의 이해가 안됩니다. 대부분의 이탈리아 사람들은 집에서 그리고 친구들에게는 해당 지역의 사투리로 이야기합니다. 토스카나 사투리의 한 형태인, 공식 이탈리아어는 서면자료에서 사용되며 학교에서 배우는데, 이는 이탈리아 사람들을 어려서부터 이중 언어사용자가 되게 합니다.

질문: 지문에서 암시하는 것은 무엇인가?

(a) 이탈리아 사투리들은 본질적으로 별개의 언어들이다

(b) 이탈리아 사람들은 표준 국어가 없다

(c) 대부분의 사투리들은 라틴어에서 기인된다

(d) 표준 이탈리아어는 스페인어와 프랑스에서 발달했다

[Joseph's Solution]

본 문제는 지문 전체를 빠르게 읽으면서 내제된 주제를 파악해야 한다. 서두에서, 이탈리아에는 이탈리아어라는 공식언어가 있지만 전국적으로 지역 사투리들이 사용된다고 하면서, ①이탈리아어가 로망스어이긴 해도 ②라틴어라는 같은 뿌리를 가진 지역 사투리들과는 ③전혀 달라 서로간 의사소통이 거의 불가능하다는 내용이 기술되어 있고, 말미에서는 일상어로써 기능을 하는 사투리덕분에 이탈리아 사람들은 어려서부터 이중 언어사용자로 자라나고 있음을 언급하며, 기원은 같되 별개 언어로써 기능하게 된 이탈리아 사투리 언어들의 사회적 기능도 덧붙여 설명하고 있다. 따라서 정답은 (a)이다.

[Vocabulary]

separately adv. 따로따로, 각기

district from ~와는 뚜렷이 다른

incomprehensible a. 이해할 수 없는

Tuscan a. 토스카나(사람 · 말)의

07.

The didgeridoo is an indigenous Australian instrument with unique name, strange sound and a long history. (a) No one knows exactly how old the didgeridoo is but some claim it is the world's oldest wind instrument. **(b) Playing the didgeridoo strengthens throat muscles which helps reduce snoring and sleep apnea.** (c) Archeologists have discovered rock drawings of didgeridoos in Northern Australia that date back around 1,500 years. (d) The didgeridoo was once only found in the Northern third of Australia but spread throughout the country with national improvements in roads and other transportation systems.

[Translation]

디제리두는 독특한 명칭, 낯선 음색과 더불어 유구한 역사를 지닌 호주 토착민들의 악기 중 하나입니다. (a) 디제리두가 얼마나 오래되었는지는 누구도 정확히 알지 못하지만 어떤 이들은 세계에서 가장 오래된 관악기라고 주장합니다. **(b) 디제리두를 연주하는 것은 코골이와 수면성 무호흡을 감소시키는 것을 도와준다는 목 근육들을 강화시킵니다.** (c) 고고학자들은 호주 북부에서 천오백 년경 전 디제리두를 그린 암각화들을 발견했습니다. (d) 디제리두는 호주 북부의 3 분의 1 지역에서만 발견되었지만, 도로 및 기타 교통시설에서의 개선으로 전국적으로 확산되었습니다.

[Joseph's Solution]

호주 토착민 악기인 디제리두에 관한 지문을 읽고 글 전체의 흐름에 적절하지 않은 문장을 고르는 문제이다. 지문을 요약하면, 디제리두는 호주 토착 악기로 (a) 정확한 탄생시기는 모르지만 (c) 꽤 오래 전부터 사용되었는데 북부지역에서 발견된 암각화는 이를 뒷받침해

주고 있으며 (d)교통시설의 발달로 이제는 호주 전역으로 퍼져나갔다고 기술하고 있는데, (b)는 디제리두 연주로 얻을 수 있는 이점에 대해 언급되어 있다. 따라서 정답은 (b)이다.

[Vocabulary]

didgeridoo n. 디제리두 [호주 원주민의 목관 악기]

indigenous a. 원산의, 토착의

wind instrument 관악기

sleep apnea 수면성 무호흡

archaeologist n. 고고학자

rock drawing n. 암각화

Make-up Vocabulary

1.

[정답] **elusive**

[해석] 전형적으로 도시의 건축학적 매력은 상설 시설물들에 있지만, 세계에서 가장 높은 건축물이라는 것은 계속 뒤바뀌는 기억하기 어려운 명칭입니다. 요즘, 도시는 세계 초고층 건물을 세운 것에 대해 새로운 건축업자가 다른 곳에 더 높은 건물을 짓기 전 짧은 시간 동안에만 자랑할 수 있을 뿐입니다.

2.

[정답] **dynamic**

[해석] 도시 근교의 개발은 활동적인 여성 단체들을 한데 모아 그들이 신념을 위해 뭉쳐 싸우기 위한 안전지대를 만들어 주어 여성의 정치활동을 촉진시켰습니다.

3.

[정답] **panic**

[해석] 그 보도는 즐거움을 주는 것으로 의도되었지만, 어떤 사람들은 거리에서 소리를 지르고 다른 이들은 소지품을 챙겨 달아나려는 등의 광범위한 공황 상태를 유발시켰습니다.

4.

[정답] **raided**

[해석] "해적단"이란 말을 들을 때 많은 이들에게 떠오르는 첫 번째 이미지는 선박을 습격하고, 애완용으로 앵무새를 키우며, 숨겨진 섬들에 금화를 묻었던 만화에 나올법한 일군의 장정들입니다. 하지만, 해적단은 만화적인 집단이 아니며 과거의 것도 아닙니다.

5.

[정답] **transition**

[해석] 정부는 증인에게 새로운 지역, 이름 및 삶을 완벽히 갖춘 새로운 증명서를 발급합니다. 정부는 증인이 거주지 및 직업을 물색하는 것을 돕고 그 과도기를 돕기 위해 급료도 지불해줍니다.

6.

[정답] **derived**

[해석] 이탈리아어는 이탈리아의 공식 언어이지만, 이탈리아 사람

들은 전국적으로 여러 지역 사투리를 씁니다. 다른 로망스 제어처럼, 이탈리아어 역시 라틴어에서 유래되었습니다.

7.

[정답] **strengthens**

[해석] 디제리두는 독특한 명칭, 낯선 음색과 더불어 유구한 역사를 지닌 호주 토착민들의 악기 중 하나입니다. 디제리두를 연주하는 것은 코골이와 수면성 무호흡을 감소시키는 것을 도와준다는 목 근육들을 강화시킵니다.

8.

[정답] **construct**

[해석] 2010년도에는, 두바이에 있는 Buri Khalifa Tower가 2,720 피트(828 미터)로 초고층 빌딩이지만; 쿠웨이트는 그보다도 더 높은 타워를 건축할 계획에 있습니다.

9.

[정답] **mobilized**

[해석] 자신들의 모성적 이미지를 개발함으로써, 여성들은 보다 사소한 가족 문제들에 관한 그들만의 투쟁에 미디어의 주목 및 지지를 얻었고, 이는 종국에 그들을 보다 커다란 권력의 위치로 이동하게 하였습니다.

10.

[정답] **adaptation**

[해석] 그 보도는 사실 배우 Orson가 나레이션을 맡은 Welles H.G. Well의 공상 과학 소설인 '우주전쟁'을 각색한 것이었습니다. 보도는 짧은 소개와 함께 시작되었는데; 이후 프로그램은 실제 뉴스 방송처럼 들렸습니다.

11.

[정답] **distinct**

[해석] 대신, 다른 로망스제어들이 발달했던 동일한 방식대로 사투리 마다 라틴어에서 각기 발달되었습니다. 그 언어들은 프랑스어와 스페인어처럼 서로 전혀 다르며 다른 지역에서 온 사람들에게는 거의 이해가 안됩니다.

12.

[정답] **hijackings**

[해석] 2008년에, 소말리아 해적단은 42건의 피랍을 포함해 111건의 공격을 자행했습니다. 안타깝게도, 공격 발생률은 증가하고 있으며 그 해적들은 범위를 케냐까지 확대해 나가고 있습니다.

Chapter 02 지문 유형별 분석 Unit 02 건강/의학 정답 & 해설

Answer Keys

01. (d) 02. (c) 03. (d) 04. (b) 05. (d) 06. (b)
07. (c)

01.

Sickle cell anemia is a heritable disease that
_________________. **①People with the disease have red cells in a rigid crescent shape instead of the normal disc shaped. ②The problem with the deformed cells is that they can obstruct capillaries and restrict blow flow.** The genetic disorder occurs in people with two alleles carrying the hemoglobin gene mutation. On the other hand, people with only one allele for sickle-cell anemia are more resistant to malaria. This disease resistance is the reason the disease has not been wiped out by evolution.

(a) causes limb pain due to shrinking capillaries.
(b) increases the body's amount of red blood cells.
(c) decreases iron content in people's blood cells.
(d) affects the shape of people's red blood cells

[Translation]
겸상 적혈구 빈혈증은 **체내 적혈구 세포의 형태에 영향을 주는** 유전성 질환입니다. ①이 질환에 걸린 환자들은 일반 원반 모양의 형태가 아닌 경직된 초승달 모양의 형태를 가진 적혈구가 발견됩니다. ②이런 기형적 세포로 인한 문제점은 이 세포가 모세혈관을 막고 혈류를 제한할 수 있다는 것입니다. 이 유전질환은 헤모글로빈 유전자 돌연변이를 지니는 두 개의 대립형질이 있는 사람들에게서 발생됩니다. 한편, 겸상 적혈구 빈혈증에 대한 대립형질을 한 개만 가지고 있는 사람들은 말라리아에 훨씬 저항력이 있습니다. 이 질환에 대한 저항력은 진화에 의해 질환이 전멸되어오지 않았던 이유가 됩니다.

(a) 모세혈관이 줄어듦으로 인한 사지통증을 유발하는
(b) 체내 적혈구 세포의 양을 증가시키는
(c) 체내 적혈구 세포에서의 철 함량을 감소시키는
(d) 체내 적혈구 세포의 형태에 영향을 주는

[Joseph's Solution]
빈칸에는 지문에서 언급한 겸상 적혈구 빈혈증이 어떠한 유전성 질환인지 요약하는 내용이 들어가야 한다. 이와 관련하여, 문장 ①에서 이 질환의 환자들에게서 기형의 적혈구가 발견되며 ②이로 인해, 혈액의 순환에 문제를 야기한다고 설명하고 있다. 따라서 빈칸에는 (d)가 가장 적절하다.

sickle-cell anemia [병리] 겸상(혹은 겸형) 적혈구 빈혈증; 아프리카계 사람들에게 발생하는 유전성 혈액 질환의 일종

heritable a. 유전성의

rigid a. 단단한, 움직이지 않는

crescent a. 초승달 모양의

disc a. 원반 모양의

deformed a. 기형의

obstruct v. 막다, 방해하다

capillary n. [해부] 모세 혈관

allele n. [생물] 대립 형질, 유전자

mutation n. [생물] 돌연변이

malaria n. 말라리아

wipe out ~을 완전히 파괴하다

disease resistance [생물] 병저항성

limb pain 사지 통증

02.

Older adults often have difficulty concentrating on tasks because as they age they are less able to ignore distracting information. However, new studies reveal that distraction can boost memory. Older adults might be frustrated by their inability to focus, but it can actually be a good thing, as they take in more information around them. ①**They have the special ability to connect seemingly irrelevant information to other important information they are taking in at the same time. ______________, ②older adults have an increased knowledge of ostensibly unrelated things.** This memory aids in decision-making and problem solving.

(a) However
(b) Unfortunately
(c) Consequently
(d) Instead

[Translation]
노년기 성인들은 나이가 들면서 방해가 되는 정보를 무시하기 어렵기 때문에 종종 업무에 집중하는 데 곤란을 겪습니다. 하지만, 새로 발표된 연구들은 집중을 방해하는 것이 기억을 높일 수 있다는 점을 보여주고 있습니다. 노년기 성인들은 집중 불가로 인해 좌절할 수 있지만, 그것은 그들이 자신들의 주변의 더 많은 정보를 받아드리기 때문에 사실 장점이 될 수 있습니다. ①그들은 겉보기에는 무관한 정보를 자신들이 함께 받아들인 다른 주요 정보와 연결시키는 특별한 능력이 있습니다. 그 결과, ②노년기 성인들은 표면적으로 무관한 것들에 대한 지식을 더 가지고 있습니다. 이러한 기억은 의사 결정 및 문제 해결에 있어 도움을 줍니다.

(a) 그러나
(b) 불행히도
(c) 그 결과
(d) 그 대신에

[Joseph's Solution]
빈칸에 적절한 연결어를 묻는 문제이다. 빈칸이 삽입된 문장과 빈칸 앞에 위치한 문장과의 관계를 파악해야 한다. ①에서 노년기 성인들은 무관한 정보와 동시에 주요 정보를 받아들이고 이를 연결하는 특별한 능력이 있는데, ②에서는 이들에게는 표면상 무관한 정보의 습득이 더 증가되어 있다라고 기술되어 있다. ②의 내용은 ①을 원인으로 한 결과가 되고 있으므로, (c)가 가장 적절하다.

[Vocabulary]
seemingly adv. 외관상, 겉으로 보기에
ostensibly adv. 표면상

03.

①**In Lewis Carroll's popular book, Alice in Wonderland, the main character Alice falls down a rabbit hole and finds herself in a strange world where she keeps shrinking and expanding.** Although the text is fictional, Alice in Wonderland syndrome is a neurological condition that affects human perception. ②**Named after Carroll's novel, people suffering from the syndrome experience size-distorting visual effects, including micropsia and macropsia, meaning they perceive objects to be smaller or larger than they really are.** ③**The condition is usually temporary, and is brought about by a swelling of the cornea, migraines, or the use of hallucinogenic drugs.** Some people say that Carroll himself was suffering from the condition, which gave him the idea for Alice in Wonderland.

Q: What is the main idea of the passage?

(a) A textual analysis of Alice in Wonderland
(b) Carroll's inspiration for the character of Alice
(c) Treatments for Alice in Wonderland syndrome
(d) Description of a neurological perception disorder

[Translation]
①Lewis Carroll의 인기작인, '이상한 나라의 앨리스'에서 주인공 앨리스는 토끼 굴로 떨어져 자신의 몸집이 계속 작아지거나 커지는 이상한 나라에 있음을 알게 됩니다. 그 소설이 허구이기는 하지만, 이상한 나라의 앨리스 신드롬은 인간의 지각에 영향을 주는 신경학적 상태의 일종입니다. ②Carroll의 소설에서 명칭을 딴, 이 증후군에 시달리는 환자들은 크기를 왜곡하는 시각 효과를 경험하는데, 이에는 소시증 및 거시증이 포함되며, 이 증상들은 해당 환자들이 물체를 실제보다 크거나 작게 지각한다는 것을 의미합니다. ③이 상태는 종종 일시적이며, 각막의 붓기, 편두통, 혹은 환각제 등에 의해 유발됩니다. 어떤 이들은 Carroll 그녀 자신이 그러한 상태에 시달리고 있어, '이상한 나라의 앨리스'에 관한 영감을 얻었다라고 이야기 합니다.

질문: 지문의 요지는 무엇인가?

(a) 이상한 나라의 앨리스에 대한 원문 분석
(b) Carroll이 가졌던 주인공 앨리스에 관한 영감
(c) 이상한 나라의 앨리스 신드롬에 대한 치료법

(d) 신경학적 지각 장애의 일종에 대한 설명

[Joseph's Solution]
지문에서 다루고 있는 주된 내용이 무엇인지 묻고 있다. 서두에서, ①'이상한 나라의 앨리스'라는 Lewis Carroll의 소설에 등장하는 주인공이 겪게 되는 경험담에 기인하여 ② 지각 왜곡 증상을 보이는 증후군의 명칭이 유래되었고, 구체적으로 어떠한 증상을 보이며 ③ 그 원인은 어떠한 것들 때문이다라는 내용이 기술되어 있다. 다시 말해, 지문 전반에서 신경학적 장애의 일종인 이상한 나라의 앨리스 증후군이라는 용어가 생겨난 연유 및 그 증상과 원인을 설명하고 있다. 따라서 보기 중 (d)가 글의 요지로 가장 적절하다.

[Vocabulary]
neurological a. 신경의, 신경학의
name after ~의 이름을 따서 명명하다
micropsia n. [병리] 소시증
macropsia n. [병리] 대시증, 거시증
swelling n. 팽창, 부풀어 오름
cornea n. [해부] 각막
bring about ~을 유발하다
hallucinogenic drug 환각제

04.

①**The use of leeches in medicine can be traced back at least 2,500 years.** Leeches were used in a widespread treatment known as "bloodletting" where doctors removed "bad blood," commonly thought to be the root cause of a myriad of problems including simple headaches. Doctors would place the small worms on the skin, and the worms would suck out around 20 milliliters of blood in a half hour before falling off. The practice of "bloodletting" went out of fashion in the early 20th century, along with medicinal leeches. ②**Then in 1986, a report stated that leeches could be used to restore blood flow after organ transplants and tissue reattachment. Leeches are now the first government-approved live medical device.**

Q: What is the main idea of the passage?

(a) An examination of outdated medical procedures
(b) An ancient medical practice that has resurfaced
(c) The variety of uses for leeches and other worms
(d) History of scientists' knowledge about blood

[Translation]
①의학에서 거머리의 사용 이력은 적어도 2,500년을 거슬러 올라가 볼 수 있습니다. 거머리는 단순한 두통을 포함한 무수히 많은 문제들의 주된 원인으로 일반적으로 간주되는, 의사가 "좋지 않은 피"를 제거하는 널리 성행되었던 "방혈"로 알려진 치료법에 사용되었습니다. 의사들은 피부에 작은 벌레들을 올려 놓았는데, 그 벌레들은 떼기 전까지 30분 동안 대략 20ml의 피를 빨아대었습니다. "방혈" 시술은 약용 거머리와 함께 20세기 초엽에 성행하지 않게 되었습니다. ②그리고 나서 1986년도에, 한 보고서가 거머리는 장기 이식이나 조직의 재부착 이후 혈류를 회복시키는데 이용될 수 있다고 언급했습

니다. ③거머리는 현재 정부가 최초로 승인한 살아있는 의료기기입니다.

질문: 지문의 요지는 무엇인가?

(a) 구식 의료 처치에 관한 고찰
(b) 다시 수면위로 떠오른 고대 의료 시술
(c) 거머리 및 기타 벌레들에 대한 다양한 활용
(d) 혈액에 대한 과학자들의 지식에 대한 역사

[Joseph's Solution]
지문에서 다루고 있는 주된 내용이 무엇인지 묻고 있다. 서두에서, ① 거머리의 의학적 활용의 역사는 2,500년 이상 되지만, 잠시 역사 속에서 사라졌다가 ② 20세기 말 어느 연구보고서가 발표된 후 ③ 정부의 승인을 받은 최초의 살아있는 의료 기기로써 현재 다시 의료 사에 등장했다는 내용이다. 지문 전반에서 20세기 재등장한 거머리를 활용한 고대의 의료 시술을 설명하고 있다. 따라서 보기 중 (b)가 글의 요지로 가장 적절하다.

[Vocabulary]
leech n. 거머리
bloodletting n. [의학] 사혈, 방혈
myriad n. 무수함, 무수히 많음
medicinal a. 약효가 있는
medicinal leeches 유럽 민물 거머리로, 예전에 방혈에 사용됨
go out of fashion 유행하지 않게 되다, 한물 가다
restore v. 회복시키다
outdated a. 구식의, 시대에 뒤진

05.

Healthy infants have a set of primitive reflexes that are present immediately after birth. For example, the moro reflex occurs when babies are startled. They will fling out their arms and then flex them as if grabbing onto their mother. Another example is the Babinski reflex where the infant will spread out his or her toes when a finger strokes the outer edge of their foot. ①**Reflexes like these will disappear with age or be inhibited by the frontal lobes of the brain as the child develops. ②The presence of the reflexes at birth indicates a normally functioning nervous system. ③Similarly, the absence of a primitive reflex at birth or the presence, or reappearance, of a reflex in non-newborns suggests a serious problem.**

Q: Which of the following is an indication of a healthy nervous system?

(a) The presence of a moro reflex in an eighty year old
(b) The absence of the Babinski reflex in a newborn
(c) The presence of two primitive reflexes at middle age
(d) The absence of all primitive reflexes in an adult

[Translation]
건강한 유아들은 출생 이후에 바로 나타나는 일련의 원시반사를 갖습니다. 예를 들어, 모로 반사는 아기들이 깜짝 놀라게 되었을 때 발

생합니다. 이들은 팔을 쭉 편 다음 엄마를 움켜잡듯이 팔 관절을 구부릴 것입니다. 또 다른 예는 손가락으로 아기 발의 바깥 가장자리를 쓰다듬을 때 발가락을 쫙 펴게 되는 바빈스키 반사입니다. ①이러한 반사들은 나이가 들면 사라지거나 아동이 커가면서 뇌의 전두엽에 의해 억제될 것입니다. ②출생 시 이러한 반사들의 존재는 정상적으로 기능을 하고 있는 신경계를 나타냅니다. ③마찬가지로, 출생 시 원시반사의 부재 혹은 신생아가 아닌 경우 반사의 존재 혹은 재출현은 심각한 문제를 시사합니다.

질문: 다음 중 신경계가 건강하다는 표시는 어떤 것인가?

(a) 80세 노인에게서 모로 반사가 있을 때
(b) 신생아에서 비빈스키 반사가 없을 때
(c) 중년에 두 개의 원시반사가 있을 때
(d) 성인에게서 모든 원시반사가 없을 때

[Joseph's Solution]

질문에서 요구하는 세부정보(건강한 신경계의 징후)를 찾아 답하는 문제이다. ①에서 일련의 원시반사들은 연령이 높아지면 사라지거나 뇌에서 억제를 시킨다고 하면서, ②구체적으로, 출생 시 원시반사가 나타나는 것은 정상적으로 신경계가 기능하고 있다는 것을 의미하지만, ③그 이후 이러한 반사가 나타난다면, 문제가 있음을 보여주는 것이라고 설명하고 있다. 따라서 정답은 (d)가 된다.

[Vocabulary]

primitive reflex 원시반사

startle v. 깜짝 놀라게 하다

fling out (두 팔 등을) 쭉 뻗다

flex v. (관절을) 구부리다, 굽히다

grab v. 붙잡다, 움켜잡다

stroke v. 쓰다듬다, 어루만지다

frontal lobe [해부] (대뇌의) 전두엽

inhibit v. 억제하다

06.

①**Body Mass Index, or BMI, is commonly used as an indicator of overall health.** BMI is calculated by dividing a person's weight by the square of his or her height. The resulting number categorizes individuals as underweight, healthy weight, overweight, or obese. ②**However, BMI is not effective at determining body fat percentage because it doesn't distinguish between fat and muscle mass. ③The ratio of fat to muscle mass is an important indicator of good health, so BMI may not give a complete picture of a person's health status.** In fact, BMI was originally conceived to identify the relative size of a particular population in order to target potential markets. For example, clothing companies used it to decide where to market petite or plus size clothing.

Q: What does the passage imply about BMI?

(a) A very low BMI is synonymous with a healthy person.
(b) BMI should not be used to measure a person's health.
(c) BMI is a universal indicator of body fat percentage.
(d) Scientists conceived BMI for doctors to gauge wellbeing.

[Translation]

①체질량 지수(BMI)는 보통 전반적인 건강에 관한 하나의 지표로써 사용됩니다. BMI는 개인의 체중을 키의 제곱으로 나누는 것으로 계산됩니다. 그 결과로 나온 수치는 개개인들을 저 체중, 정상 체중, 과 체중, 혹은 비만으로 분류시킵니다. ②하지만, BMI는 지방 및 근육량을 구분하지 않기에 체내 지방 비율을 결정하는 데는 효과가 없습니다. ③근육량에 대한 지방 비율은 건강의 중요한 지표로, BMI는 개인의 건강 상태에 대한 전체적인 상태를 알려주지 못할 것입니다. 사실, BMI는 원래 잠재 시장을 겨냥하기 위해 특정 인구의 상대적 크기를 알아보려고 고안되었습니다. 예를 들어, 의류 회사들은 작은 사이즈나 큰 사이즈 의류를 어느 시장에 내놓을지 결정하는데 이것을 이용했습니다.

질문: 지문에서 BMI에 대해 시사하는 것은 무엇인가?

(a) 매우 낮은 체질량 지수는 건강한 사람과 같은 의미를 지닌다.
(b) BMI는 개인의 건강을 측정하기 위해 이용되어서는 안 된다.
(c) BMI는 체내 지방 비율에 대한 일반적인 지표이다.
(d) 과학자들은 의사들이 웰빙을 측정하도록 BMI를 고안했다.

[Joseph's Solution]

지문 전체를 빠르게 읽으면서 BMI가 시사하는 바를 파악해야 한다. 관련 내용을 간추려보면, 문장 ①에서 BMI는 건강관련 지표 중 하나로, ②체내 지방 비율을 결정하는데 사용할 수는 없는데, ③이 근육량에 대한 체내 지방비율이야말로 건강상 중요한 지표인 고로, BMI는 전반적 건강상태에 대한 정보를 제공하지는 못한다고 설명되어 있다. 따라서 정답은 (b)가 된다.

[Vocabulary]

Body Mass Index 신체 용적 지수, 체질량 지수

square n. 제곱

muscle mass 근육량

conceive v. 착상하다

market v. 시장에 내놓다

synonymous a. 같은 뜻을 갖는

07.

Despite incredible advances in medical knowledge in recent decades, scientists have not discovered a cure for those annoying hiccups. (a) Typically symptoms will go away on their own, so the wrong method is focusing on stopping the spasms because in doing so people tighten their diaphragm, an action that causes hiccups. (b) Old wives' tales for hiccup cures mainly work by distracting the person hiccupping into thinking about something else. **(c) Drinking carbonated beverages or alcohol and long stretches of laughter can also cause people to get the hiccups.** (d) Common home remedies include drinking liquid from the opposite side of a glass, giving the person a sudden fright or making them recall the last time they saw a white horse.

[Translation]
의학 지식에 있어 최근 수십 년간의 놀라운 발전에도 불구하고, 과학자들은 짜증을 불러 일으키는 딸꾹질에 대한 치료법을 발견해내지 못했습니다. (a) 일반적으로 증상은 스스로 사라질 것이라서, 경련을 멈추게 하는데 초점을 두는 것은 잘못된 방법인데, 그렇게 함으로써 딸꾹질을 유발하는 상태인, 횡격막을 수축시키기 때문입니다. (b) 딸꾹질에 대한 구전된 옛날 이야기들은 대개 딸꾹질하는 당사자에게 다른 것에 대해 생각해보도록 주의를 돌림으로써 고칩니다. **(c) 탄산 음료나 알코올을 마시는 것과 길게 웃는 것 역시 딸꾹질을 나게 할 수 있습니다.** (d) 일반 가정 요법들에는 유리잔의 반대 방향에서 음료 마시기, 갑작스럽게 놀라게 하기나 일전에 보았던 백마에 대한 기억을 떠올리게 해주기 등이 있습니다.

[Joseph's Solution]
지문을 읽고 전체 흐름을 파악하여 문맥상 어색한 문장을 고르는 문제이다. 아직까지 딸꾹질에 대한 과학적 치료법은 없어 여러 민간 대처법이 활용되는 가운데, (a) 딸꾹질 증상 완화를 위한 잘못된 대응방법, (b) 딸꾹질 관련 구전 이야기의 효과 및 (d) 딸꾹질을 멈추게 한다는 일반적인 가정 요법들을 소개하는 내용 등이 열거되어 있는데, (c)는 딸꾹질을 유발하는 행동에 대해 설명하고 있다. 따라서 글의 흐름을 방해하고 있는 (c)가 정답이다.

[Vocabulary]
spasm n. [의학] 경련, 발작
diaphragm n. [해부] 횡격막, 가로막
old wives' tale 속설, (너더분한) 구전 이야기
carbonated a. 탄산가스로 포화시킨
stretch n. 뻗은 구간

Make-up Vocabulary

1.
[정답] **heritable**
[해석] 겸상 적혈구 빈혈증은 체내 적혈구 세포의 형태에 영향을 주는 유전성 질환입니다. 이 질환에 걸린 환자들은 일반 원반 모양의 형태가 아닌 경직된 초승달 모양의 형태를 가진 적혈구가 발견됩니다.

2.
[정답] **distracting**
[해석] 노년기 성인들은 나이가 들면서 방해가 되는 정보를 무시하기 어렵기 때문에 종종 업무에 집중하는 데 곤란을 겪습니다. 하지만, 새로 발표된 연구들은 집중을 방해하는 것이 기억을 높일 수 있다는 점을 보여주고 있습니다.

3.
[정답] **fictional**
[해석] 그 소설이 허구이기는 하지만, 이상한 나라의 앨리스 신드롬은 인간의 지각에 영향을 주는 신경학적 상태의 일종입니다.

4.

[정답] **treatment**
[해석] 의학에서 거머리의 사용 이력은 적어도 2,500년을 거슬러 올라가 볼 수 있습니다. 거머리는 단순한 두통을 포함한 무수히 많은 문제들의 주된 원인으로 일반적으로 간주되는, 의사가 "좋지 않은 피"를 제거하는 널리 성행되었던 "방혈"로 알려진 치료법에 사용되었습니다.

5.
[정답] **presence**
[해석] 출생 시 이러한 반사들의 존재는 정상적으로 기능을 하고 있는 신경계를 나타냅니다. 마찬가지로, 출생 시 원시반사의 부재 혹은 신생아가 아닌 경우 반사의 존재 혹은 재출현은 심각한 문제를 시사합니다.

6.
[정답] **indicator**
[해석] 체질량 지수(BMI)는 보통 전반적인 건강에 관한 하나의 지표로써 사용됩니다. BMI는 개인의 체중을 키의 제곱으로 나누는 것으로 계산됩니다. 그 결과로 나온 수치는 개개인들을 저 체중, 정상 체중, 과 체중, 혹은 비만으로 분류시킵니다.

7.
[정답] **annoying**
[해석] 의학 지식에 있어 최근 수십 년간의 놀라운 발전에도 불구하고, 과학자들은 짜증을 불러 일으키는 딸꾹질에 대한 치료법을 발견해내지 못했습니다. 일반적으로 증상은 스스로 사라질 것이라서, 경련을 멈추게 하는데 초점을 두는 것은 잘못된 방법인데, 그렇게 함으로써 딸꾹질을 유발하는 상태인, 횡격막을 수축시키기 때문입니다.

8.
[정답] **irrelevant**
[해석] 그들은 겉보기에는 무관한 정보를 자신들이 함께 받아들인 다른 주요 정보와 연결시키는 특별한 능력이 있습니다. 그 결과, 노년기 성인들은 표면적으로 무관한 것들에 대한 지식을 더 가지고 있습니다.

9.
[정답] **temporary**
[해석] 이 상태는 종종 일시적이며, 각막의 붓기, 편두통, 혹은 환각제 등에 의해 유발됩니다. 어떤 이들은 Carroll 그녀 자신이 그러한 상태에 시달리고 있어, '이상한 나라의 앨리스'에 관한 영감을 얻었다라고 이야기 합니다.

10.
[정답] **reattachment**
[해석] 1986년도에, 한 보고서가 거머리는 장기 이식이나 조직의 재부착 이후 혈류를 회복시키는데 이용될 수 있다고 언급했습니다. 거머리는 현재 정부가 최초로 승인한 살아있는 의료기기입니다.

11.

[정답] **ratio**

[해석] 근육량에 대한 지방 비율은 건강의 중요한 지표로, BMI는 개인의 건강 상태에 대한 전체적인 상태를 알려주지 못할 것입니다.

12.

[정답] **remedies**

[해석] 딸꾹질에 대한 구전된 옛날 이야기들은 대개 딸꾹질하는 당사자에게 다른 것에 대해 생각해보도록 주의를 돌림으로써 고칩니다. 일반 가정 요법들에는 유리잔의 반대방향에서 음료 마시기, 갑작스럽게 놀라게 하기나 일전에 보았던 백마에 대한 기억을 떠올리게 해주기 등이 있습니다.

Chapter 02 지문 유형별 분석 Unit 03 환경 정답 & 해설

Answer Keys

01. **(d)** 02. **(c)** 03. **(a)** 04. **(d)** 05. **(b)** 06. **(a)**
07. **(b)**

01.

A neighborhood in New York known as Love Canal was the source of _______________. During the 1920s, the Hooker Chemical Company used the land as a dumping ground for 21,000 tons toxic waste generated by their factory. ①**In the 1950s, the company covered over the waste-filled canal and sold it to the city, which built over 100 homes on the land.** Soon chemicals began seeping out of the soil forming toxic puddles in people's basements and backyards. ②**Children suffered hand and face burns, and there were many cases of birth defects.** Unfortunately, it is a big possibility that other dangerous chemical dumpsites still exist throughout the country.

(a) an innovative green waste-removal method
(b) hazardous chemical waste protests
(c) the discovery of dangerous airborne toxins
(d) an immense environmental tragedy

[Translation]

Love Canal이라고 알려진 New York주의 어느 지역은 **거대한 환경적 비극의** 근원지였습니다. 1920년대 동안, Hooker Chemical Company는 그 토지를 회사에서 발생시킨 2만 1천 톤의 유독성 폐기물의 매립지로 사용했습니다. ①1950년대에, 그 회사는 그 폐기물로 채워진 운하를 가려 시에 팔아 넘겼는데, 시는 그 땅 위에 100여 채 이상의 주택을 지었습니다. 오래지 않아 화학 약품들이 사람들의 지하실과 뒷마당에 유동성 웅덩이를 형성하면서 토양에서 배어 나오기 시작했습니다. ②아이들은 손과 얼굴 화상에 시달렸고, 선천적 기형에 사례가 많이 있었습니다. 안타깝게도, 다른 위험한 화학 약품의 폐기장들이 아직도 나라 전역에 존재할 가능성이 큽니다.

(a) 생태계를 중시하는 혁신적인 쓰레기 처리방식
(b) 위험한 화학약품 쓰레기 항의
(c) 공기로 전파되는 위험 독소에 대한 발견
(d) 거대한 환경적 비극

[Joseph's Solution]

Love Canal로 알려진 지역은 어떤 것의 온상이었을지 지문의 내용으로 유추해서 답을 고르는 문제이다. 관련내용을 살펴보면, ①화학 폐기물이 매립된 채로 그 위에 주택이 건설되었던 Love canal 지역은 ②곧 토양오염으로 인한 거주민들의 피해가 속출했다고 언급되어있다. 즉, Love Canal에서 벌어진 사건은 쓰레기 매립으로 인한 환경오염의 실제적 피해 사례로, 보기 중 정답은 (d)가 된다.

[Vocabulary]

Love Canal New York주 Niagara Falls시에 속하는 지역 [미완성으로 남아있는 운하를 계획했던 개발자의 이름에 명칭 유래되어, 건설 중단으로 1920년경 폐기장으로 사용됨]

canal n. 운하, 인공 수로

toxic a. 유독성의

dumping ground 쓰레기 하치장, 매립지

seep v. 스미다, 배다

burn n. 화상, 덴 상처

birth defect [의학] 선천적 결손증

dumpsite n. (쓰레기) 폐기장

green a. 생태계를 중시하는

waste-removal n. 쓰레기 처리

airborne a. 공기로 운반되는

02.

For thousands of years, bright-golden spray toads lived in Tanzania by the Kihansi River. Over 20,000 of these tiny toads once lived on the isolated edge of a waterfall. Due to their isolation, they were a one-of-a-kind species that evolved into the only toads to birth live young instead of laying eggs. ①**In 1998, the World Bank decided to build a dam on the river wiping out the toads' only habitat._______________,** ②**the spray toad population dropped to the edge**

of extinction. Luckily, conservationists were able to gather 499 toads and take them to a zoo. Over the past ten years, the toad population in the zoo has grown to 4,000 and soon scientists can take them back to Tanzania.

(a) Surprisingly
(b) However
(c) Consequently
(d) Similarly

[Translation]
수천 년 동안, 밝은 금색의 난쟁이 두꺼비들은 탄자니아의 Kihansi강 유역에 서식했습니다. 2만 마리가 넘는 이 조그마한 두꺼비들은 한때 어느 폭포의 고립된 가장자리에서 서식했습니다. 그 고립으로 인해, 그들은 알 낳는 것 대신에 새끼를 낳는 유일한 두꺼비들로 진화하게 된 유일한 종이었습니다. ①1998년, 세계 은행은 그 두꺼비들의 유일한 서식지를 파괴시키는 댐을 그 강에 짓기로 결정했습니다. 그 결과, ②그 난쟁이 두꺼비의 개체수는 멸종 위기까지 떨어졌습니다. 다행히도, 환경 보호 활동가들이 499 마리의 두꺼비들을 수집해서 동물원으로 가져다 줄 수 있었습니다. 지난 10년간, 해당 동물원의 그 두꺼비의 개체수는 4천 마리로 증가했고 과학자들은 곧 그들을 다시 탄자니아로 되돌려 보낼 수 있을 것입니다.

(a) 놀랍게도
(b) 그러나
(c) 그 결과
(d) 마찬가지로

[Joseph's Solution]
빈칸 앞에 위치한 문장과의 관계를 파악하여 문두에 위치한 연결어를 고르는 문제이다. ①에서 세계 은행의 댐 건설 결정으로 두꺼비의 유일한 서식지가 파괴 일로에 있었음을 언급하고, ②에서는 두꺼비의 개체수가 멸종 위기 수준이 되었다라고 기술하고 있다. ②의 내용은 ①을 원인으로 한 결과이다. 따라서 주어진 보기 중에서 가장 적절한 것은 (c)이다.

[Vocabulary]
(Kihansi) spray toad 키한시 난쟁이 두꺼비
one-of-a-kind a. 독특한, 유례를 찾기 힘든
World Bank 세계 은행
edge of extinction 소멸(멸종)의 위기
conservationist n. 환경 보호 활동가

03.

①**The publication of Rachel Carson's book Silent Springs in 1962 helped the current environmental movement gain widespread popularity.** The book detailed the negative consequences pesticides and pollution had on birds and the environment in general. Her words were also responsible for the 1972 ban on the use of the pesticide DDT. Carson wrote that DDT caused birds to lay eggs with thinner shells, which caused the birds reproductive problems and often resulted in death. The book landed on many best nonfiction book lists including Discover Magazine's twenty-five greatest science books of all time.

Q: What is the main idea of the passage?

(a) The inspiration for the environmental movement
(b) A history of Rachel Carson's book publications
(c) The fight for the ban on DDT pesticide use
(d) The various effects of pollution on mammal species

[Translation]
①1962년도 Rachel Carson의 저서 '침묵의 봄'의 출판은 최근의 환경운동이 폭넓은 인기를 얻는데 일조를 했습니다. 그 책은 살충제 및 오염이 조류 및 환경 전반에 갖는 부정적 결과들을 상세화하였습니다. 그녀의 저서는 1972년 살충제 DDT의 사용에 대한 금지에 역시 원인이 되었습니다. Carson은 DDT가 새들이 얄팍해진 껍질의 알을 낳도록 만들었으며, 이는 새들에게 생식 문제를 초래했고 통상 폐사를 야기시켰습니다. 그 책은 Discover Magazine이 선정한 시대를 초월한 25권의 위대한 과학도서 목록을 포함한 여러 베스트 비소설 도서목록들에 실렸습니다.

질문: 지문의 요지는 무엇인가?

(a) 환경운동에 대한 자극
(b) Rachel Carson의 저서 출판에 대한 이력
(c) DDT 살충제 사용금지에 대한 투쟁
(d) 포유류 종에 대한 오염의 여러 영향들

[Joseph's Solution]
지문에서 다루고 있는 주된 내용이 무엇인지 묻고 있다. 주제문 격인, 문장 ①에서 Carson의 저서 침묵의 봄 출판이 환경운동 촉진에 갖는 의의를 전제하고, 이후 문장들에서 살충제와 오염이 미치는 환경문제의 심각성을 알린 책의 구체적 내용과 더불어, 책의 사회적 위상에 대해 기술하고 있다. 따라서 정답은 보기 중 (a)가 가장 적절하다.

[Vocabulary]
pesticide n. 살충제, 농약
reproductive a. 생식(번식)의
of all time 역대, 지금껏

04.

①**As reports continue to surface about the declining state of Earth's natural resources, more and more people are taking steps to reduce their own environmental impact. ②One method is achieving natural balance with the Earth through sustainable living.** Sustainable living is a lifestyle where people meet their needs without depleting resources for future generations. Small steps toward this lifestyle include recycling, walking or bicycling instead of driving, and growing your own food in a garden. Larger steps include buying water-saving appliances, wearing all-natural clothes, and installing solar panels on your roof.

Q: What is the main idea of the passage?

(a) Ways people are depleting natural resources
(b) The current state of the Earth's environment

(c) How to calculate your own environmental impact
(d) Tips for living an environmentally-friendly lifestyle

[Translation]
①보고서들이 지구 천연자원의 감소 상태에 대해 세간에 지속적으로 공표하면서, 점점 더 많은 사람들이 스스로의 환경 영향을 감소시키기 위한 조처를 취하고 있습니다. ②한 가지 방법은 지속 가능한 삶의 방식을 통해 지구와 자연적 균형을 이루는 것입니다. 지속 가능한 삶이란 다음 세대를 위해 자원을 고갈시키지 않고 필요를 충족하는 생활 방식입니다. 이런 생활 방식으로 가는 조그마한 단계들에는 차 타기 대신에 재활용하기, 걷기 혹은 자전거타기와 정원에서 자신의 식재료를 직접 키우는 것 등이 포함됩니다. 보다 규모 있는 단계들로 물절약 기기들 구매하기, 100% 천연성분 의복 입기와 지붕에 태양열 집열판 설치하기 등을 들 수 있습니다.

질문: 지문의 요지는 무엇인가?
(a) 사람들이 천연자원을 고갈시키고 있는 방법들
(b) 지구 환경의 최근 상태
(c) 스스로의 환경 영향을 측정하는 방법
(d) 친환경적인 생활 방식으로 사는 비법들

[Joseph's Solution]
지문에서 다루고 있는 주된 내용이 무엇인지 묻고 있다. 지문을 요약하면, ①환경보호에 대한 필요성으로 인해 개개인의 환경영향 감소 방안들이 활성화되고 있는데, ②그 하나로 지속 가능한 삶의 방식을 통한 지구와의 자연적 균형을 이루는 것이라고 기술하고, 이후 문장들에서 그 지속 가능한 생활 방식으로 삶을 이끄는 크고 작은 단계들을 설명하고 있다. 지구와 더불어 자연적 균형을 이루는 지속 가능한 생활방식 단계에 대한 내용이다. 따라서 정답은 (d)가 가장 적절하다.

[Vocabulary]
surface v. 세간에 공표하다
take steps to ~하기 위한 (필요한) 조처를 취하다
sustainable a. 지속 가능한
meet one's needs ~의 욕구를 충족시키다
deplete v. (세력·자원 등을) 고갈시키다
appliance n. (가정용) 기기
solar panel 태양 전지판, 태양열 집열판

05.

Hosting the Olympics brings a lot of honor to a country, but it also requires cities to make some improvements. ①**When Beijing hosted the 2008 Olympics, the city faced the problem of having to improve its air quality.** In a city of eleven million, pollution levels were five times the World Heath Organization safety standards. To prepare for the games the Chinese government spent close to $17 billion in an effort to improve air quality. They implemented natural gas buses and planted thousands of trees. The city also took two million vehicles off the road with new regulations restricting who was allowed to drive based on license plate numbers.

Q: According to the passage, what did Beijing have to do before hosting the Olympics?

(a) Build new infrastructure to hold all the athletes
(b) Improve the city's overall air quality
(c) Create more forms of public transportation
(d) Clear their streets so the athletes could practice

[Translation]
올림픽을 개최하는 것은 자국에 영예를 안겨 주지만, 그것은 또한 도시가 약간의 개선을 도모하는 것을 필요로 합니다. ①Beijing시가 2008 올림픽을 개최했을 때, 이 도시는 대기의 청정도를 개선시켜야 한다는 문제에 직면했습니다. 1천 1백만의 인구 도시에서, 오염 수치는 세계보건기구의 안전 기준의 5배에 달했습니다. 올림픽을 준비하기 위해, 중국 정부는 170억 달러에 가까운 금액을 청정도를 개선하기 위해 지출했습니다. 그들은 천연가스 동력의 버스를 제공했고 수천 개의 나무를 심었습니다. 그 도시는 또한 차량 등록 번호에 기인하여 운전이 허용되었던 사람을 제한하는 새로운 규제들로 2백만 대의 차량을 도로에서 몰아냈습니다.

질문: 지문에 따르면, Beijing시가 올림픽을 개최하기 전에 어떤 것을 해야만 했는가?

(a) 모든 운동선수를 수용할 새로운 인프라 구축하기
(b) 도시의 전반적인 대기 청정도 개선하기
(c) 보다 다양한 대중교통 유형 만들기
(d) 운동선수가 훈련할 수 있게 거리 청소하기

[Joseph's Solution]
질문에서 요구하는 세부정보(올림픽 개최 전 Beijing시가 당면한 문제)를 찾아 적절하게 요약된 문장을 고르는 문제이다. ①에서 Beijing시는 도시의 대기 청정도를 개선해야 했다고 기술되어 있으므로, 정답은 (b)가 된다.

[Vocabulary]
air quality 공기의 질(청정도)
World Heath Organization 세계보건기구
implement v. 시행하다
license plate 자동차 등록 번호

06.

①**The Arctic is one of world's most sensitive regions and therefore is highly susceptible the Earth's current climate change crisis.** ②**Temperature in the Arctic is increasing two times as quickly as any other world region, and it is currently higher than it has ever been in the past 2,000 years.** ③**As a result, the Arctic ice caps are shrinking, which exacerbates the problem of global warming.** Ice loss also warms up frozen soil called permafrost. As it defrosts, permafrost releases vast quantities of methane gas, a greenhouse gas that is far more dangerous to the environment than carbon dioxide and could inhibit all efforts to stop global warming.

Q: What does the passage imply?

(a) The Arctic is an indicator of the danger of climate change.

(b) Melting polar ice caps would be an isolated problem.

(c) Global warming is creating dangerous permafrost in the Arctic.

(d) The Arctic is undergoing a normal, cyclical climate change.

[Translation]

①북극은 세계에서 가장 민감한 지역 중 하나로 당면한 지구의 기후 변화 위기에 대단히 민감합니다. ②북극의 기온은 세계의 어느 다른 지역보다 2배 빨리 증가하고 있으며, 최근 기온은 과거 2천 년간보다 더 높습니다. ③그 결과, 북극의 만년설은 줄어들고 있는데, 이는 지구 온난화를 악화시킵니다. 빙하 유실 역시 영구 동토층이라 불리는 언 토양을 데웁니다. 영구 동토층이 해빙하면서, 이산화 탄소보다 환경에 훨씬 더 위험하고 온난화를 막기 위한 온갖 노력을 저해할 수 있는 막대한 양의 메탄가스와 온실가스를 방출합니다.

질문: 지문에서 시사하는 것은 무엇인가?

(a) 북극은 기후 변화의 위험성에 대한 지표이다

(b) 북극의 만년설이 녹는 것은 국한된 문제일 수 있다

(c) 온난화가 위험한 영구 동토층을 북극에 생성시키고 있다

(d) 북극은 정상적이고, 순환적인 기후 변화를 겪어내고 있다

[Joseph's Solution]

지문 전체를 빠르게 읽으면서 시사하는 바가 무엇인지 파악해야 한다. 내용을 보면 ①북극이 지구상 가장 민감한 지역으로, 최근 기후 변화 위기에 크게 영향을 받고 있는데, ②급변한 이례 없이 높은 북극 기온이 그 예로, ③그로 인한 만년설 감소 및 지구 온난화 악화 등의 연쇄적 파급에 관해 설명하고 있다. 다시 말해, 본문은 북극을 지구 환경 변화의 실태를 나타내는 지표이자 마지노선이라는 점을 시사하고 있음을 알 수 있다.따라서 정답은 (a)이다.

[Vocabulary]

The Arctic 북극

susceptible a. 민감한

ice cap (극지방의) 빙원, 만년설

shrink v. 줄어들다

exacerbate v. (문제를) 악화시키다

Ice loss 빙하 유실

permafrost n. (북극 지방의) 영구 동토층

defrost v. 녹이다

greenhouse gas 온실 가스, (온실 효과의 주 원인인) 이산화탄소

inhibit v. 억제(저해)하다

cyclical a. 주기적, 순환적

07.

Compost is a soil-like mixture of organic waste materials that cuts down on waste going to landfills and is full of nutrients that are great for your garden. (a) To make compost, first, fill a bin with a balanced mixture of "green" items that are high in nitrogen, such as grass clippings, vegetable peels and coffee grounds, and "brown" items high in carbon like dead flowers, autumn leaves, and cardboard. **(b) According to the Environmental Protection Agency, yard debris and food scraps make up 23% of landfill waste.** (c) Layer the green and brown materials so they can react together as they decompose. (d) To get the best results, keep your compost watered and turn it once a week to let in air.

[Translation]

퇴비는 쓰레기 매립지로 가는 폐기물을 줄이고 여러분의 정원에 안성맞춤인 양분으로 가득한, 토양과 같은 유기농 폐기물의 혼합물입니다. (a) 퇴비를 만들려면, 첫째, 잔디 부스러기, 채소 껍질 및 커피 찌꺼기와 같은 질소 함량이 높은 "녹색" 품목 및 죽은 꽃, 가을 낙엽 및 보드지 등의 탄소 함량이 높은 "갈색" 품목들의 균형 잡힌 혼합물로 용기를 채우세요. **(b) 환경 보호청에 따르면, 마당 쓰레기 및 남은 음식물이 매립지 쓰레기의 23%를 차지한다고 합니다.** (c) 녹색 및 갈색 재료들을 층층이 쌓아 분해되며 함께 반응할 수 있도록 합니다. (d) 최상의 결과를 얻으려면, 여러분의 퇴비에 지속적으로 물을 주고 공기 중에 놓이게 일주일에 한번은 뒤집어 줍니다.

[Joseph's Solution]

퇴비 만들기에 관한 지문을 읽고 글 전체의 흐름에 적절하지 않은 문장을 고르는 문제이다. 서두에서 퇴비의 정의를 소개한 후, (a) 퇴비 만들기에 필요한 재료, (c) 쌓아 올리는 방법 및 (d) 관리 방법에 대해 차례로 설명하고 있는데, (b)는 매립지 쓰레기의 가정용 쓰레기 비율에 대해 언급하고 있다. 따라서 주제와 무관하며, 글의 흐름을 방해하고 있는 (b)가 정답이다.

[Vocabulary]

compost n. 퇴비, 두엄

landfill n. 쓰레기 매립(지), 매립 쓰레기

nutrient n. 영양분

green a. 환경 보호의(친환적인), 녹색의

nitrogen n. 질소

clipping n. 깎아 낸 조각

grounds n. 찌꺼기

carbon n. 탄소

Environmental Protection Agency 환경 보호청(국)

debris n. 쓰레기

scrap n. 남은 음식

layer v. 켜켜로 놓다

decompose v. 분해(부패)되다

Make-up Vocabulary

1.

[정답] **seeping**

[해석] 1950년대에, 그 회사는 그 폐기물로 채워진 운하를 가려 시에 팔아 넘겼는데, 시는 그 땅 위에 100여 채 이상의 주택을 지었습니다. 오래지 않아 화학 약품들이 사람들의 지하실과 뒷마당에 유동성 웅덩이를 형성하면서 토양에서 배어 나오기 시작했습니다.

2.

[정답] isolated

[해석] 2만 마리가 넘는 이 조그마한 두꺼비들은 한때 어느 폭포의 고립된 가장자리에서 서식했습니다. 그 고립으로 인해, 그들은 알 낳는 것 대신에 새끼를 낳는 유일한 두꺼비들로 진화하게 된 유일한 종이었습니다.

3.

[정답] detailed

[해석] 1962년도 Rachel Carson의 저서 '침묵의 봄'의 출판은 최근의 환경운동이 폭넓은 인기를 얻는데 일조를 했습니다. 그 책은 살충제 및 오염이 조류 및 환경 전반에 갖는 부정적 결과들을 상세화하였습니다.

4.

[정답] depleting

[해석] 지속 가능한 삶이란 다음 세대를 위해 자원을 고갈시키지 않고 필요를 충족하는 생활 방식입니다. 이런 생활 방식으로 가는 조그마한 단계들에는 차 타기 대신에 재활용하기, 걷기 혹은 자전거타기와 정원에서 자신의 식재료를 직접 키우는 것 등이 포함됩니다.

5.

[정답] restricting

[해석] 그들은 천연가스 동력의 버스를 제공했고 수천 개의 나무를 심었습니다. 그 도시는 또한 차량 등록 번호에 기인하여 운전이 허용되었던 사람을 제한하는 새로운 규제들로 2백만 대의 차량을 도로에서 몰아냈습니다.

6.

[정답] shrinking

[해석] 북극의 기온은 세계의 어느 다른 지역보다 2배 빨리 증가하고 있으며, 최근 기온은 과거 2천 년간보다 더 높습니다. 그 결과, 북극의 만년설은 줄어들고 있는데, 이는 지구 온난화를 악화시킵니다.

7.

[정답] organic

[해석] 퇴비는 쓰레기 매립지로 가는 폐기물을 줄이고 여러분의 정원에 안성맞춤인 양분으로 가득한, 토양과 같은 유기농 폐기물의 혼합물입니다.

8.

[정답] extinction

[해석] 1998년, 세계 은행은 그 두꺼비들의 유일한 서식지를 파괴시키는 댐을 그 강에 짓기로 결정했습니다. 그 결과, 그 난쟁이 두꺼비의 개체수는 멸종 위기까지 떨어졌습니다.

9.

[정답] pesticide

[해석] 그녀의 저서는 1972년 살충제 DDT의 사용에 대한 금지에 역시 원인이 되었습니다. Carson은 DDT가 새들이 얄팍해진 껍질의 알을 낳도록 만들었으며, 이는 새들에게 생식 문제를 초래했고 통상 폐사를 야기시켰습니다.

10.

[정답] pollution

[해석] Beijing시가 2008 올림픽을 개최했을 때, 이 도시는 대기의 청정도를 개선시켜야 한다는 문제에 직면했습니다. 1천 1백만의 인구 도시에서, 오염 수치는 세계보건기구의 안전 기준의 5배에 달했습니다.

11.

[정답] inhibit

[해석] 영구 동토층이 해빙하면서, 이산화 탄소보다 환경에 훨씬 더 위험하고 온난화를 막기 위한 온갖 노력을 저해할 수 있는 막대한 양의 메탄가스와 온실가스를 방출합니다.

12.

[정답] decompose

[해석] 녹색 및 갈색 재료들을 층층이 쌓아 분해되며 함께 반응할 수 있도록 합니다. 최상의 결과를 얻으려면, 여러분의 퇴비에 지속적으로 물을 주고 공기 중에 놓이게 일주일에 한 번은 뒤집어 줍니다.

Answer Keys

01. (c) 02. (b) 03. (b) 04. (d) 05. (a) 06. (d)
07. (c)

01.

①**In 2000, an orbiting spacecraft noted gullies on the surface of Mars that scientists think were made millions of years ago by flowing bodies of water.** A couple of years later, rovers confirmed the hypothesis with the discovery of ___________. Then, in 2008, NASA sent a lander module to Mars in the hopes of confirming the presence of modern water. During a dig, the module's camera captured white powder in the fresh soil that disappeared after a few days. Scientists later confirmed the powder was water ice. The discovery invigorated hope that there was microbial life on Mars since the organisms would have had some water to survive.

(a) a bed of running water
(b) single celled organisms
(c) traces of ancient water
(d) vast stretches of flat land

[Translation]

①2000년, 궤도를 선회하는 우주선은 화성의 표면에서 협곡들을 발견했는데, 과학자들은 이 협곡들이 수백만 년 전 흐르는 물 줄기로 인해 형성되었을 거라 추측하고 있습니다. 몇 년 뒤, 탐사 로봇들은 **고대 물의 흔적**의 발견으로 그 가설을 입증했습니다. 그리고 나서, 2008년, NASA는 새로운 물의 존재를 확인하려는 희망을 가지고 화성으로 착륙선 한 대를 발사했습니다. 발굴하는 동안, 착륙선의 카메라는 생토(生土)에서 며칠 지나자 사라져버렸던 백색 가루를 포착했습니다. 과학자들은 나중에 그 가루가 언 물이었다고 확인했습니다. 그 발견은, 생물체들이 생존을 위해 수분을 가지고 있었을 것이므로, 화성에 미생물체가 있었다는 기대를 고조시켰습니다.

(a) 유수의 바닥
(b) 단세포 생물체
(c) 고대 물의 흔적
(d) 광활하게 펼쳐진 평지

[Joseph's Solution]

빈칸에는 앞서 언급된 가설을 뒷받침할 증거가 들어가야 한다. ①의 내용에서 과학자들은 화성 표면에서 발견된 협곡들로 수백만 년 전에 흘렀던 물의 존재에 대한 추측을 했다고 기술되어 있다. 따라서 빈칸에는 보기 중 (c)가 가장 적절하다.

[Vocabulary]

orbiting a. 궤도를 선회하는
spacecraft n. 우주선
gully n. (보통 물이 마른) 협곡

rover n. (탐사용) 로봇
NASA 미국 항공 우주국(National Aeronautics and Space Administration)
lander module(= landing module, lander) 착륙선
in the hope of ~을 바라고, ~라는 희망을 갖고
dig n. 발굴
invigorate v. 활기를 북돋우다, 활성화하다
microbial a. 미생물의, 세균의
organism n. 유기체, 생물(체)
flatland n. 평지, 평탄한 토지

02.

Half-man half-machine organisms known as cyborgs are no longer fictional characters. Scientists have been devising ways humans can control technology using only their minds. ①**First, researchers implanted electrodes in monkey's brains and taught them to use a robotic arm to get their food.** ②**With the electrode information, the researchers were able to figure out how to pick up brain waves and use them to control movement. __________, ③ scientists were able to transfer the technology to help people with mechanical limbs.** In 2009, an amputee succeeded in using thoughts alone to grasp objects with a robotic hand attached by wires and electrodes to nerves in his arm.

(a) On the other hand
(b) Eventually
(c) Consequently
(d) Likewise

[Translation]

사이보그로 알려진 반인반기 생물체는 더 이상 소설 속 허구적 등장인물이 아닙니다. 과학자들은 인간이 스스로의 사고만을 사용하여 기술을 제어할 수 있는 방안들을 고안해오고 있습니다. ①**처음에, 연구자들은 전극봉을 원숭이들의 뇌에 장착했고 그 원숭이들에게 인공팔을 사용해 먹이를 얻도록 가르쳤습니다. ②전극봉 정보를 통해, 연구자들은 뇌파를 감지하고 움직임을 조절하는데 그 뇌파를 이용하는 방법을 터득할 수 있었습니다. 마침내, ③과학자들은 그 기술을 기계로 작동하는 수족을 가진 사람들을 돕는 것으로 전환할 수 있었습니다.** 2009년, 사지 절단수술을 받은 이가 생각만으로 유선과 전극봉을 통해 팔에 있는 신경에 연결된 인공손을 사용하여 물체를 집는 것에 성공했습니다.

(a) 다른 한편으로는
(b) 마침내
(c) 그 결과
(d) 마찬가지로

[Joseph's Solution]

연결어를 묻는 문제이다. 따라서 빈칸이 들어간 문장과 그 앞에 위치한 문장들과의 관계를 전체적으로 파악해야 한다. 서두에서, 사이

보그는 더 이상 허구적 대상이 아니며, 현실화하려는 방안들이 연구되고 있다고 하면서, ①연구자들이 처음엔 어떤 작업을 시작했고, ②앞서의 연구결과를 토대로 무엇을 진행했는지를 설명한 다음, ③의 내용에서는 이제 그 성과를 인간에게 적용할 수 있게 되었다라고 기술하고 있다. ③은 시간 순으로 진행되던 일련의 사안에 대한 최종적인 결론이다. 따라서 빈칸에 적절한 연결어는 (b) eventually이다.

[Vocabulary]

half-man half-machine a. 반인반기의, 인간과 기계의 결합인

organism n. 유기체, 생물(체)

electrode n. 전극, 전극봉

robotic a. 자동 기계장치로 된, 인공의

limb n. 팔다리, 수족

amputee n. 팔(다리) 절단 수술을 받은 사람

03.

Time and space have been known to be linked since the theory of relativity was proposed by Albert Einstein in the early 1900s. ①**Now, studies have found that people physically embody concepts of time.** When reminiscing about past events, research subjects leaned backwards, and when imagining the future, they leaned forwards. ②**The embodiments are generally very subtle and carried out subconsciously. Still, this type of embodied cognition shows that people make sense of information by processing it with their entire body.**

Q: What is the main idea of the passage?

(a) How people think about new information
(b) The way people embody abstract ideas like time
(c) Current examples of the theory of relativity
(d) The impact of the past on people's subconscious

[Translation]

1900년대 초 Albert Einstein에 의해 상대성 이론이 제안되었던 이후로 시간과 공간은 연결된 것으로 알려져 왔습니다. ①**최근, 연구들을 통해 사람들이 몸 안에 시간이라는 개념을 내제하고 있다는 것을 발견했습니다.** 과거의 일들에 대해 추억했던 경우, 연구에 참여한 피험자들은 뒤쪽 방향으로 자세를 취했고, 미래를 마음속에 그렸을 때에는, 앞으로 몸을 숙였습니다. ②**체화는 일반적으로 매우 미묘하여 잠재의식적으로 이행됩니다. ③그럼에도 불구하고, 이런 종류의 체화된 인지는 사람들이 몸 전체로 정보를 처리함으로써 그것을 이해한다는 것을 보여주고 있습니다.**

질문: 지문의 요지는 무엇인가?

(a) 사람들이 어떻게 새로운 정보에 대해 사고하는지
(b) 사람들이 시간과 같은 추상적 개념을 내제하는 방법
(c) 상대성 이론에 대한 최근의 예들
(d) 인간의 잠재의식에 미치는 과거의 영향

[Joseph's Solution]

지문에서 다루고 있는 주된 내용이 무엇인지 묻고 있다. 지문을 요

약해보면, ①최근의 연구들에서 시간 개념은 ②잠재의식적 수준에서만이 아니라 ③체화된 인지를 통해 전신에서 정보가 처리되어 개념을 이해한다는 것이 밝혀지고 있다고 기술되어있다. 지문은 시간 등의 추상적 개념의 정보는 전신을 통해 내제화되어 있기 때문에, 이러한 개념 정보가 주어지면 신체반응도 관찰된다는 최근 연구결과에 관한 내용이다. 따라서 지문의 요지는 보기 중 (b)가 가장 적절하다.

[Vocabulary]

theory of relativity [물리학] 상대성 이론

embody v. 포함하다, 상징하다

reminisce v. 추억(회상)에 잠기다

lean v. (몸을) 숙이다

subtle a. 미묘한, 감지하기 힘든

subconsciously adv. 잠재의식적으로

make sense of ~을 이해하다

04.

Tool use requires intelligence and was once thought to be a uniquely human skill. However, scientists have discovered examples of tool use by many animals. Gorillas and orangutans have been observed using sticks to measure water depth. Chimpanzees have also been seen sharpening sticks to use as weapons. Bonobo chimps stick long grass shoots down in anthills to collect ants like a type of primitive fork. Crows in urban Japan have been spotted dropping nuts onto the street to be run over by cars and then flying down to eat the cracked nuts when the car is gone. Even dolphins wrap protective pieces of sea sponge around their noses when searching the ocean floor.

Q: What is the main idea of the passage?

(a) Disproving the fact that tool use indicates intelligence
(b) Ways humans' tools differ from other species' tools
(c) Ranking of animal species' levels of intelligence
(d) Types of tool use in various animal species

[Translation]

도구의 사용은 지능이 필요하며 한때 인간만의 기술이라 생각되었습니다. 하지만, 과학자들은 여러 동물들에게서 도구사용의 사례들을 발견했습니다. 고릴라와 오랑우탄은 수심을 측정하기 위해 막대기를 사용하는 것이 관찰되었습니다. 침팬지 역시 무기로 사용하기 위해 막대기를 날카롭게 하는 것이 목격되었습니다. 보노보 침팬지들은 긴 풀의 줄기들을 원시적인 포크의 형태로 개미를 모으기 위해 개미굴 안에 집어넣습니다. 일본 교외에 서식하는 까마귀들은 차량에 의해 치이게 하려고 길에 땅콩을 떨어트리고 차량이 떠나고 부숴진 땅콩을 먹기 위해 날아 내려가는 것이 발견되었습니다. 돌고래 역시 대양저를 찾을 때 보호용 해면 조각들을 코 주변에 두릅니다.

질문: 지문의 요지는 무엇인가?

(a) 도구의 사용이 지능을 의미한다는 사실을 반증한 것

(b) 인간의 도구에 있어 다른 종들의 도구와는 다른 방식

(c) 동물 종의 지능수준 순위

(d) 여러 동물 종들의 도구사용에 대한 유형들

지문에서 다루고 있는 주된 내용이 무엇인지 묻고 있다. 서두에서, 지능이 요구되는 도구의 사용은 비단 인간만의 고유한 기술이 아니라고 전제한 다음, 과학자들이 그간 발견한 침팬지, 보노보, 까마귀, 돌고래 등의 동물들에게서 관찰한 도구사용 사례를 열거하고 있다. 따라서 지문의 요지로 가장 적절한 것은 (d)이다.

[Vocabulary]

stick v. 집어넣다

anthill n. 개미탑, 개미굴

crow n. 까마귀

sea sponge 해면

ocean floor [지질] 대양저

05.

In the first months of life, infants take in a massive amount of information. Researchers studying infant cognition are discovering just how much infants know. Halfway through their first year of life, infants already know information about basic physical laws. **①By three months of age, infants understand gravity enough to know objects released in midair should fall.** Around five months, they can identify the type-of-contact variable, which means they will expect an object to be stable when it's released on a platform. At six and a half months, infants understand proportion-of-contact. Thus, they expect an object to fall when more than half of it is hanging off a platform.

Q: What has a three-month-old infant learned?

(a) An object will fall when nothing is supporting it.
(b) A tall object always falls faster than a short one.
(c) An object will fall when over half of it is supported.
(d) An object will be stable if released in midair.

[Translation]

생애 첫 몇 달 동안, 유아는 다량의 정보를 받아들입니다. 유아 인지를 연구하는 연구자들은 유아들이 얼마나 아는지 밝혀내고 있습니다. 유아의 생애 첫해 반이 지나면, 유아는 이미 기본적인 물리 법칙들에 대한 정보를 알고 있습니다. **①3개월까지, 유아는 공중에 날려보낸 물체들은 떨어질 것이라는 사실을 알만큼 중력을 이해합니다.** 생후 5개월 무렵, 유아는 접촉 변수의 유형을 식별할 수 있는데, 이는 그들이 어떤 물체가 받침대 위에 놓여질 때 안정적일 것이라고 기대하리라는 의미입니다. 생후 6개월 반인 유아들은 접촉의 비율을 이해합니다. 이리 하여, 그들은 물체의 반 이상이 받침대에서 떨어져 있을 때에는 물체가 떨어질 것을 기대합니다.

질문: 생후 3개월 된 유아가 체득한 것은 무엇인가?

(a) 물체는 그것을 받치고 있는 게 아무것도 없을 때 떨어질 것이다.
(b) 긴 물체는 항상 짧은 것보다 더 빨리 떨어진다.
(c) 물체의 반 이상이 받쳐지고 있을 때 그 물체는 떨어질 것이다.

(d) 물체가 공중에 날려진다면 그 물체는 안정적일 것이다.

질문에서 요구하는 세부정보(생후 3개월 된 유아의 추리적 인지능력)를 찾아 다른 말로 바꾸어 표현된 문장을 고르는 문제이다. ①에서 생후 3개월까지 유아는 비활성 물체의 중력운동에 대해서 이해한다고 기술되어 있다. 따라서 이와 같은 내용을 담고 있는 (a)가 정답이다.

[Vocabulary]

cognition n. 인식, 인지

midair n. 공중, 중천

object n. 사물, 목적, 대상

release v. 방출하다, 내보내다

06.

Scientists once believed that humans evolved from chimpanzees, but have since come to realize the species had a common ancestor that they both descended from. **①Until recently, that common ancestor was merely a hypothesis, but the missing link in the evolutionary chain has been found.** Scientists in Ethiopia unearthed an almost complete skeleton of Ardipithecus ramidus, known as "Ardi," dating back 4.4 million years. **②She is the oldest human ancestor ever discovered.** The ancestor is less ape-like than previously thought. The skeleton reveals that Ardi's species was able to walk on two legs but was also skilled at climbing trees. The species is also thought to have exhibited pair bonding between the sexes, which suggests early social behavior and parental investment.

Q: Why is the discovery of Ardi significant?

(a) She is the oldest skeleton of any species ever found.
(b) She proves that chimpanzees evolved from humans.
(c) She disproves the theory of a common ancestor.
(d) She helps fill in man's evolutionary history.

[Translation]

과학자들은 한때 인간이 침팬지에서 진화되었다고 믿었지만, 그 이후 그 종은 인간과 침팬지 모두가 이어 내려왔던 공동조상을 가졌음을 깨닫게 되었습니다. **①최근까지, 그 공동조상은 단지 하나의 가설이었는데, 진화의 사슬에서 그 끊어진 고리가 발견되었습니다.** 과학자들은 에티오피아에서 440만 년이나 된 "Ardi"로 알려진, Ardipithecus ramidus의 해골을 거의 온전한 채로 발굴했습니다. **②그녀는 이제까지 발굴된 가장 오래된 인류의 조상입니다.** 그 조상은 이전의 추정보다는 덜 유인원스럽습니다. 그 해골은 Ardi의 종은 두 발로 걸을 수 있었지만 나무타기 역시 능숙했음을 보여주고 있습니다. 그 종은 성(性)간에 일부일처의 관계를 보였다고도 역시 추정되고 있는데, 이는 초기 사회적 행동 및 양육투자를 시사합니다.

질문: Ardi의 발견이 왜 의미 있는가?

(a) 그녀는 이제까지 발견된 모든 종들 중 가장 오래된 해골이다.
(b) 그녀는 침팬지에서 인류가 진화되었다는 사실을 입증한다.

(c) 그녀는 공동조상 이론을 반증한다.
(d) 그녀는 인류의 진화역사를 메우는 것에 도움이 된다.

[Joseph's Solution]
지문의 세부사항을 묻는 문제이다. 지문을 읽고 Ardipithecus ramidus(Ardi) 발굴이 중요한 이유가 무엇인지 보기 중에서 골라야 한다. 지문의 내용을 보면, 인류진화론에 있어 ①공동조상 설이 대두된 가운데 발굴된 Ardi의 유골은 ②이제까지 발굴된 최초의 인류 조상으로 ①진화의 사슬에서 사라진 연결고리를 이어주었다고 기술되어 있다. 따라서 정답은 (d)이다.

[Vocabulary]
descend from ~로부터 전해지다
hypothesis n. 가설, 추정
evolutionary a. 진화의, 점진적인
unearth v. 발굴하다, 찾다
Ardipithecus ramidus 아르디피테쿠스 라미두스
ape-like a. 유인원 같은
pair bonding 암수 한 쌍의 결합 (관계)
parental investment 양육투자 [자손의 생존률을 높이기 위한 부모가 양육에 들이는 에너지[
fill in ~을 완전히 메우다, 작성하다

07.

People falling asleep in class or at inappropriate times can be funny, but for those who suffer from narcolepsy those situations are no laughing matter. (a) Unlike general drowsiness, narcoleptics fall into sudden deep sleeps every few hours, often with no warning. (b) Attacks can occur while people are driving, talking or eating. **(c) People with narcolepsy may have driving restrictions placed on them, but laws vary in different places.** (d) These attacks sometimes produce dream-like hallucinations, paralysis when the sleeper first wakes up, or a sudden loss of muscle tone.

[Translation]
수업시간이나 부적절한 시간에 잠들어버리는 사람들은 우습게 보일 수 있는데, 기면증에 시달리는 사람들에게는 그러한 상황들이 웃을 일이 아닙니다. (a) 일반적인 졸음과 달리, 기면발작이 있는 사람들은 종종 예고 없이 서너 시간마다 갑작스럽게 깊은 잠에 빠집니다. (b) 발작은 운전 중에, 혹은 대화도중이나 식사도중에 나타날 수 있습니다. **(c) 기면증이 있는 사람들은 그들에게 내려진 차량운행 제한령이 있을 수 있는데, 법률은 장소에 따라 달라집니다.** (d) 이러한 발작은 때로 마치 꿈 같은 환각 및 잠이 깨려고 할 때 마비가 일어나거나 근육의 긴장이 나타납니다.

[Joseph's Solution]
갑작스레 깊은 잠에 빠지는 기면성 수면장애에 관한 내용이다. 서두에서 기면증상의 심각성을 언급하면서, (a) 예고 없이 찾아 드는 (b)기면 발작증상은 일상생활 중 어느 때나 나타날 수 있으며 (d) 환각, 마비 및 근육긴장의 증상을 동반한다고 설명하고 있다. (c)는 기면증 환자의 차량운행 규제법에 대한 내용으로 기면발작증의 증세를 설명하고 있는 지문의 흐름에 적절하지 않다. 따라서 정답은

(c)이다.

[Vocabulary]
narcolepsy n. [의학] 기면발작, 기면발작성 수면장애
narcoleptic n. 기면발작 환자 a. 기면발작(증)이 있는
drowsiness n. 졸림
attack n. (병의) 발작, 도짐
place a restriction on ~에 대해 제한명령(규제령)을 내리다
hallucination n. 환각
paralysis n. 마비
muscle tone n. 근육의 긴장(도)

Make-up Vocabulary

1.

[정답] **orbiting**

[해석] 2000년, 궤도를 선회하는 우주선은 화성의 표면에서 협곡들을 발견했는데, 과학자들은 이 협곡들이 수백만 년 전 흐르는 물 줄기로 인해 형성되었을 거라 추측하고 있습니다.

2.

[정답] **implanted**

[해석] 과학자들은 인간이 스스로의 사고만을 사용하여 기술을 제어할 수 있는 방안들을 고안해오고 있습니다. 처음에, 연구자들은 전극봉을 원숭이들의 뇌에 장착했고 그 원숭이들에게 인공팔을 사용해 먹이를 얻도록 가르쳤습니다.

3.

[정답] **embody**

[해석] 1900년대 초 Albert Einstein에 의해 상대성 이론이 제안되었던 이후로 시간과 공간은 연결된 것으로 알려져 왔습니다. 최근, 연구들을 통해 사람들이 몸 안에 시간이라는 개념을 내제하고 있다는 것을 발견했습니다.

4.

[정답] **measure**

[해석] 과학자들은 여러 동물들에게서 도구사용의 사례들을 발견했습니다. 고릴라와 오랑우탄은 수심을 측정하기 위해 막대기를 사용하는 것이 관찰되었습니다.

5.

[정답] **gravity**

[해석] 3개월까지, 유아는 공중에 날려보낸 물체들은 떨어질 것이라는 사실을 알만큼 중력을 이해합니다. 생후 5개월 무렵, 유아는 접촉 변수의 유형을 식별할 수 있는데, 이는 그들이 어떤 물체가 받침대 위에 놓여질 때 안정적일 것이라고 기대하리라는 의미입니다.

6.

[정답] **ape-like**

[해석] Ardi는 이제까지 발굴된 가장 오래된 인류의 조상입니다. 그 조상은 이전의 추정보다는 덜 유인원스럽습니다.

7.

[정답] drowsiness

[해석] 일반적인 졸음과 달리, 기면발작이 있는 사람들은 종종 예고 없이 서너 시간마다 갑작스럽게 깊은 잠에 빠집니다. 발작은 운전 중에, 혹은 대화도중이나 식사도중에 나타날 수 있습니다.

8.

[정답] reminiscing

[해석] 과거의 일들에 대해 추억했던 경우, 연구에 참여한 피험자들은 뒤쪽 방향으로 자세를 취했고, 미래를 마음속에 그렸을 때에는, 앞으로 몸을 숙였습니다.

9.

[정답] cracked

[해석] 일본 교외에 서식하는 까마귀들은 차량에 의해 치이게 하려고 길에 땅콩을 떨어트리고 차량이 떠나고 부숴진 땅콩을 먹기 위해 날아 내려가는 것이 발견되었습니다.

10.

[정답] cognition

[해석] 유아 인지를 연구하는 연구자들은 유아들이 얼마나 아는지 밝혀내고 있습니다. 유아의 생애 첫째 반이 지나면, 유아는 이미 기본적인 물리 법칙들에 대한 정보를 알고 있습니다.

11.

[정답] descended

[해석] 과학자들은 한때 인간이 침팬지에서 진화되었다고 믿었지만, 그 이후 그 종은 인간과 침팬지 모두가 이어 내려왔던 공동조상을 가졌었음을 깨닫게 되었습니다.

12.

[정답] invigorated

[해석] 과학자들은 나중에 그 가루가 언 물이었다고 확인했습니다. 그 발견은, 생물체들이 생존을 위해 수분을 가지고 있었을 것이므로, 화성에 미생물체가 있었다는 기대를 고조시켰습니다.

Chapter 02 지문 유형별 분석 Unit 05 역사/인물 정답 & 해설

Answer Keys

01. (c) 02. (d) 03. (b) 04. (b) 05. (b) 06. (b)
07. (c)

01.

Charles Schultz had a rough time growing up. ① **Charles failed every subject in school, did not do well in sports, was very shy, and had no close friends. ②The only thing he enjoyed doing was drawing, but the cartoons he submitted to his high school yearbook were rejected. ③Similarly, cartoons he sent to Walt Disney studies were turned down.** One day Charles sat down and drew a cartoon character just like himself—a boy named Charlie Brown who was ________________. The cartoon eventually became one of the most popular and influential strips ever. Charles drew around 18,000 strips over fifty years and they continue to be printed in newspapers today.

(a) alienated because he was the school bully
(b) an art prodigy at a young age
(c) a loser and an underachiever
(d) afraid to participate in gym class

[Translation]
Charles Schultz는 성장하면서 어려운 시기를 겪었습니다. ① **Charles는 전과목에서 낙제를 했고, 운동도 잘하지 못했으며, 부끄러움이 심하고 친한 친구도 없었습니다. ②그가 유일하게 즐겨 했던 것이 그림 그리기였지만, 그가 고등학교 졸업앨범에 제출했던 만화는 거절당했습니다. ③마찬가지로, 그가 Walt Disney사의 스튜디오로 보냈던 만화들도 거부당했습니다.** 어느 날 Charles는 앉아서 자신과 꼭 닮은 등장인물, __실패자이며 학습부진아였던__ Charlie Brown 라는 이름의 소년을 그렸습니다. 그 만화는 결국 가장 대중적이면서 영향력 있는 연재만화 중 하나가 되었습니다. Charles는 18,000편 가량의 연재를 50년 이상 그렸고 그 연재물들은 요즘도 계속 신문 지면에 인쇄되고 있습니다.

(a) 학교에서 남을 괴롭히던 학생이었기에 소외되었던
(b) 어린 나이에 미술계 신동이었던
(c) 실패자이며 학습부진아였던
(d) 체육수업에 참여를 꺼렸던

[Joseph's Solution]
빈칸에는, 주인공의 모습이 Charles Schultz와 비슷한 면이 많다고 했기 때문에 앞서 지문에 묘사된 작가의 성장기가 요약되어 들어가야 한다. ①학창 시절, 작가는 성적, 운동, 교우관계 등 딱히 뭐 하나 봐줄만한 것이 없던 학생으로, ②유일한 취미인 만화 그리기 마저 인정받지 못했고 ③나중에, 사회에 나가서까지 작품이 받아들여지지 않았다고 기술되어 있다. 따라서 빈칸에는 (c)가 가장 적절하다.

[Vocabulary]
school yearbook 졸업 앨범

turn down ~을 거절(거부)하다

strip n. (신문 등의) 연재 만화

alienate v. (친구 등을) 멀리하다

bully n. (약자를) 괴롭히는 사람

prodigy n. 천재, 신동

underachiever n. 학습부진아

02.

Standing at 2.361 meters, Bao Xishun was the tallest man in the world until 2009. **①He is a herdsman from Mongolia who was a normal height until experiencing a sudden, unexplained growth spurt in his mid-teens. _______________, ②Bao does not have gigantism, a growth disorder that produces extreme height growth — he's just extremely tall.** Bao was not aware of his title until locals contacted the Guinness Book of World Records. Suddenly known as the world's tallest man, Bao' notoriety brought some odd job requests. When two dolphins had swallowed shards of plastic and veterinarians were unable to remove them, they asked for Bao's assistance. His 1.06-meter arms were long enough to reach inside the dolphins' stomachs and remove the shards.

(a) Obviously
(b) First of all
(c) Consequently
(d) Remarkably

[Translation]

서 있을 때 2m 36.1cm인, Bao Xishun은 2009년까지 지구상 키가 가장 큰 사람이었습니다. **①그는 십대 중반 원인불명의 급격한 성장 발육을 겪기 전까지 보통 키를 지녔던, 몽골출신의 목축업자입니다. 놀랍게도, ②Bao가 성장 장애의 일종인 거인증에 걸린 게 아닌데 − 그는 아주 극도로 큽니다.** Bao는 지역주민들이 기네스북에 연락했을 때까지 자신의 타이틀에 대해서 알지 못했습니다. 갑작스레 세계의 가장 큰 사람으로 알려진, Bao의 유명세로 인해 해괴한 작업요청들이 이어졌습니다. 돌고래 두 마리가 플라스틱 조각을 삼켜 수의사들이 제거할 수 없었을 당시, 그들은 Bao에게 지원을 요청했습니다. 그의 1m 6cm나 되는 양팔은 돌고래의 위장 안까지 닿아 그 조각들을 제거하기에 충분히 길었습니다.

(a) 분명히
(b) 무엇보다도
(c) 그 결과
(d) 놀랍게도

[Joseph's Solution]

빈칸에 알맞은 연결어 고르는 문제이다. 따라서 빈칸이 삽입된 문장과 빈칸 앞에 위치한 문장과의 관계를 파악해야 한다. 해당부분을 살펴보면, ①정상발육을 보였던 Bao Xishun은 십대 중반에 갑작스런 성장발육을 겪고는, ②거인증이 걸린 게 아님에도 ─ 현재 극도로 큰 키를 갖고 있다라고 기술하고 있다. 따라서 빈칸에는 의미상 (d)가 가장 적절하다.

[Vocabulary]

herdsman n. 가축을 돌보는 사람, 목축업자

Mongolia n. 몽골(지방)

growth spurt 성장급등

gigantism n. [병리] 거인증

Guinness Book of World Records 기네스북 [맥주회사 기네스가 해마다 발행하는 세계 기록집]

notoriety n. 악명, 악평

shard n. 파편

veterinarian n. 수의사

03.

A woman called La Malinche is an important figure in Mexican history, known by many as the founding mother of the Mexican race. Though she is famous for her active role in Spain's conquest of Mexico, her story has humble origins. After her father died, she was given to passing traders and became a slave. **①She was sold to the Spaniards, but eventually became a translator for the explorer Hernán Cortés, relaying the language of her native Aztecs. ②She and Cortés grew close, and reports state that she was crucial in his Mexican conquest. Her ability to communicate with the Indians helped the Spainiards make key negotiations.**

Q: What is the main idea of the passage?

(a) La Malinche's legacy in modern Spain
(b) How La Malinche became Cortés' partner
(c) The Aztec reaction to Cortés' conquest of Mexico
(d) Why La Malinche was interested in Cortés' campaign

[Translation]

La Malinche라 불렸던 여성은 메스티조의 창조모로 알려진, 멕시코 역사에서 중요한 인물입니다. 비록 스페인의 멕시코 정복에서 적극적인 역할로 유명하지만, 그녀의 출생은 비천했습니다. 부친이 죽자, 그녀는 중개인에게 넘겨졌고 노예가 되었습니다. ①그녀는 스페인들에게 팔렸지만, 결국 모국어인 아즈텍어를 중계하는 탐험가 Hernán Cortés의 통역가가 되었습니다. ②그녀와 Cortés는 가까워졌고, 전언으로는 그녀가 Cortés의 멕시코 정복에 있어 결정적 역할을 했다고 합니다. ③그녀의 원주민들과 소통하는 능력은 스페인 정복자들이 중대한 협상들을 타결하는데 일조를 했습니다.

질문: 지문의 요지는 무엇인가?

(a) 현대 스페인에 남겨진 La Malinche의 유산
(b) La Malinche가 어떻게 Cortés의 파트너가 되었나
(c) Cortés의 멕시코 정복에 대한 아즈텍의 반격
(d) La Malinche가 왜 Cortés의 정복 계획에 흥미를 가졌는가

[Joseph's Solution]

지문에서 다루고 있는 주된 내용이 무엇인지 묻는 문제이다. 서두에서 La Malinche의 성장배경을 간략히 소개하면서, ①Cortés의 통역가가 된 사연 및 ②Cortés와의 관계를 설명하고 스페인의 멕시코

정복에서 ③어떠한 역할을 담당하게 되었는지 기술하고 있다. 지문은 La Malinche가 어떻게 Cortés의 조력자가 되어 멕시코 정복에 어떤 영향을 주었는지 설명하고 있다. 따라서 지문의 요지로 가장 적절한 것은 (b)이다.

societal needs 사회적 욕구[요구] [사회환경 변화에 부합해 달라지는 욕구]

batch n. 1회분, 한 묶음

crisp a. (음식물이) 파삭파삭한

dismay n. 당황, 어찌할 바를 모름, 놀람

ecstatic a. 희열에 넘친, 완전히 마음이 팔린

04.

①Humans **are capable of amazing things in extreme circumstances, as Joe Simpson's story illustrates.** In 1985, Joe went mountain climbing with his friend Simon Yates. While they were descending, Joe slipped and broke his leg. ②**Simon roped himself to his friend, but Joe fell and was left hanging over a cliff.** Simon had with no way of knowing what had happened on the other end. He waited an hour, but believing Joe was dead, Simon eventually cut the rope to save himself. However, Joe was alive and miraculously landed on a snowdrift. ③**Over the course of three and a half days, he crawled down the mountain with his broken leg and arrived back at the base to Simon's joyous shock.**

Q: What is the main idea of the passage?

(a) The dangers of mountain climbing

(b) An extraordinary survival story

(c) The greatest feats of human strength

(d) A cautionary tale of exploring alone

[Translation]

①Joe Simpson의 이야기가 보여주듯이, 인간은 극한 환경에서 놀라운 일을 이뤄낼 수 있습니다. 1985년, Joe는 친구 Simon Yates와 산악 등반에 나섰습니다. 하산하던 중, Joe는 미끄러져 다리가 부러졌습니다. ②Simon은 자신에게 밧줄을 두르고 친구를 묶었지만, Joe는 떨어져 절벽에 매달려있게 되었습니다. Simon은 반대 편에서 무슨 일이 벌어졌는지 알 도리가 없었습니다. Simon은 한 시간을 기다리다, Joe가 죽었다고 믿으며, 결국 자신을 살리려고 밧줄을 잘랐습니다. 하지만, Joe는 살아 기적적으로 눈 더미 위로 떨어졌습니다. ③3일반 동안, 그는 부러진 다리로 산을 기어내려 왔고 Simon에게 즐거운 충격을 안겨주며 돌아왔습니다.

질문: 지문의 요지는 무엇인가?

(a) 산악 등반의 위험성

(b) 놀랄만한 생존담

(c) 인간의 힘을 보여준 위대한 업적

(d) 단독 탐험에 대한 경고성 이야기

[Joseph's Solution]

지문에서 다루고 있는 주된 내용이 무엇인지 묻는 문제이다. 서두에

서, ①Joe Simpson의 이야기는 극한에 처한 인간의 생존력을 보여주는 사례라고 소개하면서, ②그가 어느 날 등산길에서 처하게 된 생사의 위기상황 및 ③다리 부상에도 불구하고 3일만에 살아 돌아왔던, 아찔했던 산악사고 전후의 정황을 묘사하고 있다. 따라서 지문의 요지로 가장 적절한 것은 (b)이다.

illustrate v. 예증하다

go mountain climbing 등산하다

descend v. 내려오다, 내려가다

slip v. 미끄러지다

rope ~ to ~을 ~에 (밧줄로) 묶다

cliff n. 벼랑, 절벽

miraculously adv. 기적적으로

snowdrift n. 바람에 날려 쌓인 눈 더미

over the course of ~동안

crawl v. (엎드려) 기다

at the base of ~의 근저(밑바닥)에

extraordinary a. 드문, 놀랄만한

feat n. 위업, 공

cautionary a. 충고(경고)성의

05.

At twenty-five years old, Mark Zuckerberg is worth at least 1.5 billion dollars. Zuckerberg is a young entrepreneur who created the vastly popular social networking site called Facebook. ①**While attending Harvard University, Zuckerberg developed a site known as Facemash. ②It allowed people to rate students' photos side by side.** Since the photos were taken without students' permission Zuckerberg faced disciplinary action. Later, Zuckerberg launched Facebook from his dorm room. The site allows people to create a profile with photos and information about themselves as well as chat with friends. It was originally open only to Harvard students, then all college students, and finally anyone worldwide. By December of 2009, Facebook had over 350 million users.

Q: What was the purpose of Zuckerberg's original website, Facemash?

(a) To bring college students around the world together

(b) To let students judge the attractiveness of their peers

(c) To unite Harvard students by creating a chat room

(d) To give students an online space to post their pictures

[Translation]

25살의 Mark Zuckerberg는 적어도 15억 달러의 가치가 있습니다. Zuckerberg는 Facebook 이라 불리는 엄청나게 인기몰이 중인 사회 관계망 사이트를 창안했던 젊은 사업가입니다. ①하버드 대학교에 재학 중에, Zuckerberg는 Facemash 로 알려진 사이트를 개

발했습니다. ②그것은 사람들이 나란히 있는 학생들 사진을 평가할 수 있게 만들었습니다. 학생들의 허락 없이 올려진 사진들로 Zuckerberg는 징계 조치에 처해졌습니다. 그 후, Zuckerberg는 자신의 기숙사방에서 Facebook을 시작했습니다. 그 사이트는 사람들이 자신의 사진들과 정보를 가지고 프로필을 만들고 친구와의 채팅이 가능하도록 만들었습니다. 그것은 원래 하버드 학생들에게만 개방되었는데, 그 다음 모든 대학생들에게, 나중에는 전세계 누구에게나 개방되었습니다. 2009년 12월까지, Facebook은 사용자 1억 5천만을 넘어섰습니다.

질문: Zuckerberg의 최초 웹사이트인 Facemash의 목적은 무엇인가?

(a) 전 세계 대학생들을 한데 모으려고
(b) 학생들이 또래 친구들의 매력도를 평가하게 해주려고
(c) 채팅실을 만들어 하버드 학생들을 결합시키려고
(d) 학생들에게 자신의 사진들을 포스팅할 온라인 공간을 제공하려고

[Joseph's Solution]
세부정보(Facemash 사이트의 개발 목적)를 지문에서 찾아 바르게 표현된 문장을 고르는 문제이다. 지문을 살펴보면, ①에서 Zuckerberg가 개발했던 Facemash 사이트에 관한 이야기가 소개되고, 곧이어 ②에서 그것의 개발 취지가 언급되어 있다. ②에서 학생들이 친구들의 사진을 보고 평점 할 수 있게 만들었던 사이트라고 기술하고 있다. 따라서 정답으로 적절한 것은 (b)이다.

[Vocabulary]
entrepreneur n. 사업가, 기업가
social networking site 사회 관계망 사이트
side by side 나란히
disciplinary a. 징계의
bring together 불러 모으다

06.

Frank Abagnale, Jr. is a famous con artist and imposter who passed over 2.5 million dollars worth of foraged checks before the age of twenty-one. At sixteen, Frank began buying gifts for girls he was interested in by writing personal checks on his overdrawn account. Frank moved on to impersonating different people including an airline pilot, teaching assistant, doctor, and an attorney. He evaded detection by avoiding job duties, such as making interns handle patients, and switching personas when people got suspicious. Frank escaped police custody twice but was eventually captured and served a total of fifteen years in jail across four countries. ①**Now, Frank works as an FBI consultant and runs a financial fraud consultancy company.**

Q: What does the passage imply about Frank Abagnale?

(a) He continues to defraud the government and is a wanted man.

(b) He has put his forgery knowledge to good use as an adult.

(c) He changed careers because he couldn't find one he liked.

(d) He started forging checks because his family was poor.

[Translation]
Frank Abagnale, Jr.는 21살 이전에 250만 달러 상당의 위조된 수표를 유통시켰던 유명한 사기꾼이자 협잡꾼입니다. 16살에 Frank는 자신의 차월 계좌에 개인 수표를 끊어 관심 있던 여자 아이들에게 줄 선물을 사기 시작했습니다. 「rank는 항공사 소속 조종사, 조교, 의사 및 변호사를 비롯한 다양한 사람들인 체하는 것으로 옮겨갔습니다. 그는 인턴들에게 환자를 다루게 만드는 등 직무를 회피하고 사람들이 의심스러워했을 때는 성격을 바꿈으로써 적발을 면했습니다. Frank는 경찰 유치장을 두차례 탈출했지만 결국 잡혀 4개국에 걸쳐 총 15년을 복역하게 되었습니다. ①요즘, Frank는 FBI 자문으로써 근무하며 금융 사기 자문회사를 운영하고 있습니다.

질문: Frank Abagnale에 관해 지문에서 시사하는 것은 무엇인가?

(a) 그는 계속 정부를 기만하여 지명수배자가 되어 있다.
(b) 그는 자신의 위조 지식을 성인으로써 올바른 데 사용해오고 있다.
(c) 그는 그가 좋아했던 사람을 찾을 수 없어 직업을 바꾸게 되었다.
(d) 그는 가족이 어려웠기에 수표를 위조하기 시작했다.

[Joseph's Solution]
지문은 자서전 'Catch me if you can' 으로도 유명한 희대의 사기꾼 Frank Abagnale에 관한 내용으로, 질문은 지문이 시사하는 바가 무엇인지 묻고 있다. 어릴 적부터 과감한 사기행각을 일삼았던 화려한 사기 전력의 Frank Abagnale은 복역 후, 지문의 하단부 ①에서 언급되었듯이, 자신의 사기기술을 활용해 국가 및 시민의 범죄예방 및 수사를 위한 자문역을 맡고 있다고 언급되었다. 따라서 정답으로 적절한 것은 (b)이다.

[Vocabulary]
con artist n. 사기꾼
imposter(= impostor) n. (남의 행세를 하는) 사기꾼
forged check 위조 수표
personal check 개인 수표
overdrawn account 차월 계좌 [잔고 없이 발행된 개인 수표 등으로 초과 인출된 계좌]
write a check 수표를 끊다
impersonate v. ~인 체하다
move on to (새로운 일 · 주제로) 넘어가다
attorney n. 변호사
evade v. 피하다, 모면하다
detection n. 발견, 간파, 탐지
persona n. (다른 사람들 눈에 비치는) 모습, 성격
custody n. 구류, 감금
defraud v. 횡령하다, 사기치다
wanted man (경찰의) 지명 수배자

07.

In 1422, Henry VI became King of England at nine months old after his father died. (a) At the time, a dual monarchy existed with England and France, making Henry VI the king of two countries before he turned one. (b) Since he was so young, his kingdom was ruled by royal advisers until 1437, when he was declared old enough to rule, as England was losing in the Hundred Years' War. **(c) Shakespeare wrote a popular two-part play based on the life of Henry VI.** (d) But in 1453, during the War of the Roses, Henry VI fell victim to a hereditary mental illness that left him unfit to rule for over a year.

[Translation]
1422년, 헨리 6세는 부친 사망 후 생후 9개월의 나이로 잉글랜드의 왕으로 제위(帝位)되었습니다. (a) 당시, 잉글랜드와 프랑스 사이에는 2중 군주제가 존재했는데, 이는 헨리 6세를 1살이 되기 전에 두 나라를 거느린 왕으로 만들었습니다. (b) 헨리 6세가 너무 어렸기에, 그의 왕국은 그가 통치해도 될 나이라고 선포되었던 1437년까지 왕실 고문들에 의해 섭정되었는데, 그가 통치를 맡은 시점에는 잉글랜드가 백년전쟁에서 지고 있었습니다. **(c) 셰익스피어는 헨리 6세의 생애를 기반으로 한 유명한 2 부작 연극 대본을 집필 했습니다.** (d) 그러나 1453년, 장미전쟁 동안, 헨리 6세는 1년 이상 통치를 할 수 없게 만들었던 유전적인 정신질환의 희생양이 되었습니다.

[Joseph's Solution]
잉글랜드의 헨리 6세에 관한 글로, 글 전체의 흐름에 적절하지 않은 문장을 고르는 문제이다. 서두에서, 생후 9개월의 나이에 제위에 오른 헨리 6세는 (a) 프랑스와 잉글랜드 두 나라를 거느린 군주였지만 (b) 나이가 어려 왕실 고문들에 의한 섭정을 받다 백년전쟁에서 열세로 밀리던 시점에 통치를 맡게 되었고 (d) 이후 장미전쟁 동안에는 유전질환으로 1여 년간 권좌에서 물러나 있었다고 기술되어 있다. (c)는 셰익스피어의 작품인 헨리 6세에 관한 내용으로, 주어진 지문의 내용과 어울리지 않는다. 따라서 정답은 (c)이다.

[Vocabulary]
Hundred Years' War 백년전쟁; 잉글랜드와 프랑스간의 전쟁(1337년 ~1453년)

War of the Roses 장미전쟁 [잉글랜드의 두 가문간의 왕권을 둘러싼 전쟁(1455년~1485년)]

hereditary a. 유전적인

fall a victim to ~의 희생(물)이 되다

unfit to (질병 등으로) ~을 할 수 없는

Make-up Vocabulary

1.
[정답] **spurt**

[해석] Bao Xishun은 십대 중반 원인불명의 급격한 성장발육을 겪기 전까지 보통 키를 지녔던, 몽골출신의 목축업자입니다.

2.
[정답] **submitted**

[해석] 그가 유일하게 즐겨 했던 것이 그림 그리기였지만, 그가 고등학교 졸업앨범에 제출했던 만화조차도 받아들여지지 않았습니다.

3.
[정답] **circumstances**

[해석] Joe Simpson의 이야기가 보여주듯이, 인간은 극한 환경에서 놀라운 일을 이뤄낼 수 있습니다. 1985년, Joe는 친구 Simon Yates와 산악 등반에 나섰습니다.

4.
[정답] **captured**

[해석] Frank는 경찰의 감금을 두 차례 도망쳤지만 결국 잡혀 4개국에 걸쳐 총 15년을 복역하게 되었습니다. 요즘, Frank는 FBI 자문으로써 근무하며 금융 사기 자문회사를 운영하고 있습니다.

5.
[정답] **crawled**

[해석] 3일 반 동안, 그는 부러진 다리로 산을 기어내려 왔고 Simon에게 즐거운 충격을 안겨주며 돌아왔습니다.

6.
[정답] **hereditary**

[해석] 1453년, 장미전쟁 동안, 헨리 6세는 1년 이상 통치를 할 수 없게 만들었던 유전적인 정신질환의 희생양이 되었습니다.

7.
[정답] **figure**

[해석] La Malinche라 불렸던 여성은 메스티조의 창조모로 알려진, 멕시코 역사에서 중요한 인물입니다.

8.
[정답] **rate**

[해석] 하버드 대학교에 재학 중에, Zuckerberg는 Facemash 로 알려진 사이트를 개발했습니다. 그것은 사람들이 나란히 있는 학생들 사진을 평가할 수 있게 만들었습니다.

9.
[정답] **assistance**

[해석] 돌고래 두 마리가 플라스틱 조각을 삼켜 수의사들이 제거할 수 없었을 당시, 그들은 Bao에게 지원을 요청했습니다. 그의 1m 6cm나 되는 양팔은 돌고래의 위장 안까지 닿아 그 조각들을 제거하기에 충분히 길었습니다.

10.
[정답] **detection**

[해석] Frank는 항공사 소속 조종사, 조교, 의사 및 변호사를 비롯한 다양한 사람들인 체하는 것으로 옮겨갔습니다. 그는 인턴들에게 환자를 다루게 만드는 등 직무를 회피하고 사람이 의심스러워했을 때는 성격을 바꿈으로써 적발을 면했습니다.

11.
[정답] **influential**

[해석] 그 만화는 결국 가장 대중적이면서 영향력 있는 연재만화 중 하나가 되었습니다. Charles는 18,000편 가량의 연재를

50년 이상 그랬고 그 연재물들은 요즘도 계속 신문 지면에 인쇄되고 있습니다.

12.
[정답] existed

[해석] 1422년, 헨리 6세는 부친 사망 후 생후 9개월의 나이로 잉글

랜드의 왕으로 제위 되었습니다. 당시, 잉글랜드와 프랑스 사이에는 2중 군주제가 존재했는데, 이는 헨리 6세를 1살이 되기 전에 두 나라를 거느린 왕으로 만들었습니다.

Chapter 02 지문 유형별 분석 Unit 06 공지/광고 정답 & 해설

Answer Keys

01. (a) 02. (b) 03. (a) 04. (d) 05. (c) 06. (d)
07. (b)

01.

If you are a great musician who knows how to rock, then read this ad! Our local rock band is
________________. ①**We have a big gig at the Starlight Club in a month, and we need someone to complete our group.** You must be skilled at sight-reading music and able to learn a new set list quickly. Our style is similar to The Smiths with a subtle influence of The Shins. ②**If you are interested, please bring a demo of your drumming and come see if you fit well with the group.**

(a) looking for a drummer
(b) hiring a new guitarist
(c) making its first CD
(d) seeking out new gigs

[Translation]
귀하가 락을 연주할 줄 아는 실력 있는 음악가시라면, 이 광고를 읽어보세요! 저희 지역 락 밴드는 **드러머를 찾고** 있습니다. ①**우리는 Starlight Club에서 한 달간 중요한 연주가 있는데, 밴드 구성을 완성해줄 사람을 찾고 있습니다.** 지원자는 연습 없이 즉석에서 연주하는데 능숙해야만 하며 새로운 연주곡 목록을 빠르게 익힐 수 있어야 합니다. 저희의 스타일은 The Shins에서 약간의 영향을 받은 The Smiths와 비슷합니다. ②**관심이 있으시다면, 드럼 연주의 데모를 가져오셔서 우리랑 잘 맞으시는지 확인해 보세요.**

(a) 드러머를 찾고
(b) 새로운 기타리스트를 구하고
(c) 밴드의 첫 CD를 만들고
(d) 새로운 연주회를 찾고

[Joseph's Solution]
빈칸이 위치한 문장의 전후내용을 보면, 지역 락 밴드에서 무엇을 하기 위해 광고를 낸 것인지 묻고 있다. ①에서 예정된 클럽 공연에서 함께 연주할, 밴드에 빈 자리를 메울 연주자가 필요하다는 것을 알 수 있고, ②에서 그 포지션이 드러머라는 것을 알 수 있다. 따라서 빈칸에 적절한 것은 (a)이다.

[Vocabulary]
gig n. 록(재즈) 연주회
sight-reading n. 시주 [악보 등을 보고 연습 없이 즉석에서 연주하기]
set list 세트 리스트 [공연에서 연주할 곡의 리스트]

02.

①**Finding a great dentist can be hard especially when moving into a new area.** ________________, ②**the search just got a lot easier.** All you need to do is call Dentists4U, and we find you a dentist. Just tell us your zip code, and depending on your needs, we will provide you with the name of a local adult or pediatric dentist. All of our dentists have been prescreened and are of the highest quality. If you are unsatisfied with your dentist for any reason, we will provide you with alternative options. Stop calling random dentists from the phonebook, and let us help find the very best for you and your family.

(a) Alas
(b) Luckily
(c) Unfortunately
(d) Likewise

[Translation]
①**뛰어난 치과의사를 찾는 것은 특히 새로운 지역으로 이사를 간 경우엔 쉽지 않을 수 있습니다. 다행히도,** ②**그 검색을 훨씬 쉽게 만들었습니다.** 여러분은 Dentists4U로 그저 전화 주시면, 저희가 여러분을 위해 치과의 한 분을 찾아드립니다. 우편 번호를 알려주시면, 요청에 따라, 성인 혹은 소아 치과의사의 성함을 제공해 드릴 것입니다. 저희 치과의사님들은 모두 사전 검열된 최고의 의사 분들이십니다. 만일 여러분께서 어떠한 이유로든 소개받은 치과의사가 만족스럽지 않으시면, 다른 선택들을 제공해 드릴 것입니다. 전화번호부에 있는 치과의사 아무에게나 전화 거는 일은 멈추시고, 저희가 당신과 당신의 가족을 위해 매우 우수한 분을 찾는데 도움을 드릴 수 있도록 해주세요.

(a) 마찬가지로

(b) 다행히도

(c) 불행히도

(d) 마찬가지로

[Joseph's Solution]

문두에 위치한 연결어를 묻는 문제이다. 따라서 빈칸이 삽입된 문장과 빈칸 앞에 위치한 문장과의 관계를 파악해야 한다. ①에서 이사를 한 경우 특히 지역의 좋은 치과의사를 찾기 어려울 수 밖에 없는데, ②는 그 찾는 번거로움을 쉽게 만들어준다고 기술되어 있다. ②의 내용은 ①의 힘든 상황을 해결할 희소식이 있다고 전달하고 있기 때문에 가장 적절한 것은 (b)이다.

[Vocabulary]

zip code n. 우편 번호

pediatric a. 소아과(학)의

prescreen v. 미리(사전에) 차단하다

random a. 닥치는 대로의, 되는 대로의

03.

This is a notice to all office workers. ①**When submitting expense reports for business related travel it is vital to follow the correct procedure.** If the forms are incomplete or completed incorrectly, they will be returned, and you must resubmit them. If the forms are not filed within two weeks of your return, you will not be reimbursed for your expenses. Furthermore, make sure to save all of your receipts on your trip because they need to be included in your reimbursement paperwork. Each receipt should be labeled at the top according to the expense category such as transportation, lodging, and meals. In addition, you need to create an expense breakdown by day in the form of a spreadsheet.

Q: What is the main idea of the notice?

(a) Procedure for completing a travel reimbursement form

(b) Ways employees can save money on a business trip

(c) Instructions to office employees on filing tax forms

(d) Reasons why receipts must be turned in with travel forms

[Translation]

모든 사무실 근무자들에게 드리는 통지입니다. ①업무와 연계된 여행에 관한 비용 보고서 제출시, 정식 절차를 따르는 것은 극히 중요합니다. 양식이 불완전하거나 잘못 완성되면, 반환될 것이므로, 반드시 다시 제출하셔야만 합니다. 덧붙여, 여행 중 모든 영수증은 여러분의 배상요청 서류작업에 첨부되어야 하므로 잘 모아두셨는지 확실히 하셔야 합니다. 개별 영수증은 운송료, 숙박료 및 식대와 같은 비용 분류에 따라 맨 위에 붙여있어야 합니다. 더불어, 매일 정산표 양식에다 지출 명세서를 작성하셔야 합니다.

질문: 지문의 요지는 무엇인가?

(a) 여행경비 배상 요청서를 완성하는 절차

(b) 직원들이 비즈니스 여행에서 비용을 절약할 수 있는 방안들

(c) 사무직 근로자에게 주는 납세 신고서에 관한 지시

(d) 영수증이 반드시 여행 양식과 함께 반납되어야 하는 이유

[Joseph's Solution]

지문에서 다루고 있는 주된 내용이 무엇인지 묻는 문제이다. ①에서 출장 경비 보고서 제출에는 올바른 절차를 따르는 것이 중요하다고 전제하고, 이어지는 문장들에서 그 절차 및 각 항목에서의 주의점을 자세하게 설명하고 있다. 따라서 지문의 요지로 가장 적절한 것은 (a)이다.

[Vocabulary]

reimbursement n. 상환, 배상

label v. (표 같은 것에 필요한 정보를) 적다, 붙이다

lodging n. (일시적인) 숙박

breakdown n. 분석, 내역, 명세(서)

spreadsheet n. 메트릭스 정산표

tax form 납세 신고 용지

turn in ~을 돌려주다

04.

①**Buy a beautiful, slightly used three-piece entertainment unit for only $500.** I am moving at the end of the month and do not have the space for it in my new place. It has an attractive mahogany finish with little wear. The center panel will fit a TV up to 42 inches. The unit has two retractable main doors, side panels with eight adjustable shelves to store your DVD player or stereo, and plenty of additional drawer storage for your CDs and movies. This unit can be the perfect finishing touch to any living room. Call and schedule an appointment to take a look at it.

Q: What is the main idea of the passage?

(a) A TV and DVD player that are for sale

(b) Objects to put in your entertainment unit

(c) How to sell your TV storage compartment

(d) Advertising a home entertainment center

[Translation]

①멋진, 신품이나 다름없는 3 피스로 구성된 거실용 장식장 세트를 단돈 500달러에 구입하세요. 제가 이번 달 말에 이사를 가는데 새집에는 이것을 놓을 공간이 없어요. 세트는 매력적인 마호가니 색 마감으로 처리되어 있는데, 미세한 마손이 있긴 합니다. 가운데 칸에는 42인치 TV까지는 잘 맞을 겁니다. 세트에는 두 개의 개폐식 메인 도어, DVD 플레이어나 스테레오를 보관할 수 있는 8개의 조절 가능한 선반들이 달린 사이드 패널과 더불어, CD 및 영화를 넣을 수 있는 많은 추가 서랍들이 달려 있습니다. 이 세트는 어느 거실에나 흠잡을 데 없는 화룡점정이 될 것입니다. 전화 주셔서 세트를 살펴보실 약속 일정을 잡으세요.

질문: 지문의 요지는 무엇인가?

(a) 팔려고 내놓은 TV와 DVD 플레이어

(b) 거실 장식장에 넣을 물건들

(c) TV 보관용 패널을 판매하는 방법
(d) **거실 엔터테인먼트용 가구 광고하기**

[Joseph's Solution]
지문에서 다루고 있는 주된 내용이 무엇인지 묻는 문제이다. 서두에서 ①신품에 가까운, 쓰던 거실용 장식장을 구입하라는 내용과 함께, 이어지는 내용에서 이 중고 상품의 구성 및 특징을 설명하고 있다. 따라서 지문의 요지로 가장 적절한 것은 (d)이다.

[Vocabulary]
entertainment unit TV 및 오디오 등이 들어가는 거실용 장식장
mahogany n. 마호가니재, 마호가니 색
wear n. 닳아 해짐, 마멸
retractable a. 쑥 들어가게 할 수 있는
adjustable a. 조절 가능한
TV storage compartment TV 보관용 패널

05.

We are looking for an administrative secretary at St. Joseph's Medical Center. The candidate will be responsible for carrying out administrative support for the St. Joseph's team. He or she will interact with the nursing coordinator, chief of surgery, medical director, and other head officers. He or she will also schedule meetings, answer phones, prepare reports, and compose correspondence, among other office duties. Proficiency in a word processing program, strong communication skills, and the ability to multitask are necessary. Candidate must also have a bachelor's degree and at least two years experience in a clerical administrative position. ①**The ideal candidate would have a knowledge of medical terminology and secretarial experience in a medical setting.**

Q: Which candidate would have the best chance of getting the job?
(a) A candidate who used to be a private nurse
(b) A candidate who worked as a secretary at a law firm
(c) **A candidate who was a medical secretary for three years**
(d) A candidate with strong public speaking skills

[Translation]
St. Joseph 의학 센터에서 근무할 행정 사무담당 비서를 찾고 있습니다. 지원자는 St. Joseph 의학센터 팀을 위한 행정적 지원을 수행하게 될 것입니다. 담당자는 간호 코디네이터, 외과 과장, 의료 부장 및 기타 부서장급 인사들과 소통하게 될 겁니다. 또한, 회의 일정, 전화응대, 보고서 준비 및 서신 작성 등의 다른 사무들도 맡게 됩니다. 워드 프로그램에 능숙하고, 의사소통 능력이 뛰어나며, 여러 가지 일을 동시에 처리할 수 있는 능력이 요구됩니다. 지원자는 또한 학사 학위를 갖추어야 하며 적어도 2년간의 행정 비서직 경력이 있어야 합니다. ①가장 이상적인 지원자는 의학 용어에 대한 지식을 갖춘 의료 분야에서의 비서 경험이 있으셔야 될 것입니다.

<hr>

질문: 다음 중 어떤 지원자가 해당 직을 구할 가망이 높은가?
(a) 개인 간호사로 있었던 지원자
(b) 법률회사에서 비서로 근무했던 지원자
(c) **3년간 의료 비서였던 지원자**
(d) 발표 능력이 뛰어난 지원자

[Joseph's Solution]
지문은 채용 공고문이다. 질문에서 묻고 있는 세부정보(구직 가능성이 가장 높은 지원자격)를 찾아야 한다. 지문의 초반에서 언급된 능력과 더불어, ①에서 의학용어에 대한 지식이 있는 의료 분야에서 근무했던 비서 출신의 지원자가 가장 이상적이라고 언급하고 있다. 따라서 이에 적절한 정답은 (c)이다.

[Vocabulary]
administrative secretary 행정 사무담당 비서
chief of surgery 외과 과장
medical director (임원급) 의료 부장
multitask v. 동시에 여러 가지 일을 하다
have a chance of 가망이 있다

06.

This Saturday bring your family down to Gilson Park for a day of fun and games for your little ones. Glenbrook Community Center is hosting a big bash to celebrate the end of summer before school starts back up again. Start the day watching a magic show full of illusions sure to delight the kids. Then participate in a pie-eating contest, a basketball shooting contest and other carnival games. Be sure to get your child's face painted like tiger or dragon before enjoying a picnic of delicious barbeque. Lastly, end your night lying on a blanket watching our magnificent fireworks show.

Q: Who is the implied target group for this event?
(a) A single man with no children
(b) A couple with two infants
(c) A mother with four kids in college
(d) **A couple with three young children**

[Translation]
이번 토요일을 즐거움이 가득한 날 그리고 자녀들을 위한 게임이 가득한 날로 보내시려면, 가족을 Gilson 공원으로 데리고 오세요. Glenbrook 지역 문화 센터는 학교가 다시 시작되기 전 여름의 마지막을 축하하기 위한 성대한 파티를 개최합니다. 그 날은 아이들을 기쁘게 해 줄 환상으로 가득 찬 마술 쇼를 보는 것으로 시작하세요. 그리고 나서 파이 먹기 대회, 농구공 던지기 대회 및 여러 카니발 게임에 참여해 보세요. 맛있는 바베큐 피크닉을 즐기기 전 아이 얼굴이 호랑이나 용 같은 페인트가 칠해져 있는지 확인해 보세요. 마지막으로, 담요에 누워 아름다운 불꽃 쇼를 바라보면서 여러분의 밤을 마무리하세요.

질문: 이 행사의 마케팅 타깃이 되고 있는 대상은 누구인가?
(a) 자녀가 없는 미혼남

(b) 영아가 둘이 있는 부부
(c) 4명의 자녀를 대학에 두고 있는 어머니
(d) 3명의 어린 자녀를 둔 부부

[Joseph's Solution]
질문에서 요구하는 세부정보(해당 행사의 목표 대상)를 찾아 답하는 문제이다. 광고의 내용은, 지역 문화센터가 토요일에 개최하는 카니발 행사로, 자녀가 있는 가족에게 적합한 마술 쇼, 파이 먹기 대회, 농구공 던지기 대회, 페이스 페인팅 및 바비큐 피크닉과 불꽃 쇼가 진행될 것임을 알리고 있다. 또한, 학령기 아동을 데리고 있다면 학교수업이 재기하기 전 마지막 여름 행사가 될 것이므로, 해당 행사 광고의 대상이 되는 부류로 적절한 것은 (d)이다.

[Vocabulary]
bash n. (큰) 파티
delight v. 매우 기쁘게 하다
magnificent a. 참으로 아름다운
implied a. 함축된, 은연중의
target group 목표 대상(집단)

07.

Rent a two-bedroom apartment on the trendy West Side. (a) This spacious apartment is located on the 31st floor of a high rise with a large balcony showcasing a beautiful view of the lake. **(b) The weather can get chilly in the winter but the summers are very pleasant.** (c) The unit has plenty of touches hard to find in the city, such as hardwood floors, crown molding and walk-in closets. (d) The kitchen has been remodeled with stainless steel appliances and granite countertops.

[Translation]
유행에 민감한 West Side 지역에 있는 방 2개짜리 아파트를 빌려드립니다. (a) 이 널찍한 아파트는 호수의 아름다운 경치를 보여주는 커다란 발코니가 달린 고층빌딩 31층에 위치해 있습니다. **(b) 겨울에는 날씨가 쌀쌀해질 수 있지만 여름에는 매우 쾌적합니다.** (c) 그 유닛은 도시에서 찾아 보기 힘든 강화 마루, 크라운 몰딩 및 워크인 옷장과 같은 여러 특징들을 가지고 있습니다. (d) 주방은 스테인리스로 만든 부엌설비 및 대리석 상판으로 리모델링되어 있습니다.

[Joseph's Solution]
문맥상 어색한 문장을 찾는 문제이다. 지문은 방이 두 개 달린 아파트 임대광고에 관한 내용이다. 아파트의 (a) 위치, (c) 시공 및 인테리어의 특징과 더불어, (d) 리모델링된 부엌의 설비에 대해 설명하고 있지만, (b)는 뉴욕의 날씨에 대한 설명으로 지문의 내용과 어울리지 않는다. 따라서 정답은 (b)가 된다.

[Vocabulary]
West Side 뉴욕시 Manhattan의 서쪽 지역
spacious a. 훤히 트인
high rise 고층 건물
unit n. (아파트 같은 공동 주택 내의) 한 가구
hardwood n. 견목, 경재
crown molding 크라운 몰딩 [천장 몰딩의 통칭]

granite countertop 대리석 상판

Make-up Vocabulary

1.
[정답] **procedure**

[해석] 모든 사무실 근무자들에게 드리는 통지입니다. 업무와 연계된 여행에 관한 비용 보고서 제출시, 정식 절차를 따르는 것은 극히 중요합니다.

2.
[정답] **candidate**

[해석] 가장 이상적인 지원자는 의학 용어에 대한 지식을 갖춘 의료 분야에서의 비서 경험이 있어야 할 것입니다.

3.
[정답] **illusions**

[해석] 그 날은 아이들을 기쁘게 해 줄 환상으로 가득 찬 마술 쇼를 보는 것으로 시작하세요. 그리고 나서 파이 먹기 대회, 농구공 던지기 대회 및 여러 카니발 게임에 참여해 보세요.

4.
[정답] **prescreened**

[해석] 우편 번호를 알려주시면, 요청에 따라, 성인 혹은 소아 치과 의사의 성함을 제공해 드릴 것입니다. 저희 치과의사님들은 모두 사전 검열된 최고의 의사 분들이십니다.

5.
[정답] **appliances**

[해석] 그 유닛은 도시에서 찾아 보기 힘든 강화 마루, 크라운 몰딩 및 워크인 옷장과 같은 여러 특징들을 가지고 있습니다. 주방은 스테인리스로 만든 부엌설비 및 대리석 상판으로 리모델링되어 있습니다.

6.
[정답] **gig**

[해석] 저희 지역 락 밴드는 드러머를 찾고 있습니다. 우리는 Starlight Club에서 한 달간 중요한 연주가 있는데, 밴드 구성을 완성해줄 사람을 찾고 있습니다.

7.
[정답] **storage**

[해석] 세트에는 두 개의 개폐식 메인 도어, DVD 플레이어나 스테레오를 보관할 수 있는 8개의 조절 가능한 선반들이 달린 사이드 패널과 더불어, CD 및 영화를 넣을 수 있는 많은 추가 서랍들이 달려 있습니다.

8.
[정답] **Proficiency**

[해석] 워드 프로그램에 능숙하고, 의사소통 능력이 뛰어나며, 여러 가지 일을 동시에 처리할 수 있는 능력이 요구됩니다.

9.

[정답] bash

[해석] 이번 토요일을 즐거움이 가득한 날 그리고 자녀들을 위한 게임이 가득한 날로 보내시려면 가족을 Gilson 공원으로 데리고 오세요. Glenbrook 지역 문화 센터는 학교가 다시 시작되기 전 여름의 마지막을 축하하기 위한 성대한 파티를 개최합니다.

10.

[정답] reimbursement

[해석] 덧붙여, 여행 중 모든 영수증은 여러분의 배상요청 서류작업에 첨부되어야 하므로 잘 모아두셨는지 확실히 하셔야 합니다.

11.

[정답] spacious

[해석] 유행에 민감한 West Side 지역에 있는 방 2개짜리 아파트를 빌려드립니다. 이 널찍한 아파트는 호수의 아름다운 경치를 보여주는 커다란 발코니가 달린 고층빌딩 31층에 위치해 있습니다.

12.

[정답] alternative

[해석] 만일 여러분께서 어떠한 이유로든 소개받은 치과의사가 만족스럽지 않으시면, 다른 선택들을 제공해 드릴 것입니다. 전화번호부에 있는 치과의사 아무에게나 전화 거는 일은 멈추시고, 저희가 당신과 당신의 가족을 위해 매우 우수한 분을 찾는데 도움을 드릴 수 있도록 해주세요.

Chapter 02 지문 유형별 분석 Unit 07 편지/이메일 정답 & 해설

Answer Keys

01. **(b)** 02. **(c)** 03. **(d)** 04. **(c)** 05. **(b)** 06. **(c)**
07. **(c)**

01.

Dear Amy,

I am truly sorry for ______________. ①**I know that you are unhappy with the way the vacation expenses were handled, but I did not mean to upset you.** My husband and I were only trying to be fair. When we booked the trip, we thought Bob and you might enjoy coming along, and we were under the impression you would pay for your half. The balance I sent you the other day was exactly half of our total weekend expenses, including accommodations and food. I'm sorry that we are not in a financial situation to pay for your share. ②**I sincerely hope that we can move past this and continue to be good friends.**

From,
Sarah

(a) not inviting you along on vacation
(b) this recent rift in our friendship
(c) mentioning your financial struggles
(d) not speaking to you in months

[Translation]
친애하는 Amy에게,

최근 우리 둘의 우정에 불화가 일었던 것에 대해 진심으로 미안하게 생각해. ①네가 휴가비용이 사용된 방식을 마음에 들어 하지 않는다는 것을 알지만, 너를 화나게 하려고 그랬던 것은 아니야. 남편이랑 나는 공평하게 하려고 했을 뿐이야. 우리가 그 여행을 예약했을 때, Bob이랑 네가 같이 가는 것을 좋아할 거라 생각했고, 너희가 그 반을 지불할 거라고 생각했었어. 전날 네게 보냈던 금액은 숙박료 및 식비가 포함된 주말여행 총 비용의 정확하게 반이었어. 우리가 너희 몫을 지불할만한 재정적 상황에 있지 못한 점 안타깝게 생각한다. ②난 마음으로부터 우리가 이 상황을 넘기고 계속해서 좋은 친구로 지낼 수 있기를 바란다.

Sarah로부터

(a) 너를 여행에 초대하지 않은 것
(b) 최근 우리 둘의 우정에 불화가 일었던 것
(c) 네 재정적 어려움을 언급한 것
(d) 몇 달간 네게 말을 안 했던 것

[Joseph's Solution]
빈칸에는 지문의 편지내용에서 작성자가 무엇을 사과하고 있는지에 대하여 잘 나타내고 있는 내용이 들어가야 한다. 지문은 ①에서 불화의 원인에 대해 언급하면서, 이어지는 문장들에서 오해를 만들었던 자초지종을 설명한 후, ②에서 상황을 극복해 우정을 되찾자고 하였다. 따라서 빈칸에 들어가기에 적절한 내용은 (b)이다.

[Vocabulary]
be under the impression that ~하다고 생각하고 있다
balance n. 지불 잔액, 잔금
share n. 몫
move past ~를 지나치다
rift n. (사람들 사이의) 균열(틈)

02.

Dear Jake and Karen,

Ben and I thank you very much for the generous wedding gift. The crystal vase is beautiful and will be a wonderful centerpiece for our dining room table. Once we are settled in we will be sure to have you two over for dinner, and you can see how nicely the vase looks in our new home. ①**Having it around is also a great reason to buy those fresh cut flowers that I love. __________, ②we wanted to thank you for attending our wedding.** It was wonderful to share the day with all our friends and family. We are enclosing one of our favorite wedding pictures as well as a great photo of the two of you.

Love,
Anna

(a) Sadly
(b) However
(c) In addition
(d) Eventually

[Translation]

친애하는 Jake와 Karen에게,

후한 결혼선물을 주신 것에 Ben과 저는 깊이 감사 드립니다. 그 크리스털 화병은 아름다워서 저희 주방 식탁에 멋진 장식이 될 거예요. 저희가 정리가 되는대로 틀림없이 두 분 저녁에 초대할 텐데, 그러면 그 화병이 저희 새 집에서 얼마나 멋져 보이는지 보실 수 있을 거예요. ①그것을 주변에 두니 제가 좋아하는 갓 잘린 신선한 꽃들을 사는 좋은 구실도 된답니다. 덧붙여, ②저희 결혼에 참석해 주셔서 감사 드립니다. 그런 날을 친지와 가족들 모두와 함께 나누었다는 게 더없이 좋았습니다. 저희 마음에 드는 결혼 사진들 중 한 장과 두 분의 모습이 담긴 사진 한 장을 넣어 동봉해드립니다.

사랑을 담아,
Anna

(a) 애석하게도
(b) 그러나
(c) 덧붙여
(d) 결국

[Joseph's Solution]

문두에 위치한 연결어를 묻는 문제이다. 따라서 빈칸이 삽입된 문장과 빈칸 앞에 위치한 문장과의 관계를 파악해야 한다. 지문의 전반부에서 문장 ①까지는 결혼선물을 주신 데에 대한 감사를 전하고, ②에서는 화제를 바꿔서 결혼참석에 대한 감사인사를 드리고 있다. ②의 내용은 ①에 덧붙여 전달하고자 하는 또 다른 내용을 기술하고 있으므로, 가장 적절한 연결어는 (c)이다.

[Vocabulary]

generous a. 후한, 너그러운
centerpiece n. 중앙부 장식

03.

Dear Grandma,

①**I was wondering if you could help me—I need some information about your family. I am doing a genealogy project with my class, and I have some holes for your side of the family.** My mom's brother had already put together a full genealogy for the Spencer family so I was able to get all the names and birth and death dates going back to the 1800s. For your side I have everyone up to my great-grandparents but I don't know much beyond that. I would appreciate any information you can give me about your parents' ancestors. Thank you for helping me out.

Love,
Meghan

Q: What is the main idea of the letter?

(a) Asking about her grandmother's childhood
(b) Inquiring about an upcoming family reunion
(c) Trying to reconcile estranged family members
(d) Requesting some genealogy information

[Translation]

친애하는 할머니께,

①할머니께서 저를 도와주실 수 있는지 알고 싶어요– 저 할머니의 가족에 관한 정보가 좀 필요해요. 제가 학우들이랑 가계도 과제를 하고 있는데, 할머니쪽 가족관계에 메워야 할 자리들이 있거든요. 외삼촌께서는 이미 Spencer가의 가계도를 완벽히 합쳐주셔서 1800년대까지 성함과 출생 및 사망 일을 모두 얻을 수 있었어요. 할머니쪽으로 제가 아는 바로는 증조부님과 증조모님까지가 다인데 그 이상은 잘 몰라요. 할머니께서 할머니 부모님의 조상님들에 대해 알고 계신 어떤 정보라도 주신다면 정말 고맙겠어요. 저를 도와주셔서 감사 드려요.

사랑을 담아,
Meghan

질문: 지문의 요지는 무엇인가?

(a) 본인 할머니의 어린 시절에 대해 물어보는 것
(b) 다가오는 가족 모임에 대해 여쭤보는 것
(c) 별거 중인 가족 구성원들을 화해시키려고 노력하는 것
(d) 가계도 정보를 좀 요청하는 것

[Joseph's Solution]

지문에서 다루고 있는 주된 내용이 무엇인지 묻는 문제이다. 서두에, ①할머니 가족에 대한 정보가 필요한데 도와줄 수 있는지 먼저 양해를 구하고, ②그 정보는 가계도 과제를 위해 필요한 것이라며 자료를 요청하는 이유를 밝히고 있다. 따라서 지문의 요지로 보기 중 (d)가 가장 적절하다.

[Vocabulary]

genealogy n. (한 집안의) 족보, 가계도
great-grandparent n. 증조부, 증조모
upcoming a. 다가오는, 곧 있을
family reunion n. 가족 모임
reconcile v. 조화시키다, 화해시키다
estranged a. (부부가) 별거 중인

04.

Dear Frank,

I am so sorry to hear about the passing of your mother, and I wanted to express my deepest condolences. In our twenty-five years of friendship, I had grown to know your mother quite well. ①**She was like a second mother to me.** ②**One of my favorite memories of her is the time she took us to Disneyworld and I lost my stuffed bear,** Charlie. When I discovered Charlie wasn't there I started crying, but your mother comforted me and insisted we find him. We looked for over an hour and she even convinced a park employee to help look until we found him. ③**She brought joy to everyone around her and she will truly be missed.**

Love,
Eric

Q: What is the main idea of the letter?

(a) Reliving a traumatizing childhood experience
(b) Looking back at a woman's life achievements
(c) Reminiscing about a good friend's mother
(d) Remembering the day two friends first met

[Translation]

친애하는 Frank에게,

모친께서 타계하셨다는 소식을 듣게 되어 매우 애석하게 생각해, 마음 깊이 애도를 표하고 싶었어. 25년간의 우리 우정에서, 난 네 모친을 더 잘 알게 되었어. ①그분은 내게는 친어머니와 같은 분이셨어. ②인상 깊었던 그분에 대한 기억 중 하나는 어머니께서 디즈니월드로 나를 데리고 가셨는데 내가 내 곰 인형 Charlie를 잃어버렸을 때야. 내가 Charlie가 거기에 없었다는 것을 알게 되어 울기 시작했는데, 어머니께서 나를 위로해주시고 우리를 대신해서 인형을 찾으시겠다 우기셨지. 한 시간 이상을 찾아보면서 모친께서는 놀이공원 직원에게 우리가 인형을 발견할 때까지 찾는 걸 도와달라고 설득하셨어. ③어머님은 당신 주변의 모든 이들에게 기쁨을 주셨기에 어머니가 정말로 그리울 거야.

사랑을 담아,
Eric

질문: 지문의 요지는 무엇인가?

(a) 어린 시절 외상을 주었던 경험을 상기하는 것
(b) 한 여성의 삶에서 이룬 성취들을 돌아보는 것
(c) 친한 친구의 모친에 대한 추억에 잠기는 것
(d) 두 친구가 처음 만났던 날에 대해 기억해보는 것

[Joseph's Solution]

지문에서 다루고 있는 주된 내용이 무엇인지 묻는 문제이다. 글쓴이는 친구의 모친이 타계 하신 것에 대한 애도와 위로를 표하면서, 모친께서 ①자신에게 어떠한 존재였는지, ②그 분과의 지난 추억을 꺼내면서 ③그리운 심정을 전하고 있다. 따라서 지문의 요지로 가장 적절한 것은 (c)이다.

[Vocabulary]

condolence n. 조사, 애도

stuffed bear n. 곰 (봉제)인형
relive v. 상기하다, 재현하다
traumatize v. (정신적인) 외상을 입히다
reminisce v. 추억(회상)에 잠기다

05.

Dear Fran Zucker,

①**Congratulations! We are pleased to inform you that you have been accepted into Oakton University's class of 2011.** This year we had over 20,000 applications comprised of our most impressive batch of students yet. You should be very proud of yourself. We were impressed with your distinguished academic record and personal achievements, and I know Oakton will be even richer with you in attendance. In the admission packet, you will find more materials about our school. I encourage you to look these over, in addition to attending our Accepted Students Weekend in March to experience campus life. Welcome to Oakton!

Sincerely,
Matthew Schall
Dean of Undergraduate Admissions

Q: What is the reason for sending the letter?

(a) Requesting more information about a student
(b) Notifying a student about an admission decision
(c) Asking about a student's recent academic performance
(d) Congratulating a student on completing her degree

[Translation]

친애하는 Fran Zucker씨께,

①축하 드립니다! 귀하께 2011학년도 Oakton 대학교에 합격하셨다는 것을 알려드리게 되어 기쁘게 생각합니다. 올해 우리는 이제껏 최고로 인상 깊은 학생들에게서 2만부가 넘는 지원서를 받아보았습니다. 본인을 대단히 자랑스럽게 생각하셔야 할 것입니다. 우리는 귀하의 뛰어난 학업 성적과 성취에 대해 감명을 받았는데, Oakton 대학교는 귀하의 출석으로 훨씬 더 빛날 거라는 것을 저는 압니다. 입학서류 소포에서, 우리 학교에 대한 보다 자세한 내용을 살펴보실 수 있습니다. 캠퍼스 생활을 경험할 수 있는 3월에 있을 입학허가 학생들을 위한 주말행사 참석과 더불어, 그 안내 서류를 쭉 살펴보시길 바랍니다. Oakton 대학교로 오신 걸 환영합니다!

진심을 담아,
학부 입학처장, Matthew Schall

질문: 해당 편지를 발송한 이유는 무엇인가?

(a) 학생에 대한 더 많은 정보 요청하기
(b) 학생에게 입학 결정에 대해 알리기
(c) 학생의 최근 성적에 대해 물어보기
(d) 학생에게 학위 이수에 대해 축하하기

[Joseph's Solution]

질문에서 묻고 있는 세부정보(편지발송 이유)를 파악해야 하는 문제

이다. 서두에서, ①축하인사를 전하면서, 편지를 받게 될 학생에게 해당 대학교에 합격했다는 통지를 하고 있다. 따라서 정답은 (b)가 된다.

[Vocabulary]
be comprised of ~으로 구성되다
batch n. 집단, 무리
distinguished a. 뛰어난, 수훈의
admission n. 입학

06.

Dear Editor,

I respectfully disagree with Tuesday's opinion column on Whattmore High School's renovation. The columnist argued that community members should vote yes for the 85 million dollar building project. He claimed the renovation is necessary to bring the school into the 21st century. **①I believe that the project is too ambitious, and the price tag is too big a burden for our community. ②In addition, the current building has a unique charm that cannot be found in new constructions, and it should not be torn down simply because of its age.** There are ways to incorporate new technology without demolishing the existing structure, which will save money as well as preserve a historical site.

From,
Donald Jameson

Q: What is the writer's opinion about the school renovation?

(a) It is a good idea because the school is lacking technological amenities.
(b) It is a good idea because the school has already invested a lot of money.
(c) It is a bad idea because the school has historical charm than cannot be replicated.
(d) It is a bad idea because the $85 million budget should be spent on school programs.

[Translation]
친애하는 편집자님께,
Whattmore 고등학교의 증·개축에 대한 화요일자 사설에 정중히 반대의사를 표하는 바입니다. 그 사설가는 지역 공동체의 구성원들이 8천 500백만 달러의 건축 건에, 투표로서 지지해야 한다고 논평했습니다. 그는 증·개축이 21세기의 학교로 변모하는데 필수적이라고 주장했습니다. ①저는 해당 건축 안은 지나치게 의욕적이며, 우리 지역으로서는 그 지불액이 너무나 큰 부담이 된다고 생각합니다. ②더욱이, 그 건물의 현재 모습은 새로운 건축양식에서는 찾아볼 수 없는 독특한 매력을 지니고 있어, 건물의 역사를 고려할 때 철거되어서는 안됩니다. 기존의 구조를 무너뜨리지 않는 채로 새로운 공법을 가미할 방안들은 있으며, 이는 돈을 절약할뿐더러 사적지를 보존시킬 것입니다.

Donald Jameson로부터

질문: 해당 학교의 개보수에 대한 글쓴이의 견해는 무엇인가?

(a) 그 학교는 진보적인 생활 편의시설이 부족하므로 그것은 좋은 생각이다.
(b) 그 학교는 이미 막대한 자금을 투자했기에 그것은 좋은 생각이다.
(c) 그 학교는 복제될 수 없는 역사적인 매력을 지니고 있어 그것은 좋은 생각이 아니다.
(d) 그 학교는 8천 500백만 달러의 예산은 학교 프로그램에 사용되어야 하므로 그것은 좋은 생각이 아니다.

[Joseph's Solution]
세부정보(학교 개보수에 대한 글쓴이의 견해)를 찾아 다른 말로 바꾸어 표현된 문장을 고르는 문제이다. 해당 부분을 살펴보면, ①건축 안 자체가 비용 면에서 지역을 고려하지 않고 턱없이 설정되었으며, ②현재의 건물이 가진 역사적 가치를 무시해서는 안 된다고 자신의 의견을 나타내고 있다. 따라서 정답은 (c)가 된다.

[Vocabulary]
respectfully adv. 삼가, 정중하게
renovation n. 개보수
ambitious a. 야심적인, 의욕적인
price tag 정가표
construction n. 건축 양식, 구조법
tear down (건물 등을) 허물다
demolish v. 완파하다, 철거하다
historical site 사적
amenity n. 생활 편의 시설
replicate v. 모사(복제)하다

07.

Dear Mr. Scott,

I have greatly enjoyed working as a sales associate for the Scott Jewelry Company and would like to continue in the future. However, after four years in the same position, I feel a bit stalled, and I desire a change. (a) I know that a manager position has opened up and I would like to be considered for the job. (b) In my time at the company, I have increased sales by 10%. **(c) I have always harbored a secret desire to own my own jewelry store.** (d) I also have a great professional relationship with the whole staff, and I feel I would make a good manager for them.

Thank you,
Kim Lewis

[Translation]
친애하는 Scott씨께,
저는 Scott Jewelry 회사에서 영업 사원으로 근무하는 것에 크게 만족했고 앞으로도 계속 근무하고자 합니다. 하지만, 같은 자리에서 4년이 지나니, 저는 조금 교착 상태에 빠진 듯이 느껴져, 변화를 갈망하고 있습니다. (a) 관리직 자리가 공석으로 있는 것을 알고 있는데, 제가 그 일에 적합한지 고려해 주셨으면 합니다. (b) 이 회사에 근무하는 동안, 저는 판매율을 10%만큼 올려놓았습니다. **(c) 저는 항상 제 소유의 보석상을 갖고 싶어 했습니다.** (d) 또한 모든 직원들과 전문적 관계를 맺어왔기에, 그들을 위한 좋은 관리자가 될 거라 생각

합니다.

감사합니다,
Kim Lewis

[Joseph's Solution]

지문을 읽고 전체 흐름을 파악하여 문맥상 어색한 문장을 고르는 문제이다. 편지의 작성자는 해당 회사에서 4년간 사원으로 근무하며 만족했고 더 일하고자 하지만 변화가 필요하다고 언급하면서, (a) 관리직 공석에 지원의사를 밝히고, 자신의 자질로써 (b) 두드러진 근무성과 및 (d) 동료들과 맺어온 전문적 관계를 강조하고 있다. (c)는 자신은 늘 보석상을 차리고 싶어했다는 내용으로, 전체적인 글의 흐름에 어색하다. 따라서 정답은 (c)이다.

[Vocabulary]

sales associate 영업 사원

stall v. 교착 상태에 빠지다, 지연되다

harbor v. (계획 · 생각 등을) 품다

have a secret desire 내심 ~하고 싶어 하다

Make-up Vocabulary

1.

[정답] **ancestors**

[해석] 할머니 쪽으로 제가 아는 바로는 증조부님과 증조모님까지가 다인데 그 이상은 잘 몰라요. 할머니께서 할머니 부모님의 조상님들에 대해 알고 계신 어떤 정보라도 주신다면 정말 감사하겠습니다.

2.

[정답] **incorporate**

[해석] 더욱이, 그 건물의 현재 모습은 새로운 건축양식에서는 찾아볼 수 없는 독특한 매력을 지니고 있어, 건물의 역사를 고려할 때 철거되어서는 안됩니다. 기존의 구조를 무너뜨리지 않는 채로 새로운 공법을 가미할 방안들은 있으며, 이는 돈을 절약할뿐더러 사적지를 보존시킬 것입니다.

3.

[정답] **comprised**

[해석] 축하 드립니다! 귀하께 2011학년도 Oakton 대학교에 선발되셨다는 것을 알려드리게 되어 기쁘게 생각합니다. 올해 우리는 이제껏 최고로 인상 깊은 학생들에게서 2만부가 넘는 지원서를 받아보았습니다.

4.

[정답] **harbored**

[해석] 이 회사에 근무하는 동안, 저는 판매율을 10%만큼 올려놓았습니다. 저는 항상 제 소유의 보석상을 갖고 싶어 했습니다.

5.

[정답] **settled**

[해석] 저희가 정리가 되는대로 틀림없이 두 분 저녁에 초대할 텐데, 그러면 그 화병이 저희 새 집에서 얼마나 멋져 보이는지 보실 수 있을 거예요.

6.

[정답] **handled**

[해석] 최근 우리 둘의 우정에 불화가 일었던 것에 대해 진심으로 미안하게 생각해. 네가 휴가비용이 사용된 방식을 마음에 들어 하지 않는다는 것을 알지만, 너를 화나게 하려고 그랬던 것은 아니야.

7.

[정답] **condolences**

[해석] 모친께서 타계하셨다는 소식을 듣게 되어 매우 애석하게 생각해. 마음 깊이 애도를 표하고 싶었어. 25년간의 우리 우정에서, 난 네 모친을 더 잘 알게 되었어.

8.

[정답] **stalled**

[해석] 같은 자리에서 4년이 지나니, 저는 조금 교착 상태에 빠진 듯이 느껴져, 변화를 갈망하고 있습니다. 관리직 자리가 공석으로 있는 것을 알고 있는데, 제가 그 일에 적합한지 고려해 주셨으면 합니다.

9.

[정답] **claimed**

[해석] 그 사설가는 지역 공동체의 구성원들이 8천 500백만 달러의 건축 건에, 투표로서 지지해야 한다고 논평했습니다. 그는 증개축이 21세기의 학교로 변모하는데 필수적이라고 주장했습니다.

10.

[정답] **accommodations**

[해석] 전날 네게 보냈던 금액은 숙박료 및 식비가 포함된 주말여행 총 비용의 정확하게 반이었어.

11.

[정답] **distinguished**

[해석] 본인을 대단히 자랑스럽게 생각하셔야 할 것입니다. 우리는 귀하의 뛰어난 학업 성적과 성취에 대해 감명을 받았는데, Oakton 대학교는 귀하의 출석으로 훨씬 더 빛날 거라는 것을 저는 압니다.

12.

[정답] **enclosing**

[해석] 그런 날을 친지와 가족들 모두와 함께 나누었다는 게 더없이 좋았습니다. 저희 마음에 드는 결혼 사진들 중 한 장과 두 분의 모습이 담긴 사진 한 장을 넣어 동봉해드립니다.

Answer Keys

01. **(b)** 02. **(d)** 03. **(a)** 04. **(a)** 05. **(b)** 06. **(b)**
07. **(d)** 08. **(b)** 09. **(d)** 10. **(c)** 11. **(c)** 12. **(b)**

01.

Khubilai Khan, king of the Mongols, swept through Asia with his ferocious soldiers in the early 13th century, conquering all in his path. Yet unfamiliar flora and fauna _______________. After securing western China, Khubilai Khan's army marched into Southeast Asia to seize new territory. There, they encountered dense tropical jungles as well as an unfamiliar fighting machine: war elephants. ①**The Mongol military success was based on cavalry charges over open battlefields, but in the tropical jungles their horses were impeded by the vegetation.** ② **Furthermore, the elephants not only carried the enemy soldiers through the difficult terrain, but also used their trunks and tusks to fight.** ③**The result was disastrous for the Mongols.**

(a) enabled the Mongols' expansion into new lands
(b) proved to be the Mongols' undoing
(c) forced the Mongols to revise their strategy
(d) limited the movements of enemy armies

[Translation]

몽골족의 왕이었던, Khubilai Khan은 13세기 초 무자비한 병사들로 가는 곳마다 모두 정복하면서 아시아를 휩쓸었습니다. 그렇지만 익숙하지 않은 동식물상은 **몽골족 실패의 원인으로 밝혀졌다.** 중국 서부를 확보한 후, Khubilai Khan의 군대는 새로운 영토를 획득하기 위해 동남 아시아로 횡군했습니다. 거기에서, 그들은 빽빽한 열대의 정글을 비롯해 낯선 전투 장비였던 전투 코끼리들과 맞닥뜨립니다. ①몽골족의 군사적 성공은 야전에서의 기병 돌격을 기반으로 하고 있었는데, 열대 정글에서 그들의 말들은 초목들로 인해 방해를 받았습니다. ②더욱이, 그 코끼리들은 적군들을 험난한 지형을 헤쳐 이동시켰을 뿐만 아니라, 코와 엄니를 전투에 사용했습니다. ③그 결과는 몽골족에게 처참했습니다.

(a) 새로운 영역으로의 몽골족의 확장을 가능하게 했다
(b) 몽골족 실패의 원인으로 밝혀졌다
(c) 몽골족에게 그들의 전략을 수정하게 만들었다
(d) 적군의 움직임을 제한시켰다

[Joseph's Solution]

빈칸이 위치한 문장을 살펴보면, 낯선 동식물상이 몽골족에게 미쳤던 영향을 보기 중 선택하는 빈칸완성 문제이다. 해당 지문에서, ① 몽골족의 기병돌격은 처음 맞닥뜨린 열대 정글의 초목들로 인해 방해 받았고, ②익숙치 않은 전투장비인 전투 코끼리들의 공격에도 대처할 수 없어 ③결국, 처참히 전투에서 패배하게 되었다고 설명하고 있다. 따라서 빈칸에는 (b)가 가장 적절하다.

[Vocabulary]

Mongols n. 몽골족
ferocious a. 흉포한, 맹렬한
flora and fauna (한 지역의) 동식물상
secure v. 확보하다, 획득하다
cavalry charge 기병 돌격
impede v. 지연시키다, 방해하다
terrain n. 지형, 지역
trunk n. (코끼리의) 코
tusk n. (코끼리의) 엄니, 상아
undoing n. 실패의 원인

02.

Written by Charlotte Bronte in 1847, Jane Eyre is a famous Victorian novel still studied in classrooms today. Despite its long-term popularity in the academic sphere, the text has recently received some controversy over _______________. In the book, Jane falls in love with her employer Mr. Rochester only to discover he has a wife, a Creole woman named Bertha, who he keeps locked up in the attic because she is insane. Bertha is used as a gothic element meant to horrify Jane and the reader. ①**Critics point to Bertha as an example of prejudicial colonial attitudes that portray Creole people, such as Bertha, as primitive beings.**

(a) its outdated narrative style
(b) its anti-feminist message
(c) Bronte's male characters
(d) its arguably racist elements

[Translation]

Charlotte Bronte가 1847년에 쓴, Jane Eyre는 오늘날에도 여전히 수업 중 배우게 되는 유명한 빅토리아 시대 소설입니다. 학문 분야에서의 오랜 유명세에도 불구하고, 그 원문은 최근 **논란의 여지는 있지만, 그것의 인종차별적 요소들**에 대한 논란을 받게 되었습니다. 그 책에서, Jane은 자신의 고용주인 Rochester씨와 사랑에 빠지는데 그 결과는 그가 Bertha라는 광기로 인해 다락에 갇혀서 지내는 크리올 여성을 아내로 두었다는 것을 발견하게 될 뿐이었습니다. Bertha는 Jane과 독자를 소름 끼치게 하려는 괴기적 요소로써 사용되었습니다. ①비평가들은 크리올 사람들을, Bertha의 경우처럼, 원시적 존재로 묘사하는 편파적인 식민주의적 태도에서 기인된 하나의 사례로 Bertha를 들먹이고 있습니다.

(a) 그것의 낡은 서술기법 형태에
(b) 그것의 반여성적 메시지에
(c) Bronte의 소설 속 남성 등장인물들
(d) 논란의 여지는 있지만, 그것의 인종차별적 요소들

[Joseph's Solution]

빈칸에는 어떤 점에서 소설 Jane Eyre가 논란을 빚게 되었는지에

관한 설명이 들어가야 한다. ①의 내용에서 소설의 괴기적 요소로써 크리올 사람들을 묘사한 것은 편파적인 식민주의적 태도의 한 예라고 기술하고 있다. 따라서 빈칸에는 (d)가 가장 적절하다.

[Vocabulary]

Victorian a. 빅토리아 (여왕) 시대의

sphere n. 범위, 분야

controversy n. 논란

only to 그 결과는 ~뿐

Creole a. 크리올인의 [남아메리카 등에 이주한 유럽인의 원주민계 혼혈 자손의]

attic n. 다락(방)

gothic a. 중세의, 고딕파의, 괴기적인

prejudicial a. 편견을 갖게 하는, 편파적인

colonial a. 식민(지)의, 식민주의의

portray v. 묘사하다

narrative style 설화체, 서술 형태

03.

At the peak of its civilization in 900 C.E., the Mayan empire's population density was approximately that of modern-day Los Angeles County. ①**While it is unknown precisely why the Mayan civilization ended, some scientists believe that it was a direct result of deforestation in the area in which they had previously thrived. ②In an effort to prevent this type of disaster from being repeated, NASA is currently using satellites to learn _______________ and ensure that it is used properly today.**

(a) **how the Mayans used the rainforest**

(b) where the Mayans may have gone

(c) why the Mayans' population was so dense

(d) how the Mayans were conquered

[Translation]

서기 900년 마야 문명이 정점에 이르렀을 때, 마야 제국의 인구밀도는 대략 현재 로스앤젤레스 카운티의 인구밀도에 가까웠습니다. ① 비록 마야 문명이 왜 멸망했는지 정확히 알려지지는 않았지만, 어떤 과학자들은 남벌(濫伐)로 인한 직접적인 영향이 이전에는 번영을 누렸던 그 지역에 있었다고 생각합니다. ②이러한 유형의 재난을 재발로부터 예방하려는 노력으로, NASA는 최근 마야인들이 열대우림을 어떻게 이용했는지 익혀 오늘날은 적절하게 사용되도록 확실히 하는데 인공위성을 활용하고 있습니다.

(a) 마야인들이 열대우림을 어떻게 이용했는지

(b) 마야인들이 어디서 사라졌을지

(c) 마야인의 인구가 왜 그렇게 밀집되었는지

(d) 마야인들이 어떻게 정복당했는지

[Joseph's Solution]

빈칸에 들어갈 적절한 내용을 유추하는 문제이다. 빈칸 전후의 내용을 보면, ①마야 문명의 멸망에 직접적으로 영향을 준 것으로 사료되는 ②남벌과 같은 재난의 재발방지 차원에서 NASA의 연구진들이 교훈을 얻기 위해 활용할 마야문명의 자료로, 보기 중 (a)가 가장 적절하다.

[Vocabulary]

Mayan a. 마야 사람(족, 말)의

deforestation n. 삼림 벌채, 남벌

rainforest n. 열대우림

04.

The Stroop effect is a unique, cognitive phenomenon. It was first demonstrated in 1935 by J.R. Stroop and is still one of the strongest effects in experimental psychology. ①**People are generally very quick to name color words when the words are written in black text. ②They are also quick to name the text color when the word and text color match. ___________, ③people's reaction time for naming the text color slows considerably when the word and the text color are incongruent.** The Stroop effect is now used as a neuropsychological test to measure selective attention, cognitive flexibility and a person's speed of processing information.

(a) **On the other hand**

(b) Similarly

(c) Unfortunately

(d) Furthermore

[Translation]

스트룹 효과는 독특한 인지 현상입니다. 그것은 J.R. Stroop에 의해 1935년에 실험으로 처음 설명되었고 여전히 실험심리학에서 가장 강력한 효과 중 하나입니다. ①사람들은 일반적으로 색상을 뜻하는 단어가 검정색 글씨로 써있을 때 단어 색상의 이름을 대기가 훨씬 빠릅니다. ②또한 단어와 색상이 일치하는 경우에도 글씨의 색상을 말하는 게 빠릅니다. 반면에, ③글자의 색상을 대는데 있어 사람들의 반응시간은 그 단어와 글자 색상이 일치하지 않을 때 상당히 늦어집니다. 스트룹 효과는 이제 신경심리학적 실험에서 선택적 주의, 인지적 유연성 및 개인의 정보처리 속도를 측정하는데 사용되고 있습니다.

(a) 반면에

(b) 마찬가지로

(c) 불행히도

(d) 뿐만 아니라

[Joseph's Solution]

내용의 흐름에 따라 적절한 연결어를 묻는 문제이다. 따라서 빈칸이 삽입된 문장과 빈칸 앞에 위치한 문장들과의 관계를 파악해야 한다. ①과 ②에서, 색상을 뜻하는 단어의 글자 색상의 이름을 대는데 반응이 빠른 경우를 설명한 다음, ③에서는 반응이 느려지는 경우에 대해 언급되어 있다. 문맥의 흐름을 전환하는 대조적인 사안을 설명하고 있으므로, 연결어로 적절한 것은 (a)이다.

[Vocabulary]

Stroop effect 스트룹 효과

demonstrate v. (모형 · 실험 등으로) 설명하다

color word 색상 단어

incongruent a. 맞지 (일치하지) 않는

selective attention [심리] 선택적 주의

cognitive flexibility [심리] 인지적 유연성

neuropsychological a. [심리] 신경심리학적인

05.

These days, weddings are often elaborate, expensive affairs-so much so that many people even hire wedding planners. ①**Recently, a trend of proposal planners has also emerged on the scene.** The engagement planners work with one member of the couple to organize a wedding proposal worthy of a great story. These planned proposals typically cost between $5,000 and $15,000 but can run much higher. One man rented out a mountain at a ski resort and proposed as his girlfriend got off the chairlift. Another created a book with photographs of moments from the couple's relationship and a proposal on the last page. Still another organized a city-wide scavenger hunt for the engagement ring.

Q: What is the main idea of the passage?

(a) Tips on reducing the cost of a wedding

(b) A new job in the wedding industry

(c) A job description of a wedding planner

(d) Examples of elaborate weddings

[Translation]

오늘날, 결혼은 종종 정성과 비용이 꽤나 많이 들어가는 일로써– 많은 이들이 결혼 플래너를 고용하는 일조차 하게 됩니다. ①**최근, 프로포즈 플래너에 대한 유행 역시 그러한 현장에서 부각되었습니다.** 이 약혼 플래너들은 굉장한 이야기 거리가 되는 청혼을 하기 위해 커플 중 한 사람과만 일을 합니다. 이러한 계획된 프로포즈는 일반적으로 5천에서 만 5천 달러 사이의 비용이 들지만, 훨씬 더 높게도 올라갈 수 있습니다. 어떤 남성은 스키 리조트에 있는 산을 빌려 여자 친구가 리프트에서 내리자 청혼을 했습니다. 다른 남성은 커플의 연예하던 시간들을 보여주는 사진과 마지막 장에 청혼 사진을 넣은 책은 만들기도 했습니다. 게다가 또 다른 이는 약혼 반지를 찾는 도시 규모의 찾기 놀이를 구성하기도 했습니다.

질문: 지문의 요지는 무엇인가?

(a) 결혼비용 절감에 관한 조언

(b) 결혼산업에서의 새로운 직종

(c) 결혼 플래너 업무에 대한 묘사

(d) 공들인 결혼식 사례들

[Joseph's Solution]

지문에서 다루고 있는 주된 내용이 무엇인지 묻고 있다. 서두에서, 최근 결혼 플래너를 고용해 결혼식을 거행하는 추세 속에, ①프로포즈 플래너라는 직업 역시 부각되고 있다고 하면서, 이어지는 문장들에서 이 약혼 플래너가 담당하는 업무 및 이들을 통해 진행되었던 약혼 이벤트 사례를 들고 있다. 따라서 지문의 요지로 가장 적절한 것은 (b)이다.

[Vocabulary]

emerge v. 부상하다, 부각되다

chairlift n. (스키장 등의) 의자식 리프트

scavenger hunt 물건 찾기 게임(놀이)

06.

①**People know that exercising and eating and drinking right is vital to a healthy body. However, not everyone knows the proper balance of food and water for an exercise regime.** It is very important to stay hydrated during physical activity because the body loses a lot of water through sweating. Experts recommend drinking 20 fluid ounces a few hours before exercise, another 10 fluid ounces directly before, and 10 fluid ounces every fifteen minutes during exercise. In addition, after your workout you should consume 24 ounces for every pound lost. Experts also recommend eating within two hours after exercise in a ratio of 4 to 1 grams of carbohydrates to protein.

Q: What is the main idea of the passage?

(a) Easy ways to eat healthy and lose weight

(b) Correct water and food intake when exercising

(c) Exercise routines that produce maximum weight loss

(d) How to cut down on bloating and water-weight gain

[Translation]

①사람들은 운동, 음식섭취 및 수분섭취를 잘 하는 것이 건강한 신체를 갖는데 있어 극히 중요하다는 것을 알고 있습니다. 하지만, 모든 이가 운동 프로그램에 맞는 음식과 음료의 적합한 균형상태를 알고 있는 것은 아닙니다. 신체활동 중에 수분을 유지하는 것은 신체가 땀 분비를 통해 수분의 많은 양을 잃기 때문에 매우 중요합니다. 전문가들은 운동 몇 시간 전에 20 액량 온스, 바로 직전에는 10 액량 온스와 운동 중에는 15분마다 10 액량 온스의 수분 섭취를 추천하고 있습니다. 더욱이, 운동 후에는 감량된 파운드 마다 24 온스의 음식을 섭취해야만 합니다. 전문가들은 또한 운동 2시간 내에 탄수화물과 단백질을 4대 1의 비율로 음식을 섭취하는 것을 추천하고 있습니다.

질문: 지문의 요지는 무엇인가?

(a) 건강하게 먹으면서 살을 빼는 쉬운 방법들

(b) 운동 시 올바른 수분 및 음식 섭취

(c) 최대 체중 감량을 만드는 운동 습관들

(d) 더부룩함과 수분량 증가를 줄이는 방법

[Joseph's Solution]

지문에서 다루고 있는 주된 내용이 무엇인지 묻고 있다. 서두에서, 운동, 음식섭취 및 수분섭취는 건강한 신체를 유지하는 중요한 요소이지만, 운동에 맞는 균형적 섭취에 관해서는 많이 모르고 있다고 하였다. 이어서 운동 전후의 수분섭취량 및 음식섭취량과 더불어 음식의 영양비율에 대해 설명하고 있다. 따라서 지문의 요지로 적절한 것은 (b)이다.

[Vocabulary]

exercise regime 운동법, 운동 프로그램

hydrated a. 수화한, 함수의

fluid ounce(=fl oz, fl. oz. or oz. fl.) 액량 온스 [약제 액량의 단위]

carbohydrate n. 탄수화물

protein n. 단백질

cut down on ~을 줄이다

bloating n. 더부룩함, 부풀어 오름

07.

Children who attended elementary school in the 20th century learned the names of the nine planets that orbit the sun in distance order from Mars all the way to Pluto. However, this changed in 2006 when the International Astronomical Union decided to declassify Pluto as a planet. In 2005, astronomers discovered a body in space that was 27% larger than Pluto. At first, they named the body Eris and declared it to be the 9th planet from the sun. ①**However, they later decided that there was a large likelihood of finding more masses in space larger than Pluto. ②As a result, they changed the size criterion for the definition of a planet, which left off both Pluto and Eris.**

Q: Why was the discovery of Eris important?

(a) It was the first planet discovered in a decade.

(b) It was the smallest planet ever found.

(c) It was similar in size to the planet Mars.

(d) It changed the standards for planet classifications.

[Translation]

20세기에 초등학교를 다녔던 아이들은 화성에서 명왕성에 이르기까지의 거리 순으로 태양 주위를 궤도를 그리며 도는 9개의 행성의 이름을 배웠습니다. 하지만, 이것은 국제 천문학 연합회에서 행성으로써 명왕성을 제외시키기로 결정했던 2006년에 바뀌게 되었습니다. 2005년, 천문학자들은 명왕성보다 27% 더 컸었던 천체를 발견했습니다. 처음에, 그들은 그 천체를 Eris라 명했고 그것을 태양으로부터의 9번째 행성으로 공표했습니다. ①하지만, 그들은 나중에 우주에서 명왕성보다 더 커다란 무리를 발견할 가능성이 크다고 결정하게 했습니다. ② 그 결과, 그들은 행성의 정의에서 크기 준거를 변경했는데, 이는 명왕성과 Eris 모두 포함시키지 않게 되었습니다.

질문: Eris의 발견이 왜 중요한가?

(a) 그것은 10년 만에 발견된 첫 번째 행성이었다.

(b) 그것은 이제껏 발견되었던 가장 작은 행성이었다.

(c) 그것은 크기 면에서 행성인 화성과 비슷했다.

(d) 그것은 행성 분류에 관한 기준을 변경시켰다.

[Joseph's Solution]

지문은 최근 발견된 천체 Eris에 관한 내용이다. 질문에서 요구하는 세부정보(Eris의 발견이 중요한 이유)를 묻고있다. ①의 내용에서, Eris의 발견으로 인해 천문학자들은 어쨌든 더 큰 천체를 발견할 공산이 크다고 판단했고, ②그 결과 행성의 정의에서 크기 준거가 변경되어, 명왕성과 Eris 모두 태양 주변을 도는 행성으로 칭해지지 않게 되었다고 설명하고 있다. 따라서 이와 관련된 내용의 (d)가 정답

이다.

[Vocabulary]

orbit v. (다른 천체의) 궤도를 돌다

Pluto n. 명왕성

International Astronomical Union [천문] 국제 천문학 연합회

declassify v. ~리스트에서 제외시키다

astronomer n. 천문학자

body n. 본체, 중심부

mass n. (정확한 형체가 없는) 덩어리, 무리

criterion n. 준거, 기준

leave off (목록에 있던)~을 거론하거나 포함시키지 않다

08.

Embryonic stem cell research held the possibility of curing widespread diseases like cancer since the cells could be manipulated to turn into any type of human body cell. However, the new technology brought many ethical concerns, which resulted in funding cuts. ①**Then in 2007, scientists discovered how to create embryonic-like cells from mature adult skin cells.** The skin cells were essentially un-aged to become pluripotent cells, which are cells that are not preprogrammed to turn into a specific type of cell. The new technology eliminated ethical concerns, in addition to decreasing future costs because doctors can now use a patient's own cells to grow replacement organs. As an added benefit, the patient's body would have a higher chance of accepting those organs.

Q: What is the main difference with the new technology?

(a) People have to spend more money on procedures.

(b) Scientists can use adult cells instead of embryonic ones.

(c) Patients are less likely to accept the adult cells.

(d) Scientists can take a cell and turn it into any other cell type.

[Translation]

배아줄기세포 연구는 세포들이 인간 체세포의 어떤 종류로든 바뀌게 조작될 수 있기 때문에 암과 같이 만연해 있는 질병의 치료 가능성을 가지고 있었습니다. 하지만, 그 새로운 과학기술은 여러 윤리적인 우려를 불러일으켰는데, 이는 결국 지원금 삭감이라는 결과를 낳게 되었습니다. ①그 후 2007년, 과학자들은 유사 배아세포들을 성체 피부세포로부터 만드는 방법을 발견했습니다. 그 피부세포는 기본적으로 분화 가능한 세포들이 되기에는 노화되어 있지 않았는데, 여기서 분화 가능한 세포들이란 특정 세포의 종류로 바뀌도록 미리 프로그램되어 있지 않은 세포들을 일컫습니다. 그 새로운 과학기술은 의사들이 환자 본인의 세포를 사용해 대체 장기를 자라게 하므로 앞으로 발생할 추가 비용을 줄여주는 것은 물론, 윤리적인 우려사항들을 없앴습니다. 추가적인 이점으로, 환자의 신체가 그 장기들을 받아들일 가능성이 더 클 수 있다는 것입니다.

질문: 새로운 과학기술로 인한 주된 차이점은 무엇인가?

(a) 사람들은 진행절차에 더 많은 비용을 들여야만 한다.
(b) 과학자들은 배아세포 대신에 성체 세포들을 이용할 수 있다.
(c) 환자들은 성체 세포들을 받아드리려고 하지 않기 쉽다.
(d) 과학자들은 아무 세포나 다른 종류의 세포로 바꿀 수 있다.

[Joseph's Solution]

새로운 과학기술로 인한 주요 차이점이 무엇인지 묻고 있다. 내용을 보면, ①2007년 과학자들은 기존 배아줄기세포가 아닌 성체 피부세포로부터 유사 배아세포를 만드는 방법을 발견했다고 밝히고 있다. 따라서 정답은 (b)가 된다.

[Vocabulary]

embryonic stem cell 배아줄기세포

manipulate v. 조작하다, 처리하다

ethical a. 윤리적인

un-aged a. 노화되어지지 않고

pluripotent a. [생물] 분화다능한, 체세포의 다른 종으로 변이(분화) 가능한

09.

In 2007, the Chinese government tightened its regulations for foreign adoptions, which has upset many people. ①**The new rules banned all single people, couples who have more than two divorces between them, and anybody over fifty years old.** In addition, they implemented physical and psychological health benchmarks. ②**For example, anybody with a body mass index over 40 would not be considered.** China's reasoning was that these people have a decreased life expectancy; however, there were no discriminatory bans on parents who smoke. ③**The rules also prohibited people who have ever been on antidepressants.** This eliminates a sizeable group since many women face depression when they discover they are unable to conceive before turning to adoption.

Q: Which adoptive parent candidate would be considered?

(a) A single woman with a body mass index of 30
(b) A married man who had been divorced three times
(c) A married woman with a history of depression
(d) A married woman who had no previous children

[Translation]

2007년, 중국 정부는 해외 입양에 대한 규제를 강화했는데, 이는 많은 이들을 화나게 만들었습니다. ①**새로운 규정들은 모든 미혼자, 둘 간에 2번 이상 이혼을 했던 부부 및 50세 이상의 모든 이들을 자격 박탈시켰습니다.** 게다가, 정부는 신체적 건강 및 심리적 건강 기준들도 실시했습니다. ②**예를 들어, 신체질량지수가 40이 넘는 사람은 누구나 고려되지 않게 됩니다.** 중국의 논거는 이 사람들은 수명이 감소되어 있다는 것이지만, 흡연을 하는 부모들에 대한 차별적 금지는 없습니다. ③**그 규정들은 또한 항우울제 복용 전력이 있는 사람들도 금지시켰습니다.** 이는 많은 여성들이 입양으로 전환하기

전 자신이 임신할 수 없다는 것을 발견했을 때 우울을 직면하기 때문에 상당 수의 많은 사람들을 탈락시키고 있습니다.

질문: 다음 중 예비 양부모 후보로 간주될 수 있는 것은?

(a) BMI 30의 미혼 여성
(b) 3번 이혼했었던 기혼 남성
(c) 우울증 병력이 있는 기혼 여성
(d) 이전에 아이가 없었던 기혼 여성

[Joseph's Solution]

지문은 새로 시행된 중국의 해외 입양 규제에 대한 내용이다. 이를 읽고 예비 양부모 후보의 자격을 찾아야 한다. 2007년 강화된 규제에 따르면, ①미혼자와 2번 이상의 이혼 전력이 있는 부모 및 ②BMI가 40 이상이거나 ③우울증 병력이 있는 사람은 누구나 입양을 할 수 없다. 따라서 정답으로 가장 가장 적절한 것은 (d)이다.

[Vocabulary]

tighten v. 엄하게 하다; 강화하다

adoption n. 입양, 양자 결연

benchmark n. 기준(점)

implement v. 이행하다, 실행(실시)하다

body mass index(BMI) 신체질량지수

discriminatory a. 차별적인

antidepressant n. 항울제

eliminate v. 탈락시키다

conceive v. (아이를) 배다, 임신하다

10.

Dear Answer Amy,

My mother is in her 80s and just learned to email. I write her once a week about my family's news. She always says how much she loves to hear about our lives. The problem is that she has started forwarding me emails she receives from extended family and friends. Often the emails are lengthy, personal updates about their lives. ①**Not only am I uncomfortable reading letters that aren't meant for me, but also I can't help but think she is sending my emails to other people in her address book.** I mentioned this isn't normal email etiquette, but she continues to do it. ②**How can I stop her behavior without hurting her feelings?**

From,
Daughter Desiring Privacy

Q: What can be inferred about the sender of the letter?

(a) She does not understand how to forward emails.
(b) She wants to have a closer relationship with her mother.
(c) She doesn't want her personal life shared with strangers.
(d) She is afraid her mother will judge her life choices.

[Translation]

친애하는 답변가 Amy에게,

저희 어머니께서는 80대이며 이메일 사용하는 법을 알고 계세요. 저는 어머니께 일주일에 한번 저희 가족소식을 써 보내드리고 있습니다. 어머니는 항상 저희 생활에 대해 듣는 게 얼마나 좋은지 모른다고 말씀하세요. 문제는 어머니께서 먼 친척들과 친지분들로부터 받으신 메일들을 제게 포워딩하기 시작하셨다는 거예요. 종종 그 이메일들은 본인들의 생활에 대한 길고, 사적인 소식들이에요. ①제게로 보내지려던 게 아닌 편지들을 읽게 되는 것이 불편할 뿐만 아니라, 어머니께서 제 메일들을 주소록에 있는 다른 사람들에게 보내고 계신다는 생각을 하지 않을 수도 없어요. 제가 이런 건 이메일 예절이 아니라고 말씀을 드렸지만, 어머니께서는 계속 그렇게 하고 계세요. ②어떻게 해야 어머님의 기분을 상하지 않게 그 행동을 멈추게 할 수 있을까요?

사생활을 갈망하는 딸로부터

질문: 편지를 보낸 사람에 대해 유추할 수 있는 것은?

(a) 그녀는 이메일을 어떻게 포워드하는지 알지 못한다.

(b) 그녀는 모친과 아주 친밀한 관계를 맺고 싶어한다.

(c) 그녀는 자신의 사적인 삶을 이방인들과 나누기를 원치 않는다.

(d) 그녀는 모친이 자신의 삶에서의 선택들을 심판하게 될까 봐 두려워한다.

[Joseph's Solution]

지문은 지면의 인생 상담가(advice columnist)에게 보내는 조언을 구하는 편지글이다. ①에서 언급되었듯이, 글쓴이는 남의 사적인 일상을 알게 되는 것도 불편하고 자신의 이야기가 남에게 읽혀지는 것도 원하지 않아, ②모친의 그런 행동을 멈추게 하고 싶어한다고 기술하고 있다. 따라서 편지를 보낸 사람에 대하여 유추할 수 있는 것은 (c)이다.

[Vocabulary]

extended family 확대 가족, 가족같은 사람들

forward v. 전송하다, 회송하다

11.

The ancient Chinese tradition of feng shui is a practice of harmonizing the relationship between an individual and his or her environment. (a) The idea is that living with nature instead of against it helps one improve his or her life. (b) It concerns the theory that one's life is profoundly affected by the set-up of the physical environment. **(c) Legend says that feng shui masters only pass down their knowledge to immediate family members.** (d) Today, feng shui has spread to the Western world, but has been reduced to mere interior decorating and lost many of the original spiritual elements.

[Translation]

고대 중국의 전통인 풍수는 개개인과 그를 둘러싼 환경 사이에 조화를 이루려는 하나의 관습입니다. (a) 그 개념은 자연과 대적하는 대신 더불어 살아가는 것이 개인이 자신의 삶을 보다 윤택하게 만드는 방법이라는 것입니다. (b) 그것은 개인의 삶이 물리적 환경의 위치에 깊이 영향을 받는다는 설과 관련되어 있습니다. **(c) 민담에서는 풍수 대가들이 자신의 지식을 오직 가까운 가족들에게만 전수한다고 합니다.** (d) 오늘날, 풍수는 서양 세계로 퍼져갔지만, 주로 인테리어 장식 수준으로 축소되어 본래의 영적인 요소의 대부분을 잃게 되었습니다.

[Joseph's Solution]

동양의 풍수지리 사상에 관한 글로, 글 전체의 흐름을 매끄럽지 않게 만드는 문장을 고르는 문제이다. 서두에서 풍수를 인간과 환경 간 조화를 이루려고 하는 고대 중국의 관습이라고 소개하면서, (a) 이로 인한 개인적 차원의 혜택 및 (b)그 저변에 깔린 원리를 설명하고, (d)오늘날, 서양으로 전파되어 적용되고 있는 풍수 활용의 실태에 대해 설명하고 있다. 그러나, 문장 (c)는 풍수의 대가들의 대물림에 대해 기술하고 있으므로, 정답은 (c)가 된다.

[Vocabulary]

feng shui 풍수

profoundly adv. 깊이

immediate a. 아주 가까운, 친밀한

12.

The second person to do something extraordinary never receives the same level fame as the first person to do it. (a) This is a fact Buzz Aldrin knows quite well as he was the second person in the history of the world to step foot on the moon seconds after Neil Armstrong, yet has never received as much recognition as Armstrong. **(b) Aldrin was married three times and has three children with his first wife.** (c) Various NASA accounts listed Aldrin as the planned first man to step on the moon. (d) Reports say that when the time came, the physical positioning of the men in the spacecraft made it easier for Armstrong to exit first.

[Translation]

비범한 어떤 일을 두 번째로 해낸 이는 그것을 처음으로 했던 이와 같은 수준의 명성은 절대 받지 못합니다. (a) 이는 세계 역사상 Neil Armstrong의 몇 초 뒤에 달에 발을 디뎠지만, 한번도 Armstrong 만큼 많은 인정을 받아본 적이 없는 Buzz Aldrin이 그 두 번째 주인공으로써 잘 알고 있는 사실입니다. **(b) Aldrin은 3번의 결혼을 했었고 첫 번째 부인과 세 자녀를 두고 있습니다.** (c) NASA의 다양한 기록들에서는 Aldrin을 첫 번째로 달에 발을 내딛기로 예정된 사람이라 기록되어 있습니다. (d) 기록은, 그 시점이 되었을 때, 우주선에 있던 두 사람의 자세로 인해 Armstrong이 첫 번째로 나가기 용이하게 되었다라고 전하고 있습니다.

[Joseph's Solution]

문맥상 어색한 문장을 고르는 문제로, 달에 두 번째로 발을 디뎠던 Buzz Aldrin이라는 인물에 관한 지문이 제시되어있다. (a), (c), (d) 모두 그가 영예로운 세계적 업적을 수행한 첫 번째 사람으로 드리워질 찰나가 있었음에도, 그 일을 해낸 두 번째 사람으로 남게 된 사연을 기술하고 있지만, (b)는 그의 개인적인 가정사에 대해 언급하고 있다. 따라서 정답은 (b)가 된다.

Make-up Vocabulary

1.
[정답] **deforestation**

[해석] 비록 마야 문명이 왜 멸망했는지 정확히 알려지지는 않았지만, 어떤 과학자들은 남벌로 인한 직접적인 영향이 이전에는 번영을 누렸었던 그 지역에 있었다고 생각합니다.

2.
[정답] **incongruent**

[해석] 글자의 색상을 대는데 있어 사람들의 반응시간은 그 단어와 글자 색상이 일치하지 않을 때 상당히 늦어집니다. 스트룹 효과는 이제 신경심리학적 실험에서 선택적 주의, 인지적 유연성 및 개인의 정보처리 속도를 측정하는데 사용되고 있습니다.

3.
[정답] **hydrated**

[해석] 모든 이가 운동 프로그램에 맞는 음식과 음료의 적합한 균형상태를 알고 있는 것은 아닙니다. 신체활동 중에 수분을 유지하는 것은 신체가 땀 분비를 통해 수분의 많은 양을 잃기 때문에 매우 중요합니다.

4.
[정답] **positioning**

[해석] NASA의 다양한 기록들에서는 Aldrin을 첫 번째로 달에 발을 내딛기로 예정된 사람이라 기록되어 있습니다. 기록은, 그 시점이 되었을 때, 우주선에서 있던 두 사람의 자세로 인해 Armstrong이 첫 번째로 나가기 용이하게 되었다라고 전하고 있습니다.

5.
[정답] **criterion**

[해석] 그들은 나중에 우주에서 명왕성보다 더 커다란 무리를 발견할 가능성이 크다고 결정하게 했습니다. 그 결과, 그들은 행성의 정의에서 크기 준거를 변경했는데, 이는 명왕성과 Eris 모두 포함시키지 않게 되었습니다.

6.
[정답] **worthy**

[해석] 이 약혼 플래너들은 굉장한 이야기 거리가 되는 청혼을 하기 위해 커플 중 한 사람과만 일을 합니다. 이러한 계획된 프로포즈는 일반적으로 5천에서 만 5천 달러 사이의 비용이 들지만, 훨씬 더 높게도 올라갈 수 있습니다.

7.
[정답] **impeded**

[해석] 몽골족의 군사적 성공은 야전에서의 기병 돌격을 기반으로 하고 있었는데, 열대 정글에서 그들의 말들은 초목들로 인해 방해를 받았습니다.

8.
[정답] **decreased**

[해석] 중국 정부는 신체적 건강 및 심리적 건강 기준들도 실시했습니다. 중국의 논거는 이 사람들은 수명이 감소되어 있다는 것이지만, 흡연을 하는 부모들에 대한 차별적 금지는 없었습니다.

9.
[정답] **affected**

[해석] 고대 중국의 전통인 풍수는 개개인과 그를 둘러싼 환경 사이에 조화를 이루려는 하나의 관습입니다. 그것은 개인의 삶이 물리적 환경의 위치에 깊이 영향을 받는다는 설과 관련되어 있습니다.

10.
[정답] **prejudicial**

[해석] 비평가들은 크리올 사람들을, Bertha의 경우처럼, 원시적 존재로 묘사하는 편파적인 식민주의적 태도에서 기인된 하나의 사례로 Bertha를 들먹이고 있습니다.

11.
[정답] **ethical**

[해석] 그 새로운 과학기술은 의사들이 환자 본인의 세포를 사용해 대체 장기를 자라게 하므로 앞으로 발생할 추가 비용을 줄여주는 것은 물론, 윤리적인 우려사항들을 없앴습니다.

12.
[정답] **extended**

[해석] 어머니는 항상 저희 생활에 대해 듣는 게 얼마나 좋은지 모른다고 말씀하세요. 문제는 어머니께서 먼 친척들과 친지분들로부터 받으신 메일들을 제게 포워딩하기 시작하셨다는 거예요.

THE
대한민국 TEPS 대표강사 Joseph Kim의
TOP in TEPS

950
문법 Grammar
청해 Listening
어휘 Vocabulary
독해 Reading

850
문법 Grammar
청해 Listening
어휘 Vocabulary
독해 Reading

650
문법 Grammar
청해 Listening
어휘 Vocabulary
독해 Reading

실전편
The TOP in TEPS
TEPS 고득점을 위한 최종 모의고사
최신 TEPS 경향을 완벽 반영한 영역별 8회분 모의고사
Joseph Kim이 공개하는 각 영역별 고득점 노하우 제공

기본편
The TOP in TEPS
TEPS 고득점을 위한 심화 학습서
영역별 심화 학습으로 실전 감각 키우기
TEPS 출제 원리에 근거한 다양한 문제 풀이

입문편
The TOP in TEPS
TEPS 초보자를 위한 기초 준비서
상세한 유형 분석 – 연습 문제– 실전 문제의 단계별 학습
TEPS 출제 원리에 근거한 다양한 문제 풀이